교육방법 및 교육공학

정명화 · 김신곤 · 권 기 · 김준규 · 신경숙 공저

Educational Method and Technology

학지사

머/리/말

교육의 장인 학교에서 이루어지는 많은 교육활동 가운데 가르치고 배우는 과정은 어느 활동보다 중요하다. 교과 전문가인 교사는 교과에 대한 자신의 지식과 정보를 학생들에게 제시하고, 이에 대한 학생의 반응을 격려하고 조장한다. 학생은 이전의 경험과 지식을 바탕으로 교사에 의해 제시된 정보를 이해하고 재구조화한다. 이러한 과정 속에서 교사와 학생이 교과의 내용을 매개로 하여 서로의 삶을 공유하고 나아가 자신의 앎과 삶의 지평을 넓혀 나간다.

이에 따라 교사의 가르치는 행위인 교수활동과 학생의 배우는 행위인 학습은 단면적이고 일방향적인 흐름이 아니라 양자 간에 입체적이고 역동적인 상호작용의 관계로 이해해야 하며, 이러한 상호작용이 일어날 때 효과적인 교수-학습이 가능하다.

교직과목 중의 하나인 '교육방법 및 교육공학'은 교사가 보다 효과적으로 수업을 진행하는 데 필요한 기초적이고 일반적인 지식과 기술을 습득하기 위해 이수하는 과목이다. 따라서 이 책은 학생들이 어떻게 배우는지를 이해하는 학습이론, 교수의 대상이 되는 학습자의 특성, 수업의 과정과 모형을 다루는 수업이론, 학생의 도달점 행동으로서의 수업목표에 대해 기술하고 있다. 또한 학생들의 지식 구성을 돕는 다양한 교수방법과 교수계획, 최근 과학기술과 IT산업의 발달로 인해 구축되는 교육정보화에 관련된 교육공학이론 그리고 교수-학습과정에서 정보의 흐름을 원활하고 명확하게 하는 교수매체론 등을 다루고 있다.

학생의 학업성취 수준은 교사가 얼마나 잘 가르치느냐에 영향을 받으며, 교사의 교수효율성은 학생의 학업성취 수준의 정도에 의해 평가된다. 이 과목을 수강하는 예비 교사들은 이러한 교사와 학생 간의 상호작용을 전제로 이 책에서 제시된 교육방법 및 교육공학과 관련된 제 이론과 기술을 습득하고, 나아가 자신의 지식과 경험의 토대 위에서 이를 재구조화하여 각각의 수업장면에 적용하려는 노력이 더해질 때 성공적인 수업을 할 수 있을 것이다.

이 책을 구성하기 위해 동학들이 뜻을 모았지만, 책의 완성도에 있어서 스스로 만족할 수 있을 만큼에 이르지 못한 점이 있으며, 이에 대해서는 차후에 보완하는 기회를 갖고자 한다. 끝으로 어려운 출판 여건 속에서도 이 책이 출판될 수 있도록 도움을 주신 학지사 김진환 사장님과 직원 여러분들께 감사드린다.

2009년 2월

저자 일동

차 / 례 CONTENTS

● 제1장

학습의 기초

> 자신을 변화시킬 수 있는 인간의 능력, 즉 학습능력은 인간이 갖고 있는 가장 독특한 특징이다.
>
> – Thorndike(1931; 이경화 외 공역, 2006 재인용)

1. 학습의 의의

학교교육의 실제는 여러 측면에서 다양한 활동으로 이루어지고 있는데, 그 가운데서 학교교육의 본질적인 특성은 교수–학습의 활동이라고 할 수 있다. 교수–학습활동은 교사, 학생, 문화재(교재) 3요소의 상호작용으로 이루어진다. 교사는 학생에게 교재를 가르치고 학생은 이를 학습한다. 그러므로 학교교육은 가르치고 배우는 과정, 즉 교수–학습과정이 그 중핵을 이루고 있다. 이러한 학교학습과 수업(교수)은 분리해서 생각할 수 없다. 학생의 학습 없는 교사의 수업이라든지, 교사의 의도적인 수업이 없는 학생의 학교학습은 생각할 수 없는 것이다(신해우 외, 1994). 그렇다면 학습에 대한 연구가 왜 중요한가? 그레들러(Gredler, 2006; 이경화 외 공역, 2006 재인용)는 그에 대해 다음과 같이 언급하였다. 첫째, 학습은 각 개인에게 중요하다. 학습은 다양한 기술의 획득, 세상 속에서 살아가는 전략, 태도 및 가치 등을 습득하는 데 도움을 준다. 둘째, 사회 구성원들이 이룩한 업적이나 발달이 학습을 통하여 다음 세대의 발견과 발명에 기여한다. 셋째, 학습은 특정 사회가 가치와 언어를 보존하고 특정한 문화를 발달시키는 데 필수적이다. 넷째, 개인과 사회 모두 학습을 통하여 성공적인 발전을 꾀한다.

인간의 행동은 성숙과 학습에 의해 결정되고 또 변화된다. 성숙은 여러 가지로 설명될 수 있는 경험이나 훈련 없이 이루어지는 행동, 즉 자연적으로 나타나는 행동의 변화를 말한다. 그리고 학습은 경험이나 연습을 통하여 새로운 것을 알게 되거나 보다 나은 행동을 습득하고 배우는 것을 말한다. 그러므로 학습은 교육의 핵심이 되며, 학생들은 학습활동을 통해 현대사회에 필요한 많은 것을 익히게 되고, 또 훌륭한 하나의 인간으로 성장 · 발달하게 되는 것이다. 따라서 인간의 행동을 이해하기 위해서는 학습의 개념, 이론 및 원리를 올바르게 이해할 필요가 있다.

1) 학습의 개념 정의

인간의 학습능력은 다른 동물과는 달리 인간만이 갖고 있는 특별한 능력으로 학습(learning)은 교실뿐만 아니라 학교 밖의 상황 어느 곳에서든지 일어난다. 대부분의 사람들은 학습을 공부하는 것(studying)으로 생각하지만 심리학자들은 학습을 광의로 해석하고 있다. 그리하여 학습이란 오늘날의 심리학 영역 중에서 가장 중요한 영역의 하나며, 정의하기가 가장 어려운 개념 중의 하나다. 왜냐하면 학습은 여러 학습이론가들이 학습을 이해하는 관점의 차이에 따라 전혀 다른 양상으로 정의될 수 있기 때문이다.

『*American Heritage Dictionary*』(김영채 역, 1980)에서는 학습을 “경험이나 공부를 통해서 지식을 이해하거나 습득하게 되는 것”이라고 정의하고 있다. 그러나 대부분의 심리학자들은 이러한 정의에는 지식, 이해, 습득과 같은 모호한 용어가 포함되어 있기 때문에 이를 받아들이기 어려운 것으로 생각하고 있다. 그 대신 학습이란 "관찰 가능한 행동의 변화"라는 정의를 받아들이고 있는 것이 근래의 경향이다. 이러한 정의 중에서 보편적으로 언급되고 있는 여러 학자들의 견해를 살펴보면 다음과 같다.

파블로프(Pavlov)는 "자극과 반응 사이의 연결에 기초를 둔 조건형성(conditioning)"을 학습이라고 보았다.

손다이크(Thorndike)는 "학습은 자극과 반응의 결합이며, 이것은 연습의 법칙과 효과의 법칙에 의해서 강화된다."고 하였다.

쾰러(Köhler)와 코프카(Koffka)는 학습이란 "지각과정과 그 흔적이 복잡한 구조 속에서 체제화되는 지각적 재체제화"라고 하였다.

사회학습이론을 주장한 반두라(Bandura, 1981)는 "학습은 학습자의 직접 경험보다는 타인의 행동과 그 행동의 결과를 관찰함으로써 이루어진다."고 지적하면서, 실험실 환경과는 달리 자연스러운 환경, 즉 사회적 환경에서 일어나는 학습을 중요시하였다. 사회학습과정에서 일어나는 학습 요인으로 관찰학습(observational learning), 보상과 벌, 자기통제를 들고 있다.

킴블(Kimble, 1961)은 학습을 "강화받은 연습의 결과로 일어나는 행동 잠재력의 비교적 영속적인 변화"라고 정의하고 있다.

『교육학 용어사전』(서울대학교육연구소, 1981)에서는 "학습이란 연습이나 경험의 결과로 일어나는 행동의 지속적인 변화"라고 정의하고 있다. 이때 변화는 연습, 훈련 또는 경험에 의한 변화로서, 성숙에 의한 변화는 학습에 포함되지 않으며, 이러한 변화는 비교적 영속적이어야 한다. 따라서 피로, 감각적 순응 또는 유기체의 감수성의 변화 등은 제외된다.

이상에서 언급한 학자들의 견해를 요약하여 본다면 "학습이란 강화받은 연습 또는 경험의 결과로 일어나는 비교적 영속적인 행동 또는 행동 잠재력의 변화"로 정의될 수 있다. 이와 같은 학습의 정의를 자세히 들여다보면 다음과 같은 의미를 지니고 있다.

첫째, 학습을 행동의 변화 또는 변용(modification)으로 본다. 다시 말하면, 학습의 결과를 관찰 가능한 행동의 변화로 본다는 것이다. 이는 오늘날 심리학이 과학을 지향하고 있기 때문에 학습의 정의 또한 관찰 또는 측정 가능한 변화를 대상으로 하려는 경향성이 높다. 이러한 관점에서 볼 때 학습은 '관찰 가능한 행동의 변화'로 정의될 수 있다. 그러나 학교장면이나 일상에서의 학습이 반드시 행동으로 나타나지 않는 경우를 우리는 흔히 경험한다. 많은 경우에 있어서 학습은 내적인 사고, 문제해결 능력, 태도 등의 변화이며, 이러한 변화는 반드시 외적으로 관찰되지 않을 수도 있다. 이처럼 직접 관찰되지 않는 행동을 내재적 행동(covert behavior) 또는 행동 잠재력(behavior potential)이라 부른다. 따라서 학습은 '행동 또는 행동 잠재력의 변화'라 정의될 수 있다.

특히 최근에 각광을 받고 있는 비고츠키(Vygotsky)의 근접발달영역(Zone of Proximal Development: ZPD)이론은 학습자의 잠재력을 중요시하고 있다. 비고츠키의 개념에 따르면, 아동은 두 개의 발달수준을 가지고 있다. 그 하나는 실제적 발달수준(actual development level)으로서 이는 주로 생물학적 영향에 바탕을 두고 있으며, 다른 하나는 잠재적 발달수준(potential development level)으로서 사회·문화적 영향을 받는 것을 말한다. 비고츠키는 두 발달수준 간의 거리를 근접발달영역이라고 부르고, 학습을 유기체가 근접발달영역 내에서 활동할 때 일어나는 것으로 보았다. 근접발달영역은 개인의 실제적 발달수준인 현재 수준을 넘어서 즉시 발달할 수 있는 수준으로, 어린이들이 지금 혼자서는 근접발달영역 내에 있는 과제들을 해결할 수 없지만 동료나 성인들의 도움을 받으면 해결이 가능하다. 그러므로 ZPD는 아직까지 성숙되어 있지 않으나 앞으로는 성숙될 과정에 있는 기능을 말하며 발달의 결실보다는 '지금 성숙과정에 있는 싹의 상태'라고 말할 수 있다. 따라서 학습은 성인이나 유능한 또래와의 상호작용을 통하여 학습자의 잠재력이 발달할 수 있도록 이루어져야 한다.

둘째, 학습에서 행동의 변화가 왜 연습이나 경험을 통하여 이루어져야 하는가이다. 인간이 나타내 보이는 모든 행동이 학습된 것은 분명 아니다. 보다 단순한 행동으로 반사적인 행동이 있는가 하면 성숙에 의해 나타나는 것도 있다.

반사(reflex)란 특정한 자극에 대한 반응이라고 정의할 수 있다. 예를 들어, 코가 간지러워서 재채기를 하거나 아기의 발바닥을 간지르면 발을 오므리는 것이 반사적 행동이다. 분명히 반사적 행동은 학습된 것이 아니다. 이는 후천적인 경험의 결과라고 하기보다는 유전적으로 결정된 유기체의 특징인 것이다.

또한 성숙이란 환경의 영향을 전혀 받지 않고 오로지 유전인자(gene)의 작용에 의해서만 나타나는 변화로, 갓난아기가 젖을 떼는 행동, 제비가 둥지를 치는 행동 등을 말한다. 따라서 유기체의 변화 가운데에서 성숙에 의한 변화는 학습의 범주에서 제외한다.

성숙 외에도 학습에서 제외되어야 할 유기체의 행동 변화로 종 특이 행동(species specific behavior)을 들 수 있다. 종 특이 행동이란 어떠한 환경하에서 어떤 종의 동물들이 나타내는 행동 중에서 학습되지 아니하였으나 비교적 수정하기 어려운 그 동물만의 특이한 행동을 말한다. 그러나 종 특이 행동이 유기체의 구성에 의하여 완전히 결정된 것인가 아니면 얼마간의 학습이 포함된 것인가에 대한 논쟁은 계속되고 있다. 예컨대, 새는 본능적으로 날게 되는가 아니면 나는 것을 배운 것인가? 어떤 사람들은 새는 어릴 때 때로는 나무에서 땅바닥으로 떨어지면서 나는 것을 배운다고 말한다. 그런가 하면 또 다른 사람들은 새는 떨어질 때 본능적으로 날개를 펄럭이는 반응을 하게 되어, 나는 것을 학습하지 않고도 날 수 있다고 말한다.

또한 학습에 의해 영향을 받지 않고도 상당히 복잡한 행동을 보여 주는 몇 가지 예로 비치(Beach, 1942)의 연구와 로렌츠(Lorenz, 1970)의 연구가 있다(박재환 외, 1997에서 재인용). 먼저 비치의 연구에 대해 살펴보면, 그는 55마리의 수컷 쥐의 교접행동을 연구하기 위해 이유기가 지난 쥐들을 세 집단으로 나누었다.

집단 I에서는 모든 쥐를 고립시켜 두었다. 집단 II에서는 암컷과는 격리시켰지만 하나의 큰 우리 안에 살게 하였다. 집단 III에서는 암컷과 같이 살게 하였을 뿐만 아니라 교접을 허용하였다. 그리고 100일 후에 각 쥐에게 수용적인 암컷 쥐와 교접할 수 있는 기회를 제공하여 성 행동의 빈도와 양상을 관찰하였다. 결과를 보면, 고립되었던 쥐(집단 I)의 69%, 같이 살던 쥐(집단 III)의 53%, 그리고 분리되었던 쥐(집단 II)의 25%가 교접행동을 하였다. 즉, 행위를 배울 기회가 없었던 고립집단의 교접행동 비율이 가장 높게 나타난 것이다.

동물행동학(ethology)을 창시한 사람들 중 한 사람인 로렌츠는 각인(imprinting)과 동물의 공격적 행동을 기술하는 데 많은 관심을 기울였다. 그는 각인과 공격적 행동이 주요 충동들 중 하나에 의해서 추진된 본능적인 것이라고 믿었다.

특히 각인은 로렌츠에 의하여 제시된 개념으로서, 유기체와 주위의 대상 간에 일어나는 애정의 형성을 말한다. 로렌츠는 금방 알에서 깨어난 오리는 움직이는 대상이면 어떠한 것에라도 애착을 가지게 되며, 만약 그 대상이 오리가 깨어나는 바로 그 순간에 주어지면 그것을 엄마처럼 따른다는 것을 발견하였다. 로렌츠는 심지어 오리가 바퀴 달린 나무상자나 인간 또는 다른 종의 새에게도 애착을 가질 수 있음을 확인하였다. 또한 각인은 어떤 결정적 시기(critical period)에만 일어나며, 그 후로는 형성되기가 대단히 어렵거나 불가능하다는 것도 발견하였다. 동물행동학에서 제기된 각인과 결정적 시기의 개념은 아동 초기의 특정한 시기에 습득하여야 할 인지적, 사회적 행동과 관련이 있다. 예를 들어, 아동 초기의 사회적, 문화적 결핍과 지능발달과의 관계, 아동 초기의 언어 미숙달과 언어습득 능력 감소와의 상관 등은 결정적 시기와 관련된 문제들이다(임규혁, 임웅, 2007). 일반적으로 각인은 출생 후 비교적 짧은 기간 내에 형성되므로 본능적인 행동으로 각인되기 쉬우나 그 기간 내에 학습되지 않으면 행동이 영원히 나타나지 않을 수도 있다.

그러나 각인에 관한 연구는 아직까지 해결되지 않은 여러 가지 문제가 있다. 즉, 종 특이 행동에 만약 학습이 포함되어 있다면 과연 어느 정도인가에 대해서도 앞으로의 연구를 통해 밝혀야 할 것이다. 여기서 강조하고자 하는 행동의 변화를 학습에 귀인시키기 위해서는 변화가 비교적 영속적이어야 하며, 또 그것은 경험에서 생겨나는 것이라야 한다. 만약 유기체가 경험과는 독립적으로 복잡한 행동을 나타낸다면 그러한 행동은 학습된 것이라고 말할 수 없을 것이다.

셋째, 학습의 정의 중에서 '비교적 영속적'이라는 말은 학습자의 행동 또는 사고에 어떠한 변화가 일어났을 때 그러한 변화가 상당한 시간 동안 지속되는 것을 말한다. 예를 들어, 피로, 질병, 약품 등에 의하여 일시적인 변화가 일어나거나, 또는 지나치게 짧은 시간 내에 망각이 일어난다면 이와 같은 변화를 학습이라고 정의하기는 어려울 것이다. 따라서 학습을 정의할 때 '비교적 영속적'이라는 제한적 단어가 필요하나 구체적으로 얼마만큼의 기간이 비교적 영속적인가를 규정하기는 어렵다.

최근 많은 심리학자들은 이른바 단기기억이라는 현상에 주목한 결과 무의미한 철자를 대략 3초 동안 거의 완전하게 파지하지만, 그 후 15초 내에 파지가 거의 제로 상태로 떨어진다는 것을 발견하였다. 문제는 이러한 짧은 시간에 정보를 잃게 된다는 사실에도 불구하고 학습이 일어나지 않았다고 말하기가 곤란하다는 데 있다.

이상에서 살펴본 바와 같이 학습이란 '연습 또는 경험의 결과로 일어나는 비교적 영속적인 행동 또는 행동 잠재력의 변화'를 말하며, 이 정의(문선모, 2007)에는 ① 개인의 행동 또는 무엇을 행하는 능력상의 변화여야 한다는 조건, ② 이 변화는 어떤 종류의 연습 또는 경험으로부터 비롯되어야 한다는 조건, ③ 그 변화는 지속적인 것이어야 한다는 조건의 세 가지 준거가 내포되어 있다.

2) 학습의 과정

학습의 과정은 매우 복잡하고 역동적이어서 학습활동 또는 학습문제에 따라 달라지게 된다. 또한 똑같은 학습 활동이나 문제라 할지라도 사람(심리학파)과 연구방법에 따라 상이하게 전개된다.

이러한 학습과정을 발생적 입장에서 단계적으로 구분하면 다음과 같다(신해우 외, 1994).

- 1단계−방향 결정(orientation): 학습 발생의 최초 단계로서 행위자(학습자)−장애물−목표의 관계를 파악한다.
- 2단계−탐색(exploration): 장애물에 한 번 도전함으로써 문제를 확인한다. 다음 3, 4단계의 과정이 포함된다.
- 3단계−정교화(elaboration): 여러 장애물에 대해 머릿속으로 이리저리 살펴보면서 문제를 구체화한다.
- 4단계−분절화(articulation): 살펴본 것들을 다른 것과 비교하며 분석적으로 관찰한다.
- 5단계−간이화(simplification): 불필요한 것에 대한 주의나 반응을 제거한다.
- 6단계−자율화(automatization): 학습자−목표−장애물−해결−만족의 과정을 주체화한다.
- 7단계−재방향 결정(reorientation): 다음의 문제로 향한다.

이것은 전형적인 학습의 과정을 말하는 것으로서 실제에 있어서는 이 단계를 모두 거치지 않고 일부가 생략되어 학습이 이루어지는 경우도 있다. 이와 관련하여 데쉴(Dashiell)은 학습의 과정을 문제해결의 과정으로 설명하고 있는데, 다음의 [그림 1-1]과 같이 나타낼 수 있다.

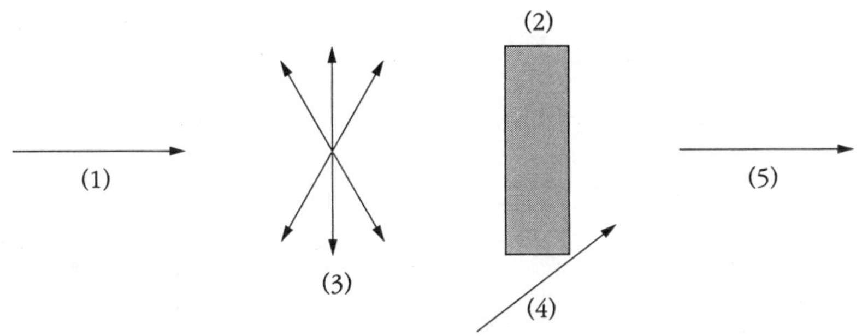

[그림 1-1] **데쉴의 문제해결 과정**

그림에서 보는 것처럼 문제를 해결하고자 하는 동기가 이루어진 유기체(1)가 장애물 또는 곤란(2)에 직면하게 되면 유기체는 여러 가지 반응(3)을 일으킨다. 그 반응 중의 하나(4)가 곤란을 해결하고 목표(5)에 이르게 된다는 것이다. 한 번 올바른 반응을 발견하면 유기체는 그와 같거나 유사한 장면에 이르러 이전과 동일한 방법으로 문제를 해결한다.

이상의 학습과정을 근거로, 학습은 다음과 같은 과정을 통하여 이루어진다고 볼 수 있다. 그러나 이러한 단계들이 효과적으로 이루어지기 위하여 학습을 어떻게 진행해야 할 것인가에 대해서는 지금까지도 논의의 대상이 되고 있다.

• 1단계—동기 유발: 학습자가 목표를 확인하고, 학습자와 목표 사이에

있는 문제를 해결하고자 하는 의욕을 일으킨다.

- 2단계－해결책의 발견: 문제장면에서 이를 해결하기 위한 여러 가지 반응을 시도하여 그중에서 올바른 반응을 발견한다.
- 3단계－올바른 반응의 정착: 습득한 해결방법을 정착, 지속시킨다.
- 4단계－전이: 이와 같거나 유사한 문제를 해결해 간다.

한편 학습의 정의를 잘 음미해 보면 교실에서 학습이 일어나는 과정을 다음과 같이 설명할 수도 있다.

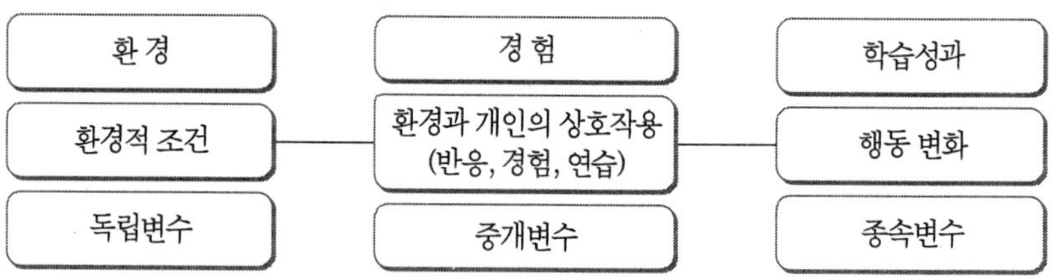

[그림 1-2] **학습과정의 요소**

위의 [그림 1-2]에 의하면, 먼저 어떤 객관적인 환경이 있고, 이 환경적 조건이나 사태에 의하여 개인이 어떤 모양의 상호작용이나 반응을 나타냄으로써 비교적 주관적인 경험이라는 현상이 발생된다. 그리고 이 경험의 결과로서 그 개인에게 전에 없던 새로운 행동이 나타나거나 이미 있었던 행동양식에 어떤 지속적인 변화가 나타나는 학습성과가 발생된다.

이러한 관계를 논리학적 용어로 표현하면 환경은 조건이며, 학습은 결과다. 그리고 경험은 조건과 결과를 이어주는 매개체라고 할 수 있다. 또한 이러한 관계를 실험 심리학의 용어로 표현하면 환경은 독립변수며, 학습은 종속변수, 경험은 중개변수라고 할 수 있다.

2. 학습지도의 원리

1) 개별화의 원리

학습의 효과를 극대화하는 가장 바람직한 방법 중 하나는 학습자 개개인의 여러 특성, 예를 들면 선행학습의 정도, 학습속도, 흥미 등에 맞추어서 학습방법, 전략, 조건을 선별적으로 선택하는 것이다. 학습자들은 지능, 적성, 흥미, 태도, 가치관, 선행학습 등의 내면적인 심리적 특성뿐만 아니라, 부모나 그 대리자의 교육적, 사회적, 경제적 지위가 다르고 심지어 신체의 구조적 특징과 같은 외현적 특성들도 크게 차이가 난다. 이처럼 교수-학습 상황에서 개인차의 폭이 큰 경우에는 전통적인 방법으로 학습의 효과를 극대화하는 것은 매우 어려운 일이다. 그러므로 학습활동에서는 학습자의 개인차를 이해하고 이것을 학습목표와 관련시켜 개인의 능력을 충분히 발휘하도록 해야 한다.

이와 같은 개별화의 원리는 개인차의 문제를 밝힌 심리학의 발달에 의해 촉진되었다. 그리고 개인에게 최고의 가치를 부여하고 사회를 개인의 집합으로 보는 민주주의 생활철학이 학습의 개별화를 촉진시켰다. 이러한 노력은 학과별 실험실에서 자기 능력에 알맞은 활동을 계획에 의해 할 수 있도록 한 달톤 플랜(Dalton Plan)이나, 학습자가 각자의 학습진도에 따라서 목표에 도달할 때까지 공부하도록 하는 위네트카 플랜(Winnetka Plan), 학생이 지닌 개인차의 특성에 따라 능력별로 프로그램을 적용시켜 학습을 보다 극대화할 수 있다는 가능성을 제시한 적성-처치 상호작용(aptitude-treatment interaction) 등과 같은 개별학습 프로그램들을 개발하는 계기가 되었다.

학습에서 개별화의 원리는 수업이 시작되기 전에 출발점 행동을 조사하여 거기에 맞는 수업을 전개하려는 노력이다. 이것은 부족한 선행학습의 결손 부분을 보충하여 본시의 수업을 시작하는 것으로, 학습자 개개의 능력과 정도를 고려하여 목표를 달성하려는 데 의의가 있다. 따라서 학습지도 계획을 세울 때나 학습을 전개할 때 그리고 과제를 부과하고 학습결과를 평가할 때, 개별화의 원리를 잘 적용함으로써 교수-학습효과를 높일 수 있다.

2) 자발성의 원리

교육사상에서 학습자의 자주성이나 자발성을 강조한 것은 20세기 초반에 나타난 개혁 교육학(reform pedagogy)의 운동에서였다. 이 개혁의 사조는 외부의 주입이나 전달을 배척하고 오로지 학습자의 자발성을 존중하고 중요시하는 것이다. 특히 루소(Rousseau)는 자연성의 성장을 강조하여 간섭이나 강제성을 배제하였고, 페스탈로치(Pestalozzi)는 주입식 방식을 지양하고 문답에 의한 심의의 개발을 중시하였다. 자발성이란 자기가 해야 할 학습을 자기의 책임하에 해결하려는 것으로 이와 같은 태도를 자주적인 태도라 할 수 있으며, 이 자주성의 확립은 곧 학습지도의 직접적인 목표로 볼 수 있다.

따라서 자발성의 원리는 교수-학습과정에서 아동 중심, 학생 위주의 교육을 강조하는 원리이다. 이 원리가 적용될 때 교사는 학생 자신의 자발적인 자기 활동을 도와주는 보조자의 역할을 하게 된다. 교사가 학생 중심으로 교육을 하게 될 때, 학생이 가지고 있는 본래의 소질이나 특성을 발견하여 이를 최대한으로 키워 줄 수 있게 된다.

3) 사회화의 원리

사회화(socialization)란 개인이 자기가 소속해 있는 사회집단의 행동양식, 가치관, 규범과 같은 문화를 학습하여 내면화하고, 자기 자신의 독특한 개성과 자아를 형성하는 과정을 말한다. 사회화의 원리는 학교교육을 통하여 학생들을 사회화함으로써 유용한 사회인으로 육성하자는 원리다. 그러므로 각 개인은 하나의 독립된 인간으로서 그들이 속한 각종 사회에 참가하여 원만한 인간관계를 맺어 가면서 개인적으로 보람 있고, 사회적으로 유용한 일원이 되도록 학습하여야 한다. 더욱이 복잡한 현대 사회에서 각자의 생활을 잘 영위해 나갈 수 있는 민주시민을 육성하기 위해서는 개별화의 원리뿐만 아니라 사회화의 원리도 조화 있게 적용되어야만 한다.

따라서 교수-학습 경험은 현실 사회의 문제를 기반으로 하여 학교 안에서 교사가 기존의 지식이나 기능을 학생에게 주입 · 전달하는 것이 아니라 학생이 자발적, 자주적으로 활동함으로써 그들이 원래 지니고 있는 무한한 가능성을 개발 · 신장하는 것이다. 학교에서 이루어지는 교과학습에 사회화의 원리를 도입할 때 고려해야 할 점은 다음과 같다.

① 공동생활이 될 수 있도록 사회적인 조직과 분위기를 마련하는 것이 필요하다. 특히 학생회나 클럽 등에 가입하거나, 집단 안에서 좋은 인간관계를 형성할 수 있는 이상적인 학급 분위기를 길러 준다.
② 집단 안에서 공동생활 양식을 중요시한다.
③ 학생 각자가 공동생활의 일원으로서 자기의 개성이나 역할을 통하여 전체의 발전에 진력하도록 지도해야 한다.
④ 집단생활에 주어지는 환경의 영향을 중시해야 한다.

4) 통합성의 원리

통합성의 원리는 학습활동에서 지식이나 기능의 어느 한쪽 부분의 능력만을 발전시키는 것이 아니라 지 · 덕 · 체 또는 지 · 정 · 의와 같은 학습자의 행동특성을 조화롭게 발전시켜야 한다는 원리다. 즉, 학습자의 전인적 발달을 위한 전인교육을 의미하는 것이다. 현대교육은 통합된 인간 형성에 목적을 두고 있으므로 교수–학습지도는 학생 개개인을 전체로서의 생활 환경에 적응시키고, 학생이 본래 가지고 있는 모든 능력을 조화롭게 발달시키도록 해야 한다.

교수–학습지도에서 통합성의 원리는 교재의 통합과 인격의 통합으로 나누어 생각할 수 있다. 교재의 통합은 교수–학습에 필요한 모든 교재를 학생 중심으로 통합시키는 것이고, 인격의 통합은 개별화로서의 개인학습과 사회화로서의 공통학습에 유의하면서 인지적 영역, 정의적 영역, 운동기능적 영역을 고루 발달시켜 지 · 덕 · 체의 조화로운 균형을 이루는 것이다. 특히 학습활동에 있어서의 통합은 발달영역의 통합, 교과영역의 통합, 흥미영역의 통합 그리고 학습방법의 통합 등이 이루어져야 한다.

5) 직접 경험의 원리

직접 경험의 원리는 전통적인 봉건사회의 벽을 타파하여 자유롭고 창의성이 풍부한 새로운 인간 육성이 요구되던 근대 시민사회 이후부터 주장되어 온 것이다. 초기의 제창자인 베이컨(Bacon)이나 코메니우스(Comenius)는 직관의 원리를 감각기관에 의한 직접 경험이라 하고 이것을 지식의 유일한 기초로 삼았다. 이것이 오늘날 시청각교육의 출발점이 된 것이다. 듀이(Dewey)는 교육을 "행함으로써 배운다."라고 하여 진정한 학습은 실제 경험을 통하여 이를 재구성하는 것이라고 하였다.

이와 같이 직접 경험의 원리는 어떤 사물에 대한 개념을 인식시킬 때 언어로 설명하는 것보다는 구체적인 사물을 직접 제시하거나 경험시킴으로써 학습효과를 얻을 수 있다는 원리를 말한다. 이와 같은 원리에 기초한 학습형태는 문제해결법, 프로젝트법(project method), 시청각교육, 실험, 실습, 토의학습, 컴퓨터 학습 등이 있으며, 이들 교수-학습방법을 실제 수업 환경과 학습내용에 맞게 적용함으로써 학습효과를 높일 수 있을 것이다.

형성평가

1. 학습의 중요성을 설명해 보시오.
2. 학습의 개념을 정의하시오.
3. 학습지도의 원리를 설명해 보시오.

제2장

학습이론 및 적용 가능성

> 들으면 잊고, 보면 기억하고, 행동하면 이해한다.
>
> –공자

1. 학습이론

학습이론(learning theory)이란 학습이 어떠한 심리적 기제로 이루어지며, 어떠한 힘이 학습을 성립시키는가를 해명해 주는 법칙이나 이론의 체계를 말한다.

학습이론에는 자극–반응이론, 인지이론, 정보처리이론, 사회 · 문화학습이론, 인본주의이론 등 여러 이론들이 있다. 여기서는 자극–반응이론, 인지이론, 인본주의이론 그리고 최근에 대두되고 있는 구성주의이론에 대해 살펴보고자 한다.

1) 자극-반응이론

자극-반응이론은 심리학에서 행동주의 심리학을 말하며, 다윈(Darwin)의 진화론과 파블로프(Pavlov)의 조건반사이론의 생리학적 입장 그리고 헤르바르트(Herbart)의 사상이 융합되어 이루어진 관점이다. 자극-반응이론은 학습을 자극과 반응 간의 연합으로 보는 입장이다. 이 이론은 학습을 자극-반응 또는 자극-반응의 연합(결합)으로 보는 입장과, 반응의 결과에 따르는 보상 또는 강화로 보는 입장으로 구분해 볼 수 있다. 전자의 대표적인 이론으로는 파블로프의 고전적 조건형성을 들 수 있으며, 후자에는 손다이크(Thorndike)의 자극-반응 결합설 그리고 스키너(Skinner)의 조작적 조건형성을 들 수 있다. 이들 이론에서 나타나는 학습에 대한 기본 가정을 다음과 같이 요약할 수 있다.

첫째, 자극-반응이론의 인간관은 인간을 '복잡한 기계' 또는 '검은 상자' 로 간주한다. 그러나 인간 행동이 복잡하기는 하나 원칙적으로 예측이 가능하다고 본다.

둘째, 인간의 현재 행동은 선행조건에 의해 결정되기 때문에 외부적으로 나타나는 행동을 연구의 대상으로 한다.

셋째, 인간의 행동은 자연법칙에 지배를 받기 때문에 과학적으로 연구되어야 하며, 인간은 쥐나 비둘기 등과 같이 생물학적, 행동적, 수량적 연구의 대상이 될 수 있다.

넷째, 환경은 행동이 이루어지도록 작용하는 변인이다. 따라서 행동의 변화를 목표로 하는 학습도 환경이 개체에 작용하여 나타난 결과로 볼 수 있다.

다섯째, 인간의 행동은 환경의 조절에 따라 변화 또는 수정될 수 있다. 그러므로 환경을 적절히 조절하면 학습도 의도한 대로 조절이 가능하다.

(1) 손다이크의 자극-반응 결합설

손다이크는 하버드 대학의 제임스(James) 밑에서 공부를 하였으며, 그 후 콜롬비아 대학에서 캐텔(Cattell)의 영향을 받아 자극-반응이론을 체계화하였다. 그의 학위논문인 「동물의 지능: 동물에 있어서 결합과정의 실험적 연구(*Animal intelligence: An experimental study of the associative process in animals*」(1898)는 초기에 그가 동물들을 대상으로 실시한 실험 결과들을 집약한 것이다.

손다이크는 굶주린 고양이를 자신이 만든 문제상자(problem box) 속에 넣고, 고양이가 페달을 밟거나 줄을 당겨 상자 문을 열고 나와 상자 밖의 고기를 먹도록 하였다. 처음에 고양이는 상자의 창살과 문을 긁는 등 여러 행동을 하다가 우연히 페달을 밟자 상자 문이 열리게 되고 밖으로 나와 먹이를 먹게 된다. 이러한 실험을 되풀이하면서 고양이의 행동을 관찰하면, 실험의 횟수가 늘어날수록 고양이가 페달을 밟아 문을 열고 밖으로 나오는 시간이 짧아져서 나중에는 거의 즉각적으로 상자 밖으로 나올 수 있게 된다. 즉, 고양이는 상자 문을 열기 위해서 페달을 밟아야 한다는 것을 학습한 것이다.

이와 같은 동물실험을 통하여 손다이크는 학습을 다음과 같이 설명하였다.

첫째, 학습은 관념의 매개에 의하여 이루어지는 것이 아니라 특정 사태에서 자극과 학습된 행동반응과의 연합 또는 결합에 의해 이루어진다.

둘째, 학습의 기본 형태는 시행착오(trial and error)의 과정을 통해 이루어진다. 즉, 상자 속의 고양이는 여러 형태의 반응을 보이는데, 이들 중 옳은 반응은 즉각적으로 뒤따르는 욕구충족 때문에 점차 강화된다. 반대로 불만족스럽거나 잘못된 반응은 점진적으로 약화되어 없어진다. 흔히 손다이크의 이론을 시행착오설이라 부르는 것은 이러한 이유 때문이다.

셋째, 학습은 비약적으로 일어나는 것이 아니라 점진적으로 일어난다.

이상과 같은 학습관을 근거로 손다이크는 다음과 같은 학습법칙을 설정하였다(임창재, 2005).

① 효과의 법칙

효과의 법칙은 만족의 법칙이라고도 하며, 어떤 일을 실천하였을 때 만족스러운 상태에 이르면 더욱 그 일을 계속하려는 의욕이 생긴다는 것이다(만족의 법칙). 그러나 여러 번 연습을 해도 효과가 없다면 점점 하고자 하는 의욕이 상실되고 실망하여 결국 포기하게 된다(불만족의 법칙). 여기서 만족한 상태란 개체가 학습을 피하려 하지 않고 그것을 계속 유지하며 반복하려는 상태이며, 불만족한 상태란 개체가 학습을 하지 않고 포기하려는 상태를 의미한다.

② 연습의 법칙

모든 학습은 연습을 통하여 진보 · 향상되고 바람직한 행동의 변화를 가져오게 된다. 특히 일반 학습이나 각종 운동기능 학습에서 연습은 필수적으로 사용되는 방법이다. 이처럼 학습은 단번에 성과를 거두기보다는 꾸준하고 반복적인 연습의 결과로 목표에 도달하고 성공하게 된다는 것을 의미한다.

③ 준비성의 법칙

준비성이란 학습을 하려는 모든 행동의 준비적 태도를 말한다. 준비성이 사전에 충분히 갖추어진 학습활동은 학습이 만족스럽게 잘 되지만, 준비가 되어 있지 않을 때에는 학습의 결과가 만족스럽지 않고 도리어 실패하기 쉽다. 그러므로 학습이 바람직하게 이루어지기 위해서는 사전 준비가 필요하다. 준비성이란 물리적인 것뿐만 아니라 심리적으로 학습을 하고자 하는 조건도 의미한다. 즉, 학습자의 지능, 경험, 성숙도, 성격, 태도, 의지, 노력들의 심리적 준비성은 학습에서 더욱 중요하다고 본다.

(2) 파블로프의 고전적 조건반사설

러시아의 대뇌 생리학자인 파블로프는 굶주린 개의 타액 분비에 관한 실험을 하였다. 즉, 개에게 고기를 주면 침을 흘리게 되는데, 이때 고기를 주기 전에 종소리를 들려주고 고기를 주는 일을 반복하면 개는 종소리만 들어도 침을 흘리게 된다는 것이다. 파블로프의 실험에서 음식물은 무조건자극(unconditioned stimulus)이고, 종소리는 조건자극(conditioned stimulus)이 되는데, 음식을 보고 침을 흘리는 것은 자연적인 반응으로 무조건반응 또는 무조건반사이고, 종소리에 침을 흘리는 것은 조건반응 또는 조건반사다. 파블로프는 이러한 과정을 조건형성, 즉 학습이라고 하며 조건형성은 자극일반화와 변별의 과정을 거치게 된다. 이러한 조건형성 과정을 도식화하면 [그림 2-1]과 같다. 이상의 사실에서 얻을 수 있는 학습법칙은 다음과 같다.

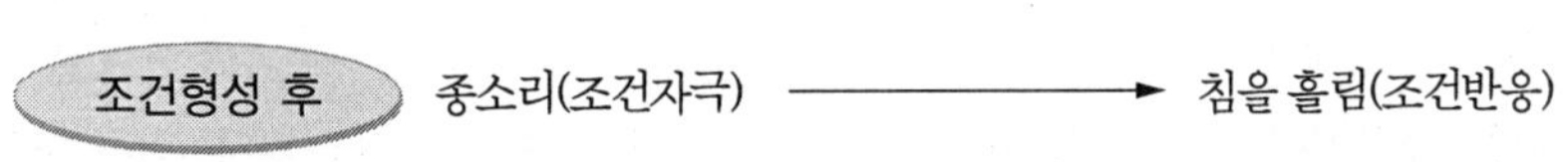

[그림 2-1] **파블로프의 고전적 조건형성의 모형**(원호택, 박현순, 2003)

① 강화의 원리

조건자극인 종소리와 무조건자극인 고기를 짝지을 때 무조건자극은 조건자극에 대한 강화의 기능을 갖게 된다. 결합의 횟수가 증가됨에 따라 타액의 분비량이 많아지고, 30회 이상 횟수가 계속되면 타액의 분비량은 일정하다. 그러나 조건형성 과정 중에 최초의 조건자극 이외의 자극이 주어지면 조건반응은 약화되는데 이 현상을 억제 또는 금지라 한다. 예컨대 조건형성 과정 중 개에게 종소리 이외의 소리를 들려주면 타액 분비량은 일시적으로 억제된다.

만일 조건반응이 성립된 후에 무조건자극을 주지 않고 조건자극만 반복해 주면 성립된 조건반응이 소멸되어 타액의 분비량이 줄어들고, 7회 이후에는 타액이 분비되지 않는다. 이러한 현상을 소거라 한다.

그러나 소거된 조건반응도 일정한 기간이 지난 후에 다시 조건자극을 제시하면 재생되어 자발적 회복을 보인다. 이는 소거가 일단 획득된 조건반응의 상실을 뜻하는 것이 아니라 반응억제의 학습과정임을 나타내는 것이다.

② 간격의 원리

조건자극과 무조건자극을 제시하는 데 있어서 두 자극 간의 시간적 간격이 조건반응에 영향을 주며, 특히 두 자극의 제시 간격은 네 가지 형태, 즉 동시조건형성(simultaneous conditioning), 지연조건형성(delayed conditioning), 흔적조건형성(trace conditioning), 역행성조건형성(backward conditioning)으로 구분된다.

종소리가 울리고 나서 5초에서 30초 이내에 무조건자극을 주지 않았을 때에는 조건반응이 잘 일어나지 않는다. 이에 비해 조건자극과 무조건자극이 거의 동시에 결합될 때에는 조건형성이 가장 효과적으로 이루어진다. 물론 관련되는 특정 조건반응에 따라 결과가 달라질 수도 있다. 지연조건형성은 조건자극이 무조건자극보다 수초에서 수분 후에 제시되는 경우를 말하며, 흔적조건형성은 지연조건형성보다 그 속도가 느리다. 무조건자극이 조건자극보다 선행하는 경우에는 조건반응이 성립하지 않고 역행성 조건화가 성립한다.

③ 일반화 및 변별의 원리

조건형성은 자극일반화와 변별의 과정을 거치게 된다. 자극일반화는 조건화 과정에서 사용된 조건자극과 유사한 자극이 주어질 때에도 조건반응이 일어나는 현상을 뜻한다. 즉, 처음 종소리와 약간 차이가 있는 종소리를 들려주어도 조건반응이 일어난다는 것이다.

변별은 일반화와는 달리 훈련 시에 사용되었던 자극이나 어떤 한정된 범위의 자극에만 반응하는 경향성을 의미한다.

(3) 스키너의 조작적 조건형성이론

조작적 행동은 의식적으로 어떤 결과를 일으키게 조작하는 행동을 말하며, 조작적 행동을 통한 조건형성을 조작적 조건형성이라고 한다. 조작적 조건형성에 대한 실험과 이론의 대표적인 학자는 스키너다.

스키너는 알려져 있는 자극에 의하여 인출되는 대응적 행동과 단순히 유기체에 의하여 반사된 조작적 행동을 구분한다. 무조건반응은 무조건자극에 의하여 인출된 것이기 때문에 대응적 행동의 예이며, 고전적 조건형성은 대응적 행동에 의하여 조건이 형성된 것이다. 대응적 행동의 예로는 핀으로 찌를 때 손을 꽉 움켜쥐는 것과 같은 모든 반사가 포함된다. 조작적 행동은 원천적으로 알려진 자극과 상관되어 있는 것이 아니기 때문에 자발적인 것처럼 보이며, 조작적 조건형성은 적극적이고 능동적인 조작적 행동에 의하여 조건화되는 현상이다. 예를 들면, 휘파람을 불기 시작하는 것, 일어서고 걷는 것, 아동이 어떤 장난감을 내버리고 다른 장난감을 가지고 노는 것, 아무렇게나 손, 발, 다리를 움직이는 것 등이 포함된다. 우리의 일상생활에서 일어나는 행위의 대부분은 조작적 행동이라 할 수 있다. 이 두 조건형성의 차이점을 구분하면 〈표 2-1〉과 같다.

〈표 2-1〉 고전적 및 조작적 조건형성 비교

고전적 조건형성	조작적 조건형성
선행하는 자극(종소리)에 반응하는 행동에 초점	결과(음식)에 반응하는 행동에 초점
자극에 대한 반응으로 유발되는 대응적인 행동	도구적 행위로 방출되는 조작적인 행동
비자발적이고 수의적임	자발적이고 불수의적임
자극을 중요시	반응을 중요시
S형 조건형성	R형 조건형성

조작적 행동을 다룬 스키너의 초기의 동물실험은 조그마한 실험상자 속에서 이루어졌는데 이 상자는 스키너 상자(Skinner box)라고 불리게 되었다. 스키너 상자에는 보통 철망마루, 지렛대, 빛 그리고 먹이, 컵 등이 장치되어 있다. 그리고 동물이 지렛대를 누를 때 배식 기계가 작동하여 먹이가 컵으로 나오도록 되어 있다. 전형적인 스키너 상자는 [그림 2-2]와 같다.

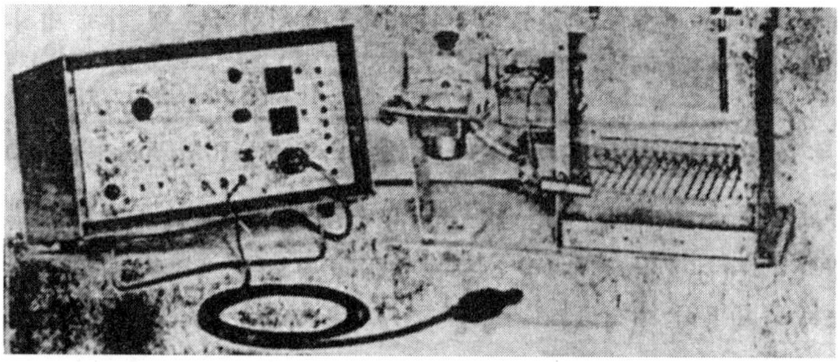

[그림 2-2] **스키너 상자**

스키너는 스키너 상자에 일정 시간 음식을 박탈한 쥐를 넣고 쥐가 지렛대를 누르는 반응을 할 때에만 먹이를 주어 강화하였다. 이 실험에서 쥐가 지렛대를 눌러 먹이를 얻어먹는 동작, 즉 조작적 조건형성이 이루어지는 과정을 살펴보면 다음과 같다. 처음 3분에서 20여 분까지는 지렛대를 누르는 반응 없이 탐색적인 행동만 보이지만, 우연히 지렛대 반응으로 먹이를

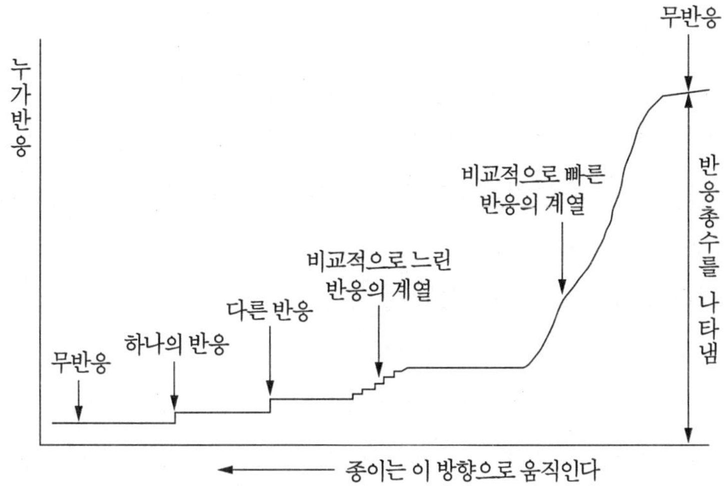

[그림 2-3] **누가기록**

얻게 되면 지렛대를 누르는 반응을 빠른 속도로 학습하여 [그림 2-3]에서 보는 것과 같이 계속적인 누가기록을 보이게 된다.

누가기록선이 경사질수록 반응비율이 빠른 것을 나타내며, X축과 평행인 선은 무반응을 나타낸다.

이와 같은 조작적 조건형성 과정이 학습과 관련되는 몇 가지 법칙은 다음과 같다.

① 강화의 법칙

조작적 조건형성의 반응에는 두 가지 원리가 결합되어 있다. 첫째, 강화적 자극(보상)이 따라오는 반응은 반복되는 경향이 있다. 둘째, 조작적 반응이 일어나는 비율을 증가시켜 주는 것은 강화적인 자극(보상)이다. 다시 말하면, 유기체의 어떤 행동이 그 개체에게 만족한 결과를 가져다줄 때 유기체는 그 행동을 반복하거나 더 강하게 하려는 경향이 있다. 즉, 행동은 그 행동의 결과에 지배를 받는다. 이처럼 학습자의 행동이 그 행동의 결과로서 얻은 만족스러운 자극에 의해 반복되거나 강화되는 현상을 강화의 법칙이라 한다.

예를 들면, 쥐가 지렛대를 누를 때마다 혹은 비둘기가 단추를 쫄 때마다 먹이가 한 개씩 떨어지게 하여 유기체가 지렛대를 누르거나 쪼는 행동을 계속하도록 강화하는 것이나, 아동이 인사를 할 때마다 칭찬과 상을 받게 되면 계속 인사를 잘하게 되는 것을 들 수 있다.

스키너의 실험에서 쥐가 지렛대를 누르거나 비둘기가 쪼는 행동은 작동행동으로 처음에는 우연히 일어나기도 하고 실험자의 의도에 의하여 유발되기도 한다. 그러나 그 행동이 만족스러운 결과를 가져다줄 때에는 보다 빈번히 일어나게 되고, 더욱 강력한 행동으로 학습이 이루어진다. 이때 쥐와 비둘기가 얻은 먹이나 학습자가 받은 칭찬은 강화자극이 되어 그들이 행한 작동행동의 원인으로 작용하는 것이다. 이와 같이 바람직한 행동을 형성하기 위한 강화방법에는 정적 강화, 조건강화, 토큰강화 등이 있다.

정적 강화란 상과 같은 의미로 볼 수 있으며, 어떤 행동을 하여 상이 주어지면 다음에 비슷한 상황이 되었을 때 같은 행동을 다시 하는 것을 말한다. 조건강화란 본래는 강화하는 힘이 없지만 다른 강화물과 적절히 짝지워져 강화력을 갖게 되는 것이다. 토큰강화란 조건강화의 한 종류로 토큰과 같은 구매력을 가진 상징물을 주는 강화체제를 말한다.

② 소거의 법칙

고전적 조건형성에서와 마찬가지로 조작적 조건형성 과정에서도 반응 뒤에 강화가 주어지기 전의 기초선 비율(baseline date), 즉 조작적 수준(operant level)으로 되돌아간다. 소거의 법칙이란 유기체가 행한 행동이 무시되거나 만족스러운 결과를 가져다주지 않을 때에 유기체가 그 행동을 중단하고 반복하지 않으려는 경향을 말한다. 그러므로 소거의 법칙은 바람직하지 않은 행동을 제거시키거나 강한 행동을 약화시키는 데 사용된다.

쥐가 지렛대를 계속 눌러도 먹이를 주지 않으면 쥐의 지렛대를 누르는 행동은 줄어들게 되고, 결국 쥐는 그러한 행동을 하지 않게 된다. 아동이 공손하게 인사를 해도 윗사람이 인사를 받아 주지 않고 무시해 버리면 인사하는 빈도가 줄어들게 되고 마침내 인사하는 행동은 없어지게 된다. 이러한 현상은 자기가 행한 행동이 기대했던 만큼의 만족스러운 결과를 가져오지 못했기 때문에 생긴 것이다.

더구나 먹이를 주지 않거나 인사를 무시하는 정도가 아니라 쥐가 지렛대를 누를 때마다 불쾌한 전기자극을 주거나 인사하는 아동에게 불쾌한 표시나 반응을 보인다면 그 결과 소거현상은 더욱 급격히 일어나게 된다. 이와 같은 소거의 법칙은 학습자들의 바람직하지 못한 행동을 중지시키고자 할 때 적용할 수 있다. 그러나 바람직하지 못한 행동을 수정하기 위해 벌을 사용할 때라도 주의해야 할 점이 있음을 고려해야 한다.

③ 조형의 법칙

조형(shaping)은 스키너 이론에서 중요한 기법인 행동수정의 근거가 되는 개념이다. 조형이란 실험자 또는 치료자가 원하는 방향 안에서 일어나는 반응만을 강화하므로 원하는 방향의 행동을 습득하도록 하고, 원하지 않는 방향의 행동에 대해서는 강화를 받지 못하도록 하여 결국 원하는 방향의 행동을 할 수 있도록 하는 것을 가리킨다. 예컨대, 스키너 상자에서 동물이 지렛대 가까이 있을 때 강화하고, 다음에는 지렛대에 접촉했을 때, 그다음에는 지렛대를 눌렀을 때 강화를 주어 실험자가 의도하는 대로 동물을 이끌어 가는 것은 조형의 좋은 예라 할 수 있다.

④ 자발적 회복의 법칙

일단 습득된 행동은 만족스러운 결과가 주어지지 않는다고 즉시 소거되지 않는다. 즉, 지렛대 누르는 행동을 학습한 쥐는 먹이가 나오지 않는다고 즉시 그 행동을 중지하지는 않는다. 지렛대를 누르는 행동이 습득된 쥐는 다음번에 똑같은 상황에 처하게 되면 먼저 지렛대 누르는 행동을 하게 된다. 물론 이전처럼 지속적으로 강하게 이루어지지는 않지만 일단 학습된 행동은 계속 지속하려는 경향을 보이는 것이다. 이와 같은 현상을 자발적 회복이라고 한다. 학습자가 강하게 학습한 행동일수록 자발적 회복도 잘 이루어지며, 보통 행동을 할 때 '습관이 돼서 그렇다.' 라고 하는 말은 자발적 회복현상을 나타내는 것이다.

⑤ 변별의 법칙

변별이란 보다 정교하게 학습이 이루어지는 것으로 유사한 자극이라도 조그만 차이에 따라 각기 다른 반응을 보이는 것이다. 쥐가 지렛대를 누를 때 불빛이 다르게 주어지면 그 결과도 다르다는 것을 알게 되어 반응행동이 달라진다.

아동이 어른에게 인사하는 방법과 자기들끼리 인사하는 법을 구별하여 인사하게 되는 것은 변별의 행동이다. 이것은 친구들에게 인사를 하는 방법으로 어른에게 인사를 했을 때 그 결과가 달랐기 때문에 변별학습을 하게 된 것이다.

⑥ 강화계획

기대하는 반응이 나타날 때마다 강화를 하면 조건형성의 속도는 빠르나, 반응 후 강화를 제거했을 때 획득된 반응의 소거 또한 급격하게 일어남이 밝혀졌다. 스키너는 소거에 대한 저항을 높이기 위해 적합한 반응의 일정 비율만을 강화하는 부분 강화계획(partial reinforcement schedule)을 제시하고 있으며, 부분 강화계획의 유형으로는 고정간격강화(fixed interval reinforcement), 변동간격강화(variable interval reinforcement), 고정비율강화(fixed ratio reinforcement), 변동비율강화(variable ratio reinforcement)를 들고 있다.

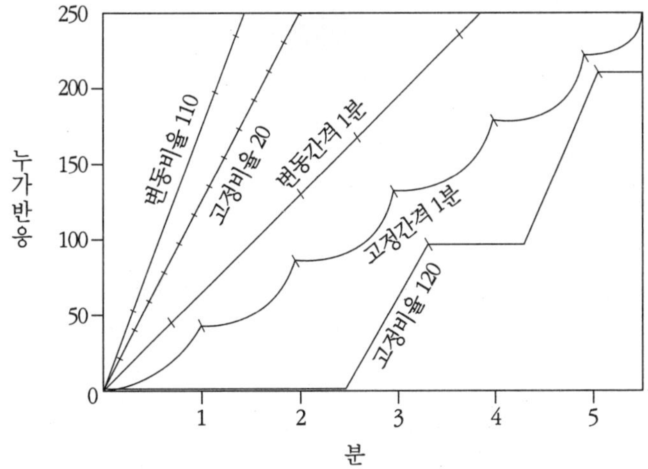

[그림 2-4] **강화계획에서 나타난 수행**(이영애 역, 1998: 131)

2) 인지이론

먼저 인지(cognition)란 머릿속에서 일어나는 일련의 지적 과정, 즉 지각, 기억, 문제해결, 사고, 판단과 같은 고등정신작용(higher mental process)을 말한다. 인지이론은 행동주의이론과는 달리 눈으로 직접 관찰되지는 않지만 두뇌 속에서 벌어지는 외부 감각적 자극의 변형, 기호화 또는 부호화, 파지, 재생 또는 인출이라는 일련의 정보처리 과정을 연구한다. 그러므로 인지이론은 자극-반응이론과는 달리 지각과 기억 이론의 바탕 위에서 학습을 인지구조의 성립 또는 변용으로 설명하는 입장이다. 이 이론은 형태주의 심리학(gestalt psychology)에 근거를 두고 있으며, 장이론(field theory), 통찰설(insight theory), 기호형태이론(sign-gestalt theory)과 1960년대 이후의 인지발달이론(cognitive developmental theory) 등이 이에 포함된다.

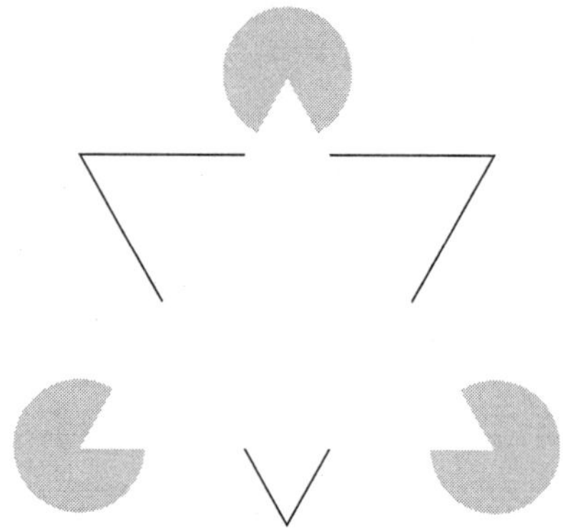

[그림 2-5] **부분과 전체의 관계**(임규혁, 임웅, 2007: 204)

인지이론에 따르면 학습자는 상황을 지각할 때 낱낱으로 보는 것이 아니라 여러 부분들을 조직하고 연결시켜 조직된 형태(gestalt)로 지각한다. 다시 말하면, 학습자는 현상을 단편적으로 지각하는 것이 아니라 조직된 형태로 지각하려는 경향을 갖는다. 여기서 나타나는 형태란 어떤 부분과 부분이 관련되어 전체를 이루며([그림 2-5] 참조), 전체는 부분의 총화 이상의 성질을 지니고 있는 것을 말한다. 따라서 인지이론은 행동주의자들이 주장하는 것처럼 학습이 점진적 연합에 의해 이루어지는 것이 아니라 어느 순간 문제상황 속의 사물들 간의 관계의 구조, 즉 형태를 파악함으로써 갑자기 이루어진다고 주장한다.

(1) 베르트하이머의 파이현상

형태주의 심리학의 선구자인 베르트하이머(Wertheimer)는 인간의 지각은 현상 그 자체이지 현상을 구성하는 요소가 아님을 역설하고, 파이현상(Phi phenomenon)의 실험을 통하여 자신의 주장을 입증하였다. 파이현상이란 두 개의 불빛을 아래위 번갈아 비출 때 하나의 불기둥처럼 착각하는 현상을 말한다.

베르트하이머는 체제화가 모든 정신활동의 기초이고, 인간은 자신이 지각하는 장이 체제화되어 있지 못하면 이를 하나의 형태로 체제화하려는 보편적이며 생득적인 경향성을 갖고 있는 것으로 보고 있다. 이러한 지각의 경향성을 지각의 법칙(law of perception)이라 부른다.

지각의 법칙에는 여러 가지가 있지만 중요한 법칙을 열거해 보면 다음과 같다(임창재, 2005).

① 유사성의 법칙

이는 개개의 부분이 비슷한 것끼리 연결되어 하나의 형태나 색깔의 성질로 지각되는 경향이다. 따라서 유사한 항목이나 유사한 추리의 대상이나 자극은 그것의 결합된 형태로 지각되는 경향이 있다. 예컨대, 유사한 동질의 한 쌍은 유사하지 않은 이질의 한 쌍보다 훨씬 쉽게 학습된다.

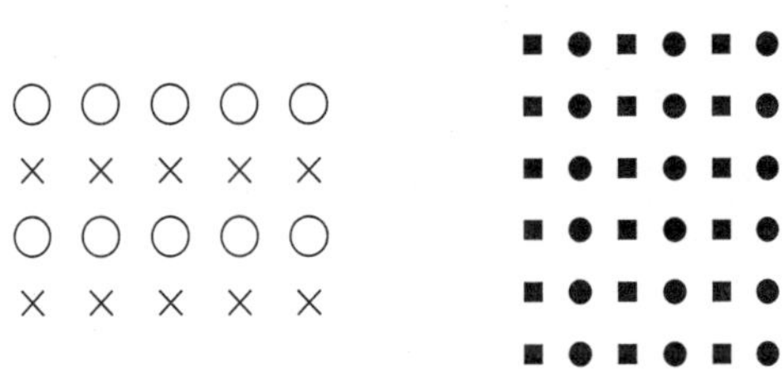

② 근접성의 법칙

이는 개개의 부분을 근접되어 있는 것끼리 하나의 의미 있는 형태를 이루고 있는 것으로 지각하는 현상이다. 예컨대, 여러 점이 배치되어 있을 때 서로 가까운 위치에 있는 점은 하나의 통합된 형태로 지각된다. 따라서 체제화되기 쉬운 것일수록 학습되기 쉽고 또 파지와 재생이 쉽게 된다. 이 근접성은 시간적인 근접성의 성질도 가지고 있어서 현재의 활동과정에 시간적으로 근접되어 있는 대상이나 자극이 파지, 재생, 재인이 더 잘 된다는 최신성의 법칙을 내포하고 있다.

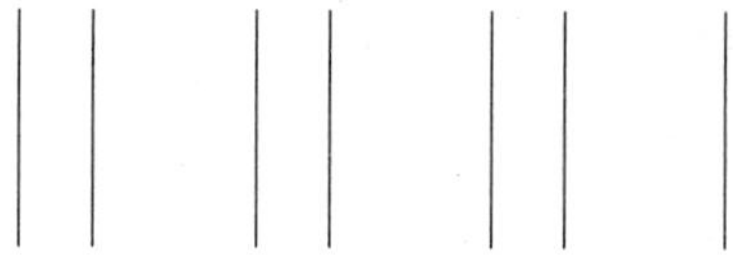

③ **폐쇄성의 법칙**

불완전하거나 떨어져 있는 부분이 연결되어 완전한 것으로 지각되는 현상이다.

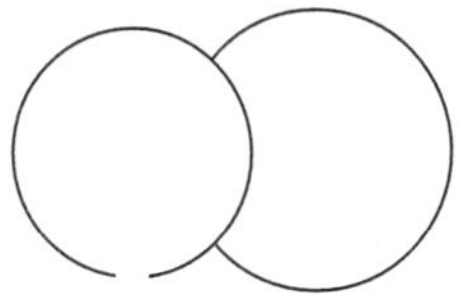

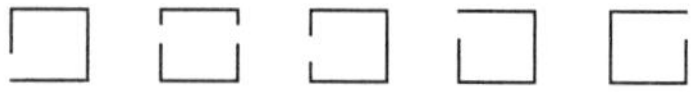

④ **연속성의 법칙**

처음 시작한 것이 동일한 형태로 계속 진행되어 나감으로써 형태를 완성해 가는 현상이다. 지각의 재체제화는 어떤 한 직선과 연결되어 보이거나 또는 미완성된 원의 일부분이 하나의 원으로 지각되는 경향이 있다.

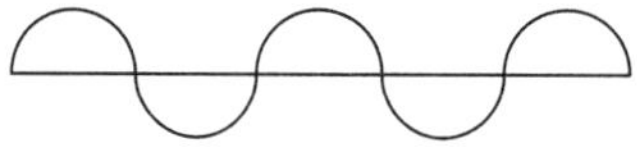

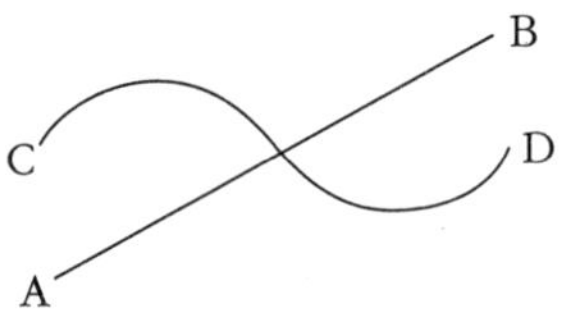

⑤ **욕구의 작용**

사물을 볼 때 어떤 기대나 마음을 가지면 동일한 사물을 다른 각도에서 볼 수 없게 된다. 이것은 지각에서 욕구가 작용하기 때문이다.

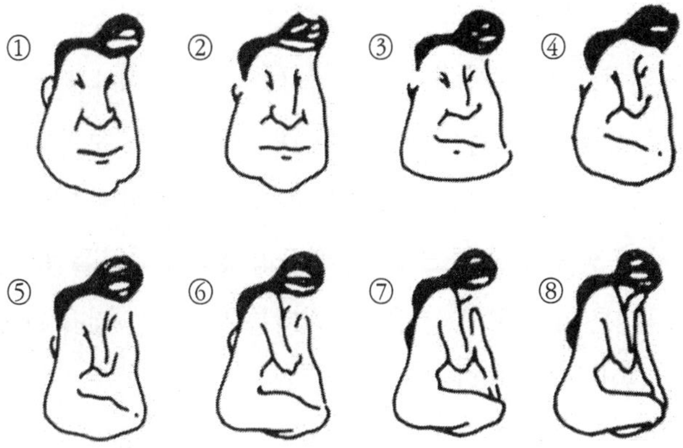

⑥ 의미 부여에 따른 지각

지각현상에서 사물 그 자체가 의미를 갖고 있는 것이 아니라, 보는 사람이 의미를 가지고 사물을 보기 때문에 생각한 것처럼 지각되는 현상이다.

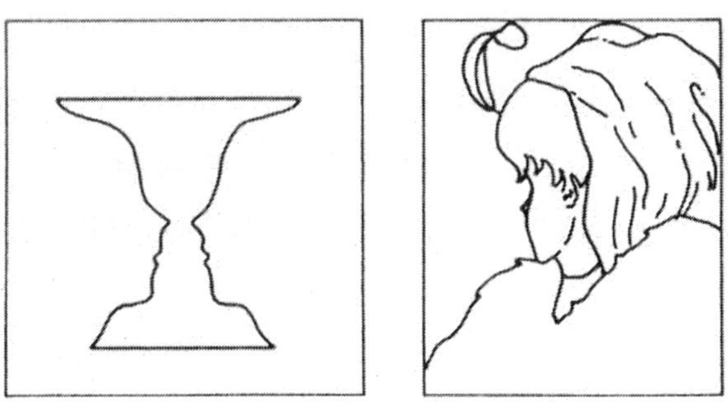

(2) 쾰러의 통찰이론

쾰러(Köhler)는 1913년 아프리카 서해안의 테네리프(Tenerife)라는 작은 섬에서 침팬지의 지적인 재능에 대하여 광범위하게 연구하였다. 그 결과 쾰러는 동물도 지적인 행동을 할 수 있다고 주장하였다.

쾰러의 실험을 대별하면 우회로 실험, 도구 사용의 실험, 도구 조합 실험 등으로 구분된다. 그것을 간단히 살펴보면 다음과 같다.

침팬지를 폐쇄된 놀이터에 가두어 놓고 손이 닿지 않는 높은 곳에 바나나를 놓아둔다. 그러면 침팬지들은 바나나를 갖기 위해 손을 뻗거나 발돋움을 하거나 뛰어오르는 행동을 한다. 이러한 시도가 실패를 하면 침팬지는 맹목적으로 시행착오적인 행동을 하는 대신에 장면을 주의 깊게 관찰한 후 막대기를 사용하여 바나나를 따거나, 상자를 발판이나 임시 사다리로 사용하여 바나나 밑에 갖다 놓고 그 위에 올라서서 바나나를 땄다. 쾰러는 침팬지가 바나나를 따기 위해 상자나 막대기를 사용하는 것을 관찰하고 이를 통찰(insight)이라고 하였다.

가끔 침팬지들은 도구를 사용할 뿐만 아니라 제작도 하였다. 예를 들면, 막대기가 필요한 경우에는 나뭇가지를 부러뜨려 사용했으며, 특히 막대기를 연결하여 사용하는 것은 매우 특기할 만한 것이었다.

이러한 침팬지의 행동을 통하여 다음과 같은 통찰학습의 과정을 알 수 있다.

첫째, 학습자가 문제장면에 직면하게 된다. 이때 문제장면은 일종의 인지 불균형을 야기함으로써 학습의 동기가 된다.

둘째, 문제장면에 대한 탐색이 이루어진다. 이때 탐색은 시행착오적인 것이 아니라 목적과 수단, 요소와 요소 간의 관계에 관한 통찰과정을 의미한다.

셋째, 통찰이 형성된다. 이때 통찰은 부분과 부분, 부분과 전체 또는 수단과 목표의 관계의 성립을 의미하며, 통찰의 형성과 더불어 이전의 불균형 상태의 문제장면은 균형 있는 구조화된 장으로 바뀌게 된다.

이와 같이 통찰학습은 전체 상황의 구조적 관계를 파악하는 지능적인 행동의 학습을 의미한다.

이상의 학습과정을 통하여 볼 때, 통찰학습에는 다음의 세 가지 특징이 있음을 알 수 있다.

첫째, 해결 전에서 해결로 전환하는 것은 갑자기 일어나며 또한 완전하다.

둘째, 통찰에 의하여 얻어진 해결을 바탕으로 한 수행은 보통 원활하며 오류가 없다.

셋째, 통찰에 의하여 얻어진 원리는 쉽게 다른 문제에 적용된다.

(3) 코프카의 기억흔적이론

코프카(Koffka, 1935)는 기억흔적(memory trace)의 개념으로 학습을 설명하고자 시도하였다. 그에 의하면, 어떠한 경험은 환경적 경험에 의하여 일어난 대상의 활동인 과정이 끝날 때 기억흔적을 남기게 되며, 이러한 흔적은 다음에 일어나게 될 새로운 경험과정에 작용하여 행동을 변화시키게 된다.

그는 흔적이 경험과정에 미치는 영향의 성질은 무엇인가라는 의문에 대하여 "원래 흔적을 일으켰던 과정과 비슷한 방향으로 흔적이 과정에 영향을 끼친다."라고 대답하였다. 기억흔적이 강하면 강할수록 그것이 과정에 미치는 영향도 강하며, 그리하여 사람들의 의식적인 경험은 과정보다는 흔적에 보다 부합되는 경향이 있다는 것이다.

따라서 학습은 기억흔적의 장의 형성 또는 변용이라 할 수 있으며, 이러한 변용과정은 첫째, 특수한 경험의 발생, 둘째, 이러한 경험과정의 흔적 형성, 셋째, 이 흔적이 다음 경험과정에 미치는 효과 등으로 설명할 수 있다.

코프카에 있어서 기억흔적은 개개 사상의 개별 흔적이라기보다는 재조직화된 흔적체제이며, 이러한 체제는 끊임없이 새로운 경험과 경험재생의 양상에 영향을 미치며 또한 변용시킨다. 따라서 코프카의 이론은 형태주의 심리학의 보편적인 전체성과 체제화의 법칙에 지배를 받고 있는 것으로 볼 수 있다.

(4) 톨먼의 기대이론

톨먼(Tolman)은 매사추세츠 주에서 태어났으며, MIT에서 전기화학 분야의 B.S. 학위를 받았다. 그는 하버드 대학교의 대학원생이었을 때 독일을 여행하는 동안 코프카와 짧은 시간 함께 연구한 적이 있었다. 따라서 그의 이론 구성에 형태주의이론이 많은 영향을 미쳤지만 톨먼의 학습이론은 형태주의이론과 행동주의이론을 혼합한 것으로 간주할 수 있다. 그리하여 그의 학습이론은 목적적 행동주의(purposive behaviorism), 기호-형태이론(sign-gestalt theory), 기호-의미체설(sign-significate theory), 기대이론(expectance theory) 등 여러 명칭으로 불리고 있다.

톨먼에 있어서 학습은 유기체의 기대와 이러한 기대를 충족시켜 주는 목표 의미체에 도달하게 해 줄 것으로 예상되는 환경 내의 단서(기호) 간의 관계에 대한 인지의 획득으로 정의될 수 있다.

다시 말해서, 어떤 구체적인 자극은 일정한 행동의 결과로서 어떤 대상을 획득할 수 있게 하는 수단이 되는 기호로서의 의미를 갖게 되며, 따라서 학습은 이러한 수단-목적 관계의 성립을 의미한다. 이때 학습은 구체적인 행동이 아닌 이들 관계에 관한 사전인지이며, 인지도가 신경조직 속에 형성된 것이라 할 수 있다.

톨먼은 자신의 학습이론을 입증하기 위해 세 가지 유형, 즉 보상-기대 실험, 장소학습 실험, 잠재학습 실험을 실시하였다. 이들 실험에 대해 간략히 소개하면 다음과 같다.

① 보상-기대 실험

톨먼은 미로상자 속의 동물이 어떤 장소에 가면 어떤 보상을 받을 것으로 기대하며, 만일 어떤 특별한 보상이 기대했던 것과 다를 때 동물은 좌절을 경험하게 될 것이라고 가정하였다. 그리하여 톨먼은 엘리엇 등(Elliot et al., 1928; 박재환 외, 1997 재인용)이 행한 실험을 근거로 자신의 이론의 타당성을 입증하였다. 즉, 동물은 특정 대상물에 대해 사전인지나 기대를 갖고 행동하며, 보상은 이러한 기대에 대한 확인을 뒷받침해 주고 있는 것이다.

② 장소학습 실험

톨먼은 여러 형태의 장소학습 실험을 실시하였다. 먼저 그는 동물이 자신이 생각하는 바와 같은 장소학습자(place learner)인지 또는 S−R 이론가들의 주장처럼 반응학습자(response learner)인지를 확인하기 위하여 [그림 2−6]과 같은 장치를 사용하였다.

이 연구에서는 두 집단의 쥐를 사용하였다. 제1집단은 때로는 S_1에서 때로는 S_2에서 출발시켰다. 그러나 어느 곳에서 출발하든지 간에 보상을 받기 위해서는 항상 동일한 방향으로 돌아야만 했다. 예를 들면, 만약 오른쪽으로 도는 것을 학습하고 있는 중이면 S_1에서 출발해서 F_1에서 보상을 받았고, S_2에서 출발했으면 F_2에서 보상을 받았다. 이것이 반응학습집단이다. 제2집단은 어디에서 출발하든지 항상 동일한 장소(예를 들면, F_2와 같은)에서 보상을 받았다. 만약 이 제2집단의 쥐들이 S_1에서 출발했다면 보상을 받기 위해서는 왼쪽으로 돌아야만 하고, S_2에서 출발하면 오른쪽으로 돌아야만 했다. 이것이 장소학습집단이었다. 이 실험결과에서 장소학습집단이 반응학습집단보다 훨씬 빨리 문제를 해결했으며, 이에 따라 동물은 특수반응보다는 장소를 학습한다는 사실이 입증되었다.

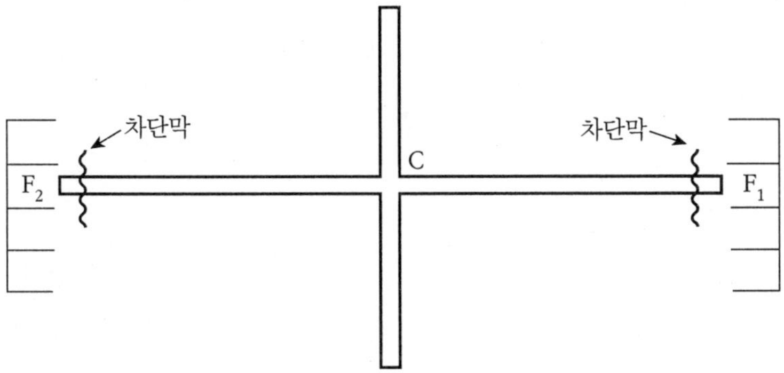

[그림 2-6] **장소학습과 반응학습의 실험장치**

③ 잠재학습 실험

톨먼은 잠재학습의 실험으로 미로학습을 실시하였다. 그는 세 집단의 쥐를 사용하여, 제1집단에는 미로를 정확하게 지나가도 보상하지 않았고, 제2집단에는 항상 보상했고, 제3집단에는 실험 시작 11일째부터 보상했다. 실험의 결과, 마지막 집단이 실험기간 내내 보상받았던 집단보다도 훨씬 더 수행을 잘했다. 즉, 쥐의 미로학습에서 쥐는 먹이를 주지 않아도 미로를 탐색함으로써 학습하기 때문에 초반에는 학습이 부진하게 보이지만, 일단 보상을 할 때는 처음부터 매회 먹이를 준 쥐보다 성적이 더 우수하게 나타났다. 이와 같이 무보수 기간에도 잠재적으로 학습이 된 것을 잠재학습이라고 하며, 이는 미로에 대한 인지도가 형성된 것을 의미한다.

3) 인본주의이론

제3세력 심리학(the third force psychology)이라고도 불리는 인본주의는 인간과 동물이 다르다는 점을 전제로 하여 인간의 주관성과 독특성을 강조하는 이론이다. 이러한 관점에서 인간적인 요소인 사고나 감정 등의 내면적 과정을 배제하고 인간의 객관성을 주장하는 행동주의와는 다른 입장을 취한다. 즉, 동물을 연구대상으로 하여 나온 결과를 인간에게 적용하거나 인간을 동물이나 사물처럼 취급하려는 데는 한계가 있다고 주장하면서 인간에 대한 새로운 시각을 정립하고자 한다.

(1) 인본주의의 인간관

인본주의의 인간관은 인간의 본성을 선하다고 가정하고 직접 경험의 심리적 과정을 해명하고자 하며, 주어진 직접 경험에서 무엇을 지각해 내는가 하는 것은 체험 순간의 상황에서 결정된다고 보는 현상학에 이론적 근거를 두고 있다(김진호 외, 2001). 따라서 인본주의는 인간은 외부에서 주어지는 자극에 대하여 수동적으로 반응하는 것이 아니라 개개인이 지니고 있는 각자의 독특한 특성과 스스로 가지고 있는 힘에 의해 판단하고 행동하는 능동적 존재라고 규정한다. 그리고 인본주의는 인간의 존재와 성장에 관심을 가지며, 인간에게 있어서 선행조건의 필연적인 산물보다 개인의 자유의지에 따른 의식의 작용을 중시한다. 즉, 인간을 역동적 생물체이며 각기 독특하게 성장하는 과정을 가지는 특수체로 본다.

또한 인간은 인위적이고 적용의 범주가 좁은 법칙 속에 집어넣을 수 없는 역동적 체제로서 끊임없이 변화를 추구하는 특성을 가지고 있다고 보고, 항상 새로운 이상을 추구하고 인간 스스로에 대하여 부단히 의문을 제기하며 진선미와 같은 보다 나은 것을 추구함으로써 그에 따른 과정이나 결과로 문화를 향유하게 된다고 주장한다.

(2) 인본주의의 학습관

인간은 각자 자신의 잠재력을 최대로 발전시키려는 욕구, 즉 현재의 상태를 넘어서 한 걸음 더 진보하려는 기본적인 욕구를 가지고 있다. 여러 종류의 환경적인 장애와 사회적인 장애로 가로막힐 수는 있지만, 인간의 자연적인 경향성은 자신의 잠재력을 실현하거나 구현하려는 쪽으로 향하고 있다. 따라서 인간은 적절한 환경적 조건을 잘 조성해 주면 자신의 잠재능력을 실현해 나갈 수 있는 능동적인 존재이다.

인본주의 학습이론을 대표하는 학자들로는 매슬로우(Maslow), 올포트(Allport), 로저스(Rogers) 등을 들 수 있다. 이들은 학습과정에 포함되어 있는 요소와 요소들의 관계보다는 하나의 인간개체를 연구단위로 삼는다. 그리고 인간의 내면으로부터 일어나는 변화를 중요시하며, 환경의 통제에 의해서가 아니라 인간 스스로가 학습의 주체가 되어야 함을 강조한다(권건일 외, 1998).

인본주의의 관점에서 학습은 학습자 스스로 동기화되어 시작돼야 하고,

비록 자극이나 충동이 외부에서 가해지더라도 이를 발견하고 파악하고 이해하는 능력이 학습자의 내부에서 나올 때 의미 있는 학습이 되며, 이러한 학습은 그 효과가 파급되어 학습자의 행동과 태도, 인성의 변화를 가져오게 된다. 매슬로우가 언급한 인간 욕구의 최상위 단계인 '자아실현(self-realization)' 이나 로저스가 교육의 목적으로 제안한 '충분히 제 기능을 다하는 인간(fully functioning person)' 등의 개념에서 시사하는 것과 같이 인본주의적 입장에서 무엇보다도 중요한 학습의 본질은 학습자 개인이 지각하는 의미이며, 이와 같은 학습이 이루어질 때 학습자가 습득한 의미는 경험 전체 속으로 스며들어 갈 수 있는 것이다.

학습이론의 형성에서 인본주의는 자극-반응이론이나 인지이론처럼 실험적 자료에 근거하는 것이 아니라 인간에 대한 관찰, 사고 및 인상의 근거에 기초를 두고 이론을 정립하였다. 인본주의 학습이론의 기본 가정은 다음과 같다(한방교, 윤길근, 1995).

첫째, 학습자들에게 자유선택의 기회를 부여하면 그들은 최선의 것을 선택하게 된다. 따라서 교사는 학습자들의 성장발달에 지나치게 개입하여 행동을 형성하려고 하지 말고 스스로 자기의 길을 찾아가도록 도와주기만 하면 된다.

둘째, 모든 교육은 학습자 중심으로 이루어져야 최대의 효과를 거둘 수 있다. 즉, 학습자들을 따뜻하게 대해 주고, 긍정적이고 수용적인 태도로 받아 주면 그들은 스스로 자신을 가르칠 수 있는 능력을 지니게 된다.

셋째, 학습자들에게 긍정적 자아개념을 갖도록 도와주는 것이 곧 교육이다. 교육은 인지학습에 그 강조점을 둘 것이 아니라 아동들의 정의적 성장에 강조점을 두어야 한다. 따라서 교사는 학습자의 학습을 처방해 주고, 행동을 조절하고 강요하는 것이 아니라 학습자의 학습과 성장을 돕고, 격려하고 촉진시키며, 친구와 같이 대해 줄 필요가 있다.

넷째, 인본주의 학습이론에서는 사고(인지), 감정(정의), 기능의 세 가지 요소를 구분하지 않고 함께 조화롭게 발달시키려는 목적을 갖고 있다. 인본주의는 교육은 통합적이어야 하며 각 개인의 독특성을 최대로 발달시켜야 한다고 주장한다. 이러한 맥락에서 학습자들을 객관적으로 이해하여 측정하거나 평가하는 일은 무의미한 일이 된다.

다섯째, 인본주의 학습이론에서 가장 중요한 것은 학습자로 하여금 그들의 신념과 태도와 가치를 분명히 의식하여 행동하도록 돕는 것이다. 특히 오늘날과 같이 선택과 판단이 연속적으로 요구되는 사회에서는 이것이 교육의 가장 중요한 요소라 할 수 있다.

이상에서 살펴본 바와 같이, 인본주의 학습이론은 인간이 학습의 주체가 되며, 인간의 교육에 대한 희망과 용기를 더해 주는 장점이 있다. 그러나 한편으로는 지나치게 희망적이어서 비현실적이며, 불확실한 관찰과 가정 때문에 일관성이 결여되어 있고, 구체적인 교육 실천방안을 제시하지 못하고 있다는 비판을 듣는다(김진호 외, 2001).

4) 구성주의이론

최근에 구성주의라는 용어가 심리학, 철학, 교육학, 사회학 논의에 등장하고 있다. 그렇지만 각 학문마다 구성주의 용어를 여러 가지 상황에 따라 다양하게 사용하고 있다. 특히 교육에서 구성주의가 나타난 배경에는 세 가지 중요한 요인이 있었다(이경화 외 공역, 2006). 첫째는 정보처리이론에 대한 불만이었다. 정보처리이론에 대한 불만으로는 학습을 설명하는 데 컴퓨터 은유를 너무 많이 이용했다는 점과 학습자를 수동적인 그릇으로 간주했다는 점이다. 둘째는 현실상황과 무관한 기술을 배워 현실에 적용할 수 없다는 점에 대한 우려였고, 셋째는 비고츠키(Vygotsky)의 문화-역사적 이론에 대한 관심이었다.

이러한 우려에 대한 반발로 나타난 구성주의는 행동주의나 인지주의에서 나타나는 객관주의와 매우 다르다(윤광보 외, 2008). 행동주의나 인지주의는 학습할 가치가 있다고 객관적으로 검증된 학습내용만을 다룬다. 그러나 구성주의는 지식이 어떻게 획득되며 구성되는지에 관심을 두며, 인지활동에 대한 맥락의 역할을 강조하고 있다. 다시 말하자면, 구성주의는 인간이 지식을 구성하며, 지식은 맥락적이라는 가정을 갖고 있다. 이는 인식 주체의 능동성을 강조하고, 지식은 항상 상황 안에서 이루어지고, 개인들이 구성한 지식은 타인과의 상호작용을 통해 타당성이 검증된 뒤 지식으로 형성된다는 것을 의미한다. 구성주의 학습이론에는 인지적 도제이론, 상황학습이론, 인지적 유연성이론 등이 포함된다(백영균 외, 2006). 이들 이론 중 특히 맥락적 요소를 강조하는 상황학습이론(situation learning theory)은 기본적으로 인간의 사고는 그 사고가 발생하는 맥락(상황)에 의해 제한된다는 사실을 인식하는 데서부터 출발한다(최정임, 1997). 학습자의 인지구조 속에서 지식과 기능, 경험과 경험의 결합을 촉진하는 유의미한 연결고리로서 맥락이 중요하며, 학습은 이러한 유의미한 맥락 안에서 일어날 때 효과적이다.

(1) 구성주의의 이론적 근거

구성주의이론은 1980년대 이후 교육현장에서 나타나는 문제점들을 해결하고 보완하기 위한 하나의 대안적인 교수-학습체제로 제기되었다.

구성주의는 행동주의 학습이론을 바탕으로 하는 객관주의와 대비되어 객관주의가 많은 제한점을 내포하고 있다는 것에 대한 인식에서 출발하였다. 객관주의는 지식을 고정되어 있고 확인할 수 있는 대상으로 규정하고, 지식의 보편적이고 일반적인 성격을 강조한다. 객관주의적 관점에서 보면 학습이란 교사가 이미 알고 있거나 존재하는 지식을 학생에게 전달하는 것이고, 모든 학습자들은 획일적인 방법으로 지식의 실재를 배워 알게 된다. 따라서 교수의 목적은 학습자에게 가장 효과적이고 효율적인 방법으로 지식을 알리거나 전달하는 것이 된다.

이와는 달리 구성주의는 우리가 경험하는 세계는 객관적으로 존재하는 것이지만, 그 의미는 우리 인간에 의하여 부여되고 구성되는 것이라고 주장한다. 즉, 인간은 자신의 인지적 활동을 통해 자신의 주변 경험에 대해 나름대로 의미를 부여하고 이해를 하여 지식을 생산하고 개념을 구성한다. 그러므로 구성주의에서 학습이란 지식의 단순한 획득과 재생산 과정이 아니라 개인적인 경험에 근거해서 의미가 발전되는 능동적인 구성적 과정일 뿐만 아니라 사회적 · 문화적 과정이다.

(2) 구성주의이론에서의 학습환경

학교교육의 가장 큰 문제점 중의 하나는 학생들이 학교에서 배운 지식을 일상적인 상황에 적용하는 데 어려움을 겪는다는 것이다. 학생들이 학교 시험에서는 좋은 성적을 보이지만 실제적인 문제상황에서는 그 지식을 적용하지 못하는 경우를 많이 볼 수 있다. 브랜스포드와 동료 연구자들(Bransford & Steen, 1984)은 이 문제가 공교육의 비맥락화된 학습 경험, 다시 말하면 사실이나 주변 세계에 대한 학습이 이것에 근거를 두지 않고 다른 맥락에서 나온 학습 경험에 근거를 두고 있기 때문이라고 주장한다.

구성주의는 이러한 학교교육의 문제를 보완하고 해소하기 위해서 학습자에게 단순한 사실적 지식을 제공하기보다는 현실상황에서 활용 가능한 지식을 제공해 줌으로써 문제해결력을 증진시키고자 하는 데 관심을 가진다. 또한 학습자가 정보나 지식, 사물을 학습할 때 다양한 관점에서 이들을 해석하고, 풍부한 사례와 문제상황이 제시되는 환경을 구상할 것을 강조한다. 이는 학습자가 교수-학습 상황 속에서 자신이 이미 가지고 있는 지식이나 새로운 지식들을 다양한 방식으로 결합하여 상황의 정의를 의미있게 그리고 융통성 있게 구성할 수 있도록 융통성을 허용해야 한다는 것이다.

구성주의의 기본 가정에 대해 학자마다 의견이 다르지만 대체로 다음의 세 가지를 기본으로 하고 있다(백영균, 2006 재인용).

첫째, 지식은 인식 주체에 의해 구성된다. 즉, 지식은 개인에 의해 수동적으로 구성되는 것이 아니라 스스로의 경험을 바탕으로 능동적으로 구성된다.

둘째, 지식은 맥락적이다. 지식은 인식 주체에 의해 구성되고 항상 상황 내에서 이루어지며, 그것이 습득된 상황과 관련을 맺는다. 따라서 우리가 습득하는 지식은 지식습득의 맥락과 개인의 선수 지식, 경험 등에 따라 다르게 학습되며, 전이도 그 상황에 좌우된다. 이를 상황적 인지(situated cognition)라고 한다.

셋째, 지식은 사회적 협상을 통해 이루어진다. 인식 주체에 의해 주관적으로 구성되고 상황에 따라 상이하게 구성되는 지식은 타인과의 상호작용 속에서 타당성이 입증되고 지식으로 형성된다.

구성주의 이론의 특징은 다음과 같다(권성호, 1995; 윤광보 외, 2008).

첫째, 지식이란 지적, 사회적, 물리적 맥락에 의존하기 때문에 학습은 실제적인 관련 상황에서 연습하고 습득되는 것이 바람직하다. 따라서 실제 상황과 유사한 상황학습이 효과적인 교수형태이며, 공동으로 협력하여 학습이 이루어질 때 효과적이다.

둘째, 학습자가 배운 지식을 다양한 환경에서 도구로 활용하여 새로운 문제해결의 연결고리로 활용할 수 있도록 한다. 상황학습이론에서는 학습자가 실제 상황에서 직면하게 되는 복잡한 문제들을 경험하고 이를 해결할 수 있는 능력을 갖는 것을 중요시한다. 즉, 과정적 지식의 습득보다는 지식을 실제로 활용하여 문제상황을 해결하는 능력의 습득을 강조한다.

셋째, 교과나 단편적인 문제를 독립적으로 제시하기보다는 중다맥락(macro-contexts)으로 제시함으로써 문제해결에 필요한 일련의 학문적 연계성 속에서 학습자의 인지활동이 활발해지도록 돕는다. 즉, 실제 상황에서 부딪히는 복잡한 문제들을 해결하는 과정에서 학습자의 인지활동이 더욱 활발해질 수 있다는 것이다.

넷째, 전통적인 교육환경에서 교사는 미리 준비된 내용을 일방적으로 제시하는 역할만 하지만, 구성주의 교육에서는 교사가 지식의 전수자가 아니라 학생들이 개인적으로 지식을 구성하도록 보조하는 학습 촉진자 또는 보조자의 역할을 하도록 한다. 따라서 좋은 교사는 인도자 또는 조언자의 역할을 수행하며, 학생들의 학습을 효과적으로 촉진하고, 계속적으로 상호작용하며, 격려와 지원을 해 준다.

다섯째, 학습자의 적극적인 참여를 위해서 학습자에게 제시되는 과제는 학습할 가치가 있다는 것을 학습자가 느낄 수 있는 의미 있는 과제여야 한다. 학습자들은 학습하는 목적이나 그 이유를 알 때, 그리고 학습과제가 그들의 흥미와 목적에 부합될 때 학습에 더 적극적으로 참여하게 된다.

여섯째, 개인이 경험한 사실들이 집단에 반영되는 협동학습(cooperative learning)을 지향하고 집단에서의 개별화 학습을 중시하고 있다. 이는 학습자가 문제상황을 다양한 시각으로 바라보고 교사주도가 아닌 자기주도의 학습을 권장하기 위해 협동학습을 중시한다는 것이다. 협동학습은 생성력 있는 학습의 기회를 제공하며, 궁극적으로 교사의 지시보다는 협력을 통해 자신이 의도하는 학습으로 나아가게 된다.

지금까지 다룬 내용을 근거로 객관주의와 구성주의의 차이를 종합해 보면 〈표 2-2〉와 같다.

〈표 2-2〉 객관주의와 구성주의의 인식론적 차이

구 분	객관주의	구성주의
지식	개인의 정신과 독립적으로 존재하는 고정적이고 확인할 수 있는 객체로서 내부로 전달되는 것	사회적 경험을 바탕으로 개인의 인지적 작용에 의하여 지속적으로 구성, 재구성되는 것
학습	교사에 의해 이미 존재하는 지식이 전달되는 것이고, 모든 학습자들은 획일적인 방법으로 실재를 알게 됨	학습자들이 자신이 위치한 물리적, 사회적 세계와 능동적으로 상호작용하는 해석적, 순환적, 구성적인 의미를 만드는 과정
교수목적	학습자에게 가장 효과적이고 효율적인 방법으로 지식을 알리거나 전달하는 것	개인이 아이디어를 이해하고 사용할 수 있도록 그 아이디어가 포함되어 있는 경험을 제공하는 것
최종목표	시공간을 초월해서 적용할 수 있는 탈역사적, 탈공간적, 범우주적인 진리와 지식의 추구	개인에게 의미 있고 타당하며, 적합한 지식의 구성
교사	미리 준비된 내용을 일방적으로 제시하는 역할	학생들이 개인적으로 지식을 이해하고 구성하도록 보조하는 학습안내자, 조언자, 동등한 학습자의 역할

출처: 윤광보 외(2008). 교육방법과 교육공학의 이해. 양서원, p. 88.

2. 학습이론의 적용 가능성

교육심리학자들은 앞에서 언급된 심리학적 이론과 연구들을 실제 수업에 적용할 수 있는 일반적인 학습원리들을 얻기 위해 노력해 왔다. 그 한 예로 힐가드와 바우어(Hilgard & Bower, 1981)는 대부분의 학습이론가들이 동의하는 21개의 학습원리를 제시하였다. 그러나 이들은 자신들이 제시하는 학습원리가 교사들이 학교현장에서 어느 것이 효율적이며, 어느 것이 비효율적인지를 이해하는 데는 도움이 되겠지만, 마치 '약상자'에서 약을 꺼내어 먹듯이 학습이론을 바로 현장에 적용해서는 안 된다고 경고하고 있다. 그렇지만 이들은 학습이론이 교육현장에 아무런 쓸모가 없는 것이 아니라 이에 대해 많이 알고 있으면, 그만큼 교육현장에 도움이 된다고 말한다. 왜냐하면 기본적인 학습이론을 알고 있는 교사는 어떤 교수방법이 왜 효과적인지 아닌지를 잘 알고, 수업 중 자신이 주의해야 할 점이 무엇인지를 알게 되기 때문에 효과적인 수업이 가능하다는 것이다.

여기에서는 앞에서 살펴본 자극-반응이론, 인지이론, 인본주의이론 그리고 구성주의이론에서 나온 원리나 법칙들이 실제 학습에 적용되는 과정에 대해 살펴보고자 한다.

1) 자극-반응이론에서 강조하는 원리

① S-R이론은 학습자의 반응을 중시하고 '행하면서 배운다(learning by doing).' 는 슬로건을 강조한다. 즉, 학습자는 내적인 사고보다는 직접적인 반응과 행동에 의해 학습해야 한다. 그렇지만 학습자는 수동적인 시청자가 아니라 '능동적인' 시청자여야 한다.

② 완전한 학습을 위해서는 연습의 법칙과 같은 반복이 효과적이다. 특히 반복은 기계적인 학습의 습득과 기능 학습을 향상시키기 위한 과잉학습에서 중요하다. 반복적인 연습을 하지 않고서는 타이프나 피아노를 칠 수 없을 뿐만 아니라 외국어도 습득할 수 없기 때문이다.

③ 효과의 법칙이나 강화의 원리에서 강조되듯이 정확한 반응에는 보상을 하는 것이 효과적이다. 강화에는 적극적 또는 긍정적 강화와 소극적 또는 부정적 강화가 있다. 전자는 무엇인가 주었을 때 행동의 빈도가 높아지는 것을 말한다. 이에 비해 후자는 무엇인가 우리가 싫어하는 것을 없앴을 때 행동의 비율이 높아지는 것을 말한다. 예를 들면, 소음이 제거되었을 때 공부가 더 잘 되는 경우를 말한다. 이때 우리가 싫어하는 것을 혐오자극 또는 부정적 강화제라 한다. 세부적인 사항에 대한 논쟁이 없는 것은 아니지만 일반적으로 부적 강화(벌, 실패)보

다 정적 강화(보상, 성공, 칭찬)가 더 바람직하다.

④ '일반화'와 '변별'은 누적된 연습의 결과로 나타나는 것이며, 더욱 광범위한(혹은 더욱 한정된) 자극에 대해 학습이 이루어지기 위해서는 다양한 상황에서 연습이 필요하다는 것을 시사해 준다.

⑤ 행동주의이론을 학습에 적용한 대표적인 학자는 스키너로, 그의 주요 연구결과로는 아주 쉬운 내용부터 점진적으로 학습해 나가 결국에는 목표에 도달하게 하는 프로그램 학습자료를 기계장치 속에 넣어 두고 학생 스스로 작동해 가면서 공부하도록 되어 있는 교수기계 그리고 문제행동을 없애고 바람직한 행동으로 대치하는 행동수정기법 등을 들 수 있다.

2) 인지이론에서 강조하는 원리

① '지각적 특성'을 고려하여 학습자에게 문제를 제시하는 것이 중요한 학습조건이 된다(도형-소지관계, 방향을 지시하는 신호, 어디서 어디로 간다(what leads to what), 유기적 상호관계의 조성 등). 따라서 학습의 기본적인 특징이 학습자의 눈에 잘 뜨일 수 있도록 학습문제의 제시 형태를 재구조화하여 제시해야 한다.

② '지식의 구조(the organization of knowledge)'는 교사나 교육계획자 모두에게 중요한 관심사가 되어야 한다. 단순한 것에서 복잡한 것으로 간다는 것은 아무런 의미가 없는 한 부분으로부터 의미가 있는 복잡한 것으로 간다는 의미가 아니라, '단순화된 전체'로부터 '더욱 복잡한 전체'로 진행한다는 것을 의미한다. 따라서 어떤 지식의 부분-전체의 문제는 그 지식의 구조나 체제의 문제이기 때문에 복잡한 것이 어떻게 체제화되는가에 관한 이론을 떠나서는 해결될 수 없다. 또한 인지발달에 관한 연구에 의하면, 지식의 구조나 체제화는 학습자

의 발달수준에 달려 있음을 알 수 있다.

③ '이해를 통한 학습(learning with understanding)'은 기계적인 암기학습이나 공식을 통한 학습보다 더 영속적이고 전이가 잘 된다. 이렇게 말할 때, 이 원리는 인지론에 속한다고 할 수 있지만 S-R이론가들 역시 유의미성이 학습과 파지에 중요하다고 본다.

④ '인지적 피드백(cognitive feedback)'은 정확한 지식을 확인해 주고 틀린 학습은 교정해 주는 것이다. 이것은 학습자가 무엇인가를 잠정적으로 시행해 본 다음, 그 결과에 따라 그가 했던 바를 수용하거나 거부하게 되는 것을 의미한다. 물론 이것은 S-R이론의 강화에 해당하지만 인지이론에서는 피드백을 일종의 가설검증 과정으로 보고 있다.

⑤ 학습자에 의한 '목표설정'은 학습동기를 유발시킨다는 의미에서 중요하며, 목표달성 여부는 미래의 새로운 목표설정에 중요한 요인이 된다.

⑥ 논리적으로 정확한 해답을 이끌어 내는 수렴적 사고뿐만 아니라, 문제의 창의적인 해결이나 새롭고 가치 있는 결과를 창조할 수 있게 하는 '확산적 사고'가 육성되어야 한다. 독창성에 의거한 개인의 잠정적인 노력을 적절히 지원(피드백)하여 스스로 창의적인 잠재력을 가졌다고 지각하게 함으로써 이와 같은 확산적 사고를 양성할 수 있다.

⑦ 통찰의 원리는 문제해결학습의 핵심적인 부분을 부각시킨다.

3) 인본주의이론에서 강조하는 원리

① 학습자는 자기성장력을 지니고 있으므로 교사나 부모는 지시적인 존재가 아니라, 학습자가 잘 성장할 수 있도록 돕는 조력자 또는 안내자의 역할을 해야 한다.

② 학습자가 학습과정의 주체가 될 때 교육의 효과는 극대화된다.

③ 학습자에게 자유선택의 기회를 부여하면 그들은 최선의 것을 선택하게 된다. 가능한 한 학생들 자신이 그들의 학습을 선택하고 관리할 수 있도록 허용해야 하고, 이를 격려하는 것이 필요하다.

④ 학습과정에서 학습자의 정서, 감정, 자아개념과 같은 정의적 특성이 중요한 변인으로 작용하므로 교사나 부모는 학습자가 바람직한 정의적 특성의 발달을 이룰 수 있도록 도와주어야 한다. 예를 들어, 학습자의 자아개념은 학교생활의 적응이나 학업의 성패와 관련되므로 학습자가 긍정적인 자아개념을 형성하도록 한다.

⑤ 인본주의자들은 학습자의 지적인 측면만이 아니라 정의적 측면과 신체적 측면 등 인간의 모든 측면에서 조화로운 발달이 이루어져야 함을 강조한다. 이러한 제 측면의 조화로운 발달을 통해 학습자는 전인적 인간(whole person)으로 성장할 수 있게 된다.

4) 구성주의이론에서 강조하는 원리

① 지식은 단순히 주어지는 것이 아니라 학습자가 그들 자신의 지식을 구축해야 한다.

② 학습자 중심이어야 한다.

③ 다양성, 개별성, 협동성, 실제성 등을 강조하는 구성주의이론은 문제해결능력, 비판적 사고능력, 협동을 강조한다.

④ 사회적, 효과적인 지식의 구성은 새로운 정보에 대한 설명을 듣는 것만으로는 이루어질 수 없으며, 능동적이고 구성적인 속성을 가지고 심오한 탐구와 평가 그리고 장기간에 걸쳐 아이디어를 수정해 가는 기회를 통하여 촉진된다.

⑤ 기본 개념 중심의 학습활동으로 구성하고, 학습자의 내부세계 속에서 표상화된 지식은 또 다른 지식의 구조에 연계되어 새로운 인지구조를

형성하는 데 기초로서 작용한다.

⑥ 학습은 학습자 자신의 실제 환경(상황) 안에서 이루어진다. 즉, 학습자는 실제 세계를 자신의 개념으로 이해하기 위하여 계속적으로 변형하고 확장해 나간다.

형성평가

1. 학습이론(자극-반응이론, 인지이론, 인본주의이론, 구성주의이론)을 요약 · 정리해 보시오.
2. 실제 생활에서 개별 학습이론이 적용된 사례를 기술해 보시오.
3. 학습이론 중 학습자 자신이 가장 선호하는 학습이론을 선택하고, 그 이유를 설명해 보시오.

제3장

학습자의 지적 · 정의적 특성과 지도방법

내적 동기에 의한 행동을 '놀이(play)' 라고 한다면, 외적 동기에 의한 행동은 '일(work)' 이라 할 수 있다.

– Lepper & Greene(1975)

1. 지 능

1) 지능의 정의

사람들마다 지능은 다양하다. 어떤 사람은 지능이 높지만 어떤 사람은 지능이 낮다. 지능은 일상생활과 심리학의 분야에서 널리 사용되는 개념이지만 지능을 한마디로 정의하기란 쉬운 일이 아니다. 우선 각 학자들의 지능에 대한 정의를 살펴보면, 웩슬러(Wechsler)는 지능을 '유목적적으로 행동하고, 합리적으로 사고하며, 효과적으로 환경을 다루는 개인의 종합적 능력' 으로 정의하였고, 비네(Binet)는 지능을 '개체가 목표를 지향하고, 의도한 행위에 적응하며, 도달한 목표를 아는 능력' 으로 정의하였으며(Binet &

Simon, 1916), 터먼(Terman)은 지능을 '추상적 사고를 수행하는 능력'으로 정의하고 있다. 여러 학자들의 지능에 대한 정의들의 공통점은 지능을 경험으로부터 학습하는 능력과 환경에 적응하는 능력으로 정의하고 있다는 것이다. 이와 같이 지능의 개념이 다양하다는 것은 지능의 정의에 따라 지능을 측정하는 방법이 달라질 수 있음을 의미한다. 이러한 지능은 직접적으로 관찰할 수 없기 때문에 사람들의 행동을 간접적으로 관찰하여 추론할 수밖에 없다.

2) 전통적 지능이론

전통적 지능이론으로 불리는 지능의 심리측정적 이론은 지능검사의 통계적 분석을 기초로 한다(Brody, 2000). 여러 학자들이 제시하는 전통적 지능의 관점을 살펴보면 다음과 같다.

스피어먼(Spearman, 1904, 1927)은 지능을 일반요인(general factor: g요인)과 특수요인(specific factor: s요인)의 두 가지 종류로 이해될 수 있다는 이요인론(二要因論)을 주장하였다. 일반요인은 다양한 과제에 공통적으로 적용할 수 있는 능력을 말하며, 모든 검사의 수행에 영향을 주는 능력으로 이해력, 관계추출력, 상관추출력이 있다. 이해력은 자기 마음속에 일어나고 있는 것을 관찰할 수 있는 능력을 말하며, 관계추출력은 아이디어 사이의 관계를 추출하는 능력이다. 상관추출력은 주어진 아이디어와 다른 아이디어를 관계짓는 능력을 말한다. 일반요인은 학생들의 지적 능력에 대한 일반적인 정보를 제공해 주며 개인차가 존재한다. 스피어먼은 특수요인이 특정 유형의 검사(예: 언어추리검사, 산수계산검사)와만 관련이 있기 때문에 일반화할 수 있는 정보를 제공해 주지 못하므로 지능으로 볼 수 없다고 하며 일반요인만을 지능으로 간주하였다(황정규, 1984).

서스턴(Thurstone)은 스피어먼이 주장한 일반요인의 개념을 부정하였다

〈표 3-1〉 7개의 기본 정신능력의 측정

구 분	내 용
언어이해요인	단어의 이해력을 측정하는 요인이다. (예: 단어완성검사, 문장완성검사)
언어유창성요인	제시된 글자로 시작하는 단어를 가능한 한 많이 산출하는 능력을 재는 검사로 측정된다. (예: '음' 으로 시작하는 단어를 말해보시오.)
수요인	간단한 수학적 문제해결검사를 통해 측정된다.
공간요인	공간 속에서 어떤 물체를 전환시켰을 때의 추상능력, 시각화 능력을 측정하는 것이다. (예: 도형검사)
연상기억요인	그림이나 단어 회상검사를 통해 측정된다.
지각속도요인	혼란스러운 지각환경 속에서 어떤 지각형태를 빨리 확인하는 능력이다. (예: 같은 숫자 찾기 검사, 얼굴검사(다음 중 다른 것에 ✓표를 하시오. ☹ ☺ ☹))
추리요인	유추문제(예: 상담자:내담자::의사: _____)나 완성검사(예: 2, 5, 8, 11, ?)를 통해 측정된다.

(Brody, 2000). 그는 인간의 정신능력에는 모든 검사에 공통적으로 존재하는 일반요인은 없으며, 몇 개의 검사 사이에 존재하는 공통요인이 여러 개 존재한다고 주장하였다. 즉, 지능은 하나의 공통된 g요인으로 존재하기보다 7개의 기본 정신능력(Primary Mental Abilities: PMA)으로 구성된다고 보았다. 7개의 기본 정신능력이란 언어이해요인, 언어융통성요인, 수요인, 공간요인, 연상기억요인, 지각속도요인, 추리요인이다. 이들 7개의 요인들은 상호 독립적인 것이라기보다 서로 상관관계를 가진다. 서스턴의 지능이론은 지능이 단일한 것이라는 관점에서 여러 개의 얼굴을 가진 실체라는 관점으로 전환시켰으며, 기본 정신능력은 문화적, 생물적, 경험적 조건에 관계없이 불변한다고 주장하였다. 또한 어떤 사람은 어떤 요인에서 높고 또 다른 사람은 다른 요인에서는 낮을 수 있다는 것을 통해 지능의 개인차 가능성을 제시하였다.

지금까지 살펴본 전통적 지능이론의 문제점을 살펴보면 다음과 같다.

첫째, 지능검사가 인간 정신능력의 일부만을 설명한다는 점이다. 예컨대, 전통적 지능검사의 효시인 비네 검사에서도 개인적인 능력이나 특성의 차이에만 관심을 두었을 뿐, 지식의 축적이나 경험에 따른 개인적 변화는 거의 고려하지 않았다(Shepard & Smith, 1989).

둘째, 학업장면에서 요구되는 문제의 유형과 일상생활에서 요구되는 문제의 유형이 다르기 때문에 학업장면을 중심으로 개발되어 온 이러한 지능검사의 타당도가 제한될 수 있다는 점이다. 전통적인 지능이론이 인간 정신능력의 전부를 설명해 주는 것이 아니라는 점은 인간의 전반적인 정신능력을 설명하기 위해 종래의 전통적인 지능 이외에 다른 능력을 찾아봐야 할 필요성을 더불어 말해 준다.

기존의 지능검사들은 한정된 학업적 지능을 진단하는 데 그칠 뿐이므로 학생들의 학업능력을 예언하는 지표는 되지만, 성인이 실제 사회생활에서 활용할 수 있는 보다 포괄적인 지적 능력 수준을 설명해 주지 못한다는 것이다.

3) 최근의 지능이론

전통적 지능이론에 대한 대안으로 새롭게 대두된 지능이론으로는 1980년대 중반에 탈IQ를 시도하는 대표적 지능이론인 스턴버그(Sternberg)의 삼위일체 지능이론과 가드너(Gardner)의 다중지능이론이 있으며, 1990년대 중반의 EQ 열풍을 몰고 온 정서지능이론 있다. 여기에서 최근에 제시된 지능이론을 가드너의 다중지능이론과 골먼(Goleman)의 정서지능이론을 중심으로 살펴보고자 한다.

(1) 다중지능이론

가드너는 지능이 높은 아동은 모든 영역에서 우수하다는 획일주의적인 지능관을 비판하고, 인간의 지적 능력은 서로 독립적이며 상이한 여러 유형의 능력으로 구성된다는 다면적 지능이론을 제시하였다(전윤식 외 공역, 1998). 그는 지금까지의 지능이론이 언어적 지능과 논리수학적 지능만을 강조하다 보니 그 외의 지능을 가진 아동들의 능력을 제대로 평가 · 개발해 주지 못하였다는 점을 지적한다. 그 결과 가드너는 사회의 각 분야에서 성공한 사람들의 지능을 분석하여 이들이 언어적 또는 논리수학적 지능이 아니라 그 직업에서 요구하는 독특한 지능을 우수하게 가지고 있었다는 연구에 기초하여 일곱 가지의 지능, 즉 언어 지능(liguistic intelligence), 논리-수리 지능(logical-mathematical intelligence), 음악 지능(musical intelligence), 공간 지능(spatial intelligence), 신체운동감각 지능(bodily-kinesthetic intelligence), 대인관계 지능(interpersonal intelligence), 개인내 지능(intrapersonal intelligence)을 구분하였다.

각각의 지능을 구체적으로 살펴보면, 언어 지능은 언어(음성언어, 문자언어)를 효과적으로 사용하는 능력으로, 언어분석력, 복잡한 어문자료 이해능력, 은유를 이해하는 능력 등을 포함한다. 주로 웅변가, 정치가, 시인, 기자 등이 언어 지능이 높다.

논리-수리 지능은 숫자를 효과적으로 사용하고 추리하는 능력을 의미한다. 주로 수학자, 회계사, 통계학자, 컴퓨터 프로그래머 등이 논리-수리 지능이 대체로 높다.

음악 지능은 음악적 형식을 지각하고 변별하며, 전환하고 표현하는 능력을 말한다. 음악비평가, 작곡가, 연주가들이 음악 지능이 대체로 높다고 할 수 있다.

공간 지능은 시각적, 공간적 세계를 정확하게 지각하고 그 지각에 근거해 형태를 바꾸는 능력을 말한다. 주로 건축가, 화가, 발명가, 실내장식가 등이 이 지능이 높다고 할 수 있다.

신체운동감각 지능은 자신의 모든 신체를 이용해서 아이디어와 감정을 표현하는 활동과 자신의 손을 이용해서 어떤 것을 만들거나 변환시키는 능력을 말한다. 운동선수, 무용가, 조각가, 외과의사, 기계공 등이 신체운동감각 지능이 높다고 할 수 있다.

대인관계 지능은 타인의 기분, 의도, 동기, 감정을 지각하고 구분할 수 있는 능력으로, 복잡한 사회환경 속에서 이러한 능력을 잘 사용하는 것을 말한다. 교사, 성직자, 세일즈맨 등이 이러한 지능이 높다고 할 수 있다.

개인 내 지능은 자기 자신에 대한 지식과 그 지식에 기초하여 적응적으로 행동하는 능력을 말한다. 이 능력에는 자신의 강점과 약점이 무엇인지를 아는 자기 자신에 대한 이해와 자기의 내면(기분, 의도, 동기, 기질, 욕구) 등에 대한 인식, 자기통제능력 등이 포함된다. 이후 가드너는 일곱 가지의 지능에 자연관찰 지능(natural intelligence), 실존 지능(existential intelligence)을 포함시켜 아홉 가지의 지능으로 분류하기도 하였다.

앞서 설명한 일곱 가지 지능은 모든 사람에게 어느 정도는 다 있지만, 나타나는 정도는 사람마다 다르다. 또한 각 지능은 어느 정도까지는 발달시킬 수 있으며, 특히 아동의 환경 조성이나 훈련을 통해 지능발달이 촉진될 수 있다.

일곱 가지의 지능은 독특한 요소, 활동, 과정을 가지고 있으며, 인류의 계통발생적 과정 속에서 이러한 지능 모두를 사용하며 진화 · 발전된다. 그러나 모든 사람들이 일곱 가지 지능을 모두 조금씩 가지고 있지만 유전과 환경적 차이로 인해 소유에 있어서 개인차가 발생하게 된다. 즉, 일곱 가지 지능 모두를 우수하게 갖춘 전능한 사람은 없다. 또한 부분적으로 조금 모자라는 사람이라고 하더라도 일곱 가지의 지능 모두에서 빈약한 것은 아니다. 다중지능이론의 검사도구 예시는 〈표 3-2〉와 같다.

다중지능이론의 평가에 대해 살펴보면 다음과 같다. 첫째, 이 이론은 종래의 학업 적성 중심의 지능 내용을 음악, 신체운동감각, 개인 내 지능 등을 포함하여 지능의 범위를 확장시켜 다양한 측면에서 인간을 이해해야 한

〈표 3-2〉 다중지능 검사도구(예시)

영역	문항
언어 지능	___책은 나에게 있어 중요하다. ___나는 TV나 영화, 라디오를 통해 많은 정보를 얻는다. ___나는 끝말잇기나 사자성어 등의 단어게임을 하는 것을 좋아한다. ___나는 국어, 영어, 사회 과목을 수학이나 과학 과목보다 더 좋아한다. ___나는 나의 생각이나 감정들을 글로 표현하는 것을 좋아한다.
논리-수리 지능	___나는 암산을 잘한다. ___수학과 과학을 다른 과목에 비해 좋아한다. ___나는 논리적 사고를 요하는 게임과 퍼즐 같은 것을 좋아한다. ___나는 다른 사람들의 말이나 행동 중에서 논리적 오류를 잘 발견하는 편이다. ___나는 과학에서 새로운 진보에 관심이 많다.
음악 지능	___나는 노래하는 것을 좋아한다. ___나는 음악 듣는 것을 좋아한다. ___나는 음악이 없는 나의 인생을 상상할 수 없다. ___나는 노래를 한두 번 들으면 그것을 정확하게 재현해 부를 수 있다. ___나는 악기를 가지고 쉽게 악보의 박자를 맞출 수 있다.
공간 지능	___나는 색깔에 민감하다. ___나는 종종 주위에서 본 것을 기록하기 위해 카메라와 비디오를 이용한다. ___나는 잘 모르는 장소에서도 길을 잘 찾는다. ___나는 지리 과목을 좋아한다. ___나는 삽화나 도해가 많은 책을 좋아한다.
신체운동 감각 지능	___나는 운동하는 것을 좋아한다. ___나는 손으로 하는 일(조각, 모형 만들기, 뜨개질 등)을 좋아한다. ___나는 산책, 조깅 등 신체적 활동을 할 때 좋은 아이디어가 많이 생각난다. ___나는 새로운 기술을 공부할 때 관찰보다는 직접 해 보는 것이 더 효과적이다. ___나는 오랫동안 한자리에 있지를 못한다.
대인관계 지능	___다른 사람들이 나에게 상담이나 의논을 하러 오는 경우가 많다. ___나는 혼자서 문제를 해결하기보다 다른 사람에게 도움을 요청하는 것을 좋아한다. ___나는 어떤 모임에서 지도자가 되는 경우가 많다. ___나는 혼자 있기보다 파티에서 사람들과 만나서 이야기하는 것을 좋아한다. ___나는 친구들이 많은 편이다.
개인 내 지능	___나는 인생의 문제에 대해 생각하고 반성하는 데 많은 시간을 보낸다. ___나는 나 자신을 알기 위해 자아성장 프로그램이나 상담에 참여하는 것을 좋아한다. ___나는 여러 사람이 있는 곳에서보다 조용한 곳에서 혼자 시간을 보내는 것을 좋아한다. ___나는 내 자신을 돌아보기 위해 일기나 기록하는 것을 좋아한다. ___나는 의지가 강하고 독립적으로 생활할 수 있는 사람이라고 생각한다.

다는 것을 지적하였다는 점에서 긍정적 평가를 받는다.

둘째, 교육적 관점에서 제시하는 시사점은 아동이 가진 개개 능력들을 조기진단하고 교육을 통해 이것을 개발 · 촉진시켜 주어야 한다는 것이다. 그러나 다중지능이론은 지능과 다른 특성과의 구별을 흐리게 하고 과학적 연구에 의해서보다는 사회적인 고려에 의해 동기화되었다는 점에서 비판을 받는다. 또한 각 지능들을 발전시킬 수 있는 교육적인 프로그램이 뚜렷하게 제시되지 못하고 있다는 점에서 비판을 받는다. 그러나 인간의 능력의 다양성과 잠재 가능성, 개발 가능성을 찾아 준다는 점에서 그 가치를 찾을 수 있다.

(2) 정서지능

정서지능(emotional intelligence)이라는 용어는 메이어(Mayer)와 슬로비(Salovey)가 가드너(1993)의 다중지능이론의 요소 중 개인 내 지능과 대인관계 지능을 확장하여 1990년에 최초로 사용한 용어이다. 그 이후 골먼이 선행연구를 바탕으로 『정서지능(*emotional intelligence*)』(1995)이라는 단행본을 출판하면서 널리 알려지게 되었다. 정서지능이란 자신과 타인의 정서를 평가하고 표현하는 능력, 자신과 타인의 정서를 효과적으로 조절하는 능력 그리고 자신의 삶을 계획하고 성취하기 위해 그러한 능력을 잘 활용하는 능력을 말한다(Mayer & Salovey, 1997).

정서지능을 구성하고 있는 요소들을 살펴보면, 첫째, 자기 감정을 인식하는 능력을 들 수 있다. 이것은 자신에게 일어나는 내적 감정 상태를 명확하게 인식하는 것을 뜻한다. 자신의 내적 감정 상태를 인식함으로써 자신의 감정을 잘 통제하고 다른 사람에게 자신의 감정을 보다 잘 표현할 수 있다. 따라서 자기 감정 인식능력은 정서지능에서 중추적인 역할을 한다. 둘째는 자기 감정 조절능력이다. 자기 감정 조절능력은 자신의 감정을 적절히 통제하고 적절한 반응을 할 수 있는 능력을 말한다. 다시 말해, 자신의 감정이 타인에게 끼칠 영향을 고려하며, 자신이 속한 사회가 기대하는 정서 상태로 조절하는 능력을 말한다. 세 번째 구성 요소로는 타인 감정 인식 능력이다. 이것은 타인의 생각이나 느낌을 이해하고 공감하는 능력을 말한다. 공감능력은 다른 사람과의 친밀감을 형성하는 데 중요한 역할을 한다. 따라서 공감능력이 낮은 사람은 다른 성공적인 대인관계를 형성하는 데 어려움이 많다. 넷째는 자기 동기화 능력이다. 사람에 따라 어려움에 부딪쳤을 때 대처하는 방법이 서로 다르다. 어떤 사람은 어려움을 극복하여 성공의 기회로 삼는 경우가 있는가 하면 어떤 사람은 어려움을 극복하지 못하고 실패하기도 한다. 이때 어려움을 견디고 성공을 위해 노력하게 할 수 있는 정서지능이 자기 동기화이다. 마지막 정서지능의 구성 요인은 대인관계 능력이다. 대인관계 능력은 타인의 감정을 느끼고 그에 대한 자신의 감정을 인식한 후 내가 어떤 행동을 하는 것이 최선인지를 이해하고 실제 행동하는 능력이다. 대인관계 능력에서 가장 중요한 것이 감정표현인데 타인의 권리를 침해하거나 불쾌감을 주지 않고 자신의 욕구나 느낌, 생각 등을 표현할 수 있어야 한다.

4) 효과적인 지능 개발을 위한 학습지도 원리

최근의 지능이론이 교육에 주는 시사점은 다음과 같다.

첫째, 부모나 교사는 지능에 있어서 아동이 자신의 강점과 약점을 알 수 있도록 도와주고, 강점을 최대한 활용하며 약점을 보상하는 교육을 해야 한다.

둘째, 지능훈련은 개인의 실제 생활과 연관되어야 한다. 우리나라와 무관한 사회나 문화권에서 유용하다고 확인된 지능훈련 프로그램이라고 해서 우리나라에 무턱 대고 도입하여 적용을 시도하는 것은 바람직하지 않다.

셋째, 지적 활동 과정을 몇 개의 단계나 과정으로 명료화할 가능성을 보여 주고 있다. '2/3 + 3/4=( )' 을 푸는 데 어떤 과정을 거치면서 답을 하는지 단계적으로 소상히 밝힐 수만 있다면 학습의 오류를 수정하고 학습의 효율성을 높일 수 있다.

넷째, 지적 행위의 과정을 단계나 과정으로 세분화하여 이를 훈련시킬 가능성도 있다. 학습방법의 훈련은 학교현장에서 대단히 중요한 문제이다.

다섯째, 교사는 지능의 개인적인 차이를 인식해야 한다. 학생들이 저마다 처해 있는 환경에서 지능을 최대로 발휘할 수 있도록 해야 한다.

여섯째, 교사가 학생들의 지능을 이해하려 할 때 지능을 측정하는 과제나 장면에 대한 학생의 경험 또는 연습 정도를 반드시 고려해야 함을 시사한다.

일곱째, 교사는 학생의 지능을 고정불변의 특성으로 간주하기보다는 교육 또는 훈련에 의해 변화 가능한 실재로 간주해야 한다. 또한 학생의 지적 수행을 진단하고 교정 · 훈련하는 데 있어서 그 과제수행의 결과보다는 과정을 파악하는 것이 교육적으로 보다 더 유익한 정보를 얻을 수 있음을 알아야 한다.

2. 기 억

사람이 정보를 두뇌 속에 저장하는 방법에 대해 많은 연구자들은 관심을 가져왔다. 이들 연구자들은 일반적으로 사람의 기억은 부호화(encoding), 저장(storage), 인출(retrieval)의 세 가지 공통적인 조작과정을 거친다는 것을 가정한다. 부호화는 감각 정보를 표상으로 전환시키는 방법을 말하며, 저장은 기억 속에 부호화된 정보를 보유하는 방법을 말한다. 회상은 기억 속에 저장된 정보에 접근하는 방법을 말한다. 기억에 대한 가장 일반적인 모델이 기억의 정보처리모델이다. 정보처리모델은 학습자의 내부에서 학습이 발생하는 기제를 설명하려는 모델로 정보와 관련된 인간의 내적 처리 과정을 컴퓨터의 처리과정에 비유한다.

정보처리이론 중 대표적인 모델이 1960년대에 아트킨슨과 쉬프린(Atkinson & Shiffrin, 1968)이 인간의 기억현상을 설명하기 위해 제시한 정보처리모델이다. 정보처리모델을 살펴보면 다음과 같다.

1) 정보 저장

외부로부터 감각기관을 통해 들어온 정보가 처음으로 저장되는 곳이 감각등록기(sensory register)이다. 감각등록기는 짧은 시간 동안 소량의 정보를 저장한다(Crowder & Surprenant, 2000). 감각등록기의 특징은 아직도 우리가 이해하지 않은 정보를 저장한다는 것이다. 시각적 감각기억(iconic memory)은 약 1초 동안 정보를 저장하고, 9개 정도의 항목(item)을 기억할 수 있다.

단기기억(short-term memory)은 감각등록기를 통해 들어온 정보가 그다음의 기억장치인 단기기억장치로 들어와 약 1~2분 정도 유지되는 것을 말한다. 기억저장용량은 제한이 있으며, 보통 7±2청킹(chunking)이 저장될 수 있다. 청킹은 분리되어 있는 항목들을 보다 큰 묶음으로, 보다 의미 있는 단위로 조합하는 것을 말한다. 단기기억은 중국집에 음식을 시키기 위해 전화번호부에서 번호를 보고 전화를 걸기까지 유지되는 기억을 예로 들 수 있다.

그러나 단기기억은 용량의 제한이 있어 특별한 방법으로 정보가 처리되지 않으면 그다음의 기억장치인 장기기억(long-term memory)으로 넘어가지 못하고 사라져 버린다. 단기기억 속에 정보를 오랫동안 저장시키기 위한 방법으로는 특정 항목들을 반복하는 연습이 있다. 다음으로 단기기억의 제한된 용량을 확장시키기 위한 방법으로 청킹을 사용할 수 있다.

단기기억에서 시연된 정보는 장기기억으로 넘어간다. 장기기억은 일반적으로 사람들이 기억이라 부르는 것이다. 장기기억은 그 용량이 무한정이어서 많은 정보를 오랜 기간 동안 저장하는 것이 가능하다. 정보가 장기기억 속에 어떻게 부호화되는가 하는 것은 학습과 밀접한 관련이 있다. 장기기억은 일상기억과 의미기억으로 구성되어 있다.

일상기억(episodic memory)은 개인의 경험을 보유하는 저장소로, 정보들은 주로 이미지로 부호화되며, 정보가 발생한 때와 장소를 기초로 조직된다. 의미기억(semantic memory)은 문제해결 전략과 사고기술, 사실, 개념, 일반화, 규칙 등이 저장된다. 학교에서 학습하는 대부분의 내용들이 이곳에 저장된다. 의미기억에 저장되는 정보들은 서로 연관을 맺으면서 체계적인 네트워크를 구성하게 된다. 정보가 네트워크를 형성하며 저장된다는 것은 학습자가 정보를 수동적으로 받아들이기보다 정보를 이해하고 능동적으로 조직하여 의미 있는 구조로 만들어 간다는 것을 의미한다.

2) 인지처리 과정

인지처리 과정(cognitive process)은 어떤 정보를 하나의 저장소에서 다른 저장소로 옮기는 내부적이고 지적인 활동으로, 주의집중, 지각, 시연, 부호화, 인출과 망각이 있다.

(1) 주의집중

주의집중(attention)은 자극에 반응하는 것으로, 선택적인 것이 특징이다. 따라서 학습은 주의집중을 함으로써 시작된다.

(2) 지각

지각(perception)은 경험에 의미와 해석을 부여하는 과정이다. 지각이 일어난 자극은 객관적 실재로서의 자극이 아니라 개인마다 다르게 받아들이는 주관적 실재로서의 자극이다. 지각은 과거 경험에 의해 많은 영향을 받는다.

(3) 시연

시연(rehearsal)은 작동기억 안에서 이루어지는 처리과정으로 정보를 계속해서 반복하는 것을 의미한다. 작동기억 안에 들어온 정보는 시연을 통해 파지(retention)가 되기도 하고 장기기억으로 전이가 이루어지기도 한다.

(4) 부호화

부호화(encoding)란 장기기억 속에 존재하고 있는 기존의 정보에 새로운 정보를 연결하거나 연합하는 것으로 작동기억에서 장기기억으로 정보를 이동시키는 과정을 의미한다. 부호화 과정에서 중요한 것은 유의미한 부호화가 이루어져야 한다는 것이다. 암기로 부호화되는 경우에는 새로운 정보가 기존의 정보와 연결되지 못하고 떨어져 저장되게 된다.

(5) 인출

인출(retrieval)은 장기기억에서 정보를 찾는 탐색과정으로 부호화와 밀접한 관련이 있다. 즉, 부호화가 효과적으로 되지 않으면 효과적으로 인출될 수 없음을 의미한다. 인출의 성공과 실패는 이용 가능성과 접근성으로 설명된다. 설단현상(tip of the tongue)은 장기기억에 존재하는 특정 정보에 대해 정확하게 접근할 수 없기 때문에 발생하는 현상으로 볼 수 있다. 따라서 정확한 인출을 위해서는 정교하고 의미 있는 부호화가 필요하다.

3) 효과적인 기억을 위한 학습지도 원리

위에서 살펴본 기억에 관한 이론들을 교육현장에 적용해 보면 다음과 같다.

(1) 주의집중

- 두 가지 이상의 정보를 동시에 제공하는 것은 바람직하지 않다.
- 주의집중을 위해서 물리적 도구들(예: 지도, 칠판, OHP, 실험도구)을 사용한다.
- 교사는 교실을 돌아다니거나 말의 속도를 조절하면서 주의집중을 시킨다.
- 학생들의 호기심을 유발한다.
- 수업시간에 주의가 산만한 학생의 이름을 부른다.
- 강조하는 말이나 행동을 한다(예: "이 부분은 시험에 나옵니다.").

(2) 지각

- 학생들의 지각은 과거의 경험과 자신의 기대에 영향을 받는다는 것을 기억한다.
- 본 수업에 들어가기 전에 지난 시간 수업내용을 복습한다.

(3) 시연

- 정보에 대한 기억은 시연의 반복 횟수에 영향을 받는다.
- 시연은 한 번에 몰아서 하는 것보다 일정한 간격을 두고 하는 것이 효과적이다.

(4) 부호화와 인출

- 유의미한 부호화가 되도록 해야 한다.
- 학습에 학생들이 능동적으로 참여하도록 해야 한다.
- 개별적 정보를 하나로 묶는 조직화 전략을 사용하도록 한다.
- 개별적인 정보들을 연결시키는 정교화 전략을 사용한다.
- 초인지 전략을 사용하도록 한다. 초인지란 자신의 인지과정을 통제하고 조절하는 것을 의미한다. 초인지 전략 사용이 낮은 학생들은 문제해결력이 낮다.

3. 창의성

1) 창의성의 개념

창의성에 대한 정의는 학자들의 수만큼이나 많다고 할 수 있다. 그것은 창의성이 어렵고 복잡하며 다면적인 성격을 띠고 있기 때문이다. 인지능력을 강조하는 길포드(Guilford)는 '지능구조모델' 을 소개하면서 그 모델의 한 부분인 확산적 사고를 창의성의 기본이 되는 사고 유형으로 보고 '창의성이란 새롭고 신기한 것을 낳는 힘' 이라고 정의하였다. 토런스(Torrance)는 '창의성이란 곤란한 문제를 인정하고 그것을 해결하기 위하여 아이디어를 내고, 가설을 세우고 검증하며, 그 결과를 전달하는 과정' 이라고 정의한다. 그 외에도 다양한 정의들이 있지만 행동이나 산출물들이 창의적이기 위해 공통적으로 지녀야 하는 특징은 '새로움'과 '적절성' 또는 '유용성' 이다.

보던(Borden)은 창의성을 심리적 창의성과 역사적 창의성으로 구분한다. 심리적 창의성은 사회적 평가와 상관없이 그 개인에게 있어서 새롭고 독창적인 것을 말하며, 역사적 창의성은 새롭고 독창적인 아이디어일 뿐만 아니라 그 결과물이 사회적인 가치가 있는 것을 말한다. 예를 들어, 에디슨의 전구 발명처럼 최초인 동시에 그 결과물이 많은 사람에게 혜택을 주어야 역사적 창의성이라 할 수 있다. 이상의 결과들을 요약해 보면 창의성이란 인지적 특성과 정의적 특성 간의 상호작용의 결과이면서 사회나 집단 속에서 가치 있는 것으로 여겨지는 개인의 독특한 아이디어 산출능력이라 할 수 있다.

창의성 교육은 우리의 생활이나 교육 또는 직업에서 어떤 새롭고 가치 있는 아이디어나 문제해결의 방법을 생각해 낼 수 있는 능력을 기르는 데 그 목적이 있다고 할 수 있다. 다시 말해, 학생들로 하여금 그들의 생활, 학습, 진로에서 해결해야 할 크고 작은 여러 가지 문제에 대하여 참신하고 다양하며 치밀하게 생각하는 능력과 민감하고 열린 문제해결의 태도를 함양하도록 돕는 일이 곧 창의성 교육의 목적이라고 할 수 있다.

2) 창의성의 구성 요인 및 창의적 성격 특성

(1) 창의성의 구성 요인

창의성의 구성 요인은 인지적 영역과 정의적 영역으로 구분하여 볼 수 있다(김정섭 외, 2004; 전윤식 외 편역, 2003). 인지적 영역에는 유창성, 융통성, 독창성, 정교성이 있다. 유창성이 특정한 문제상황에서 가능한 한 많은 아이디어를 산출하는 능력이라면 융통성은 고정적인 사고방식이나 시각 자체를 변화시켜서 다양한 해결책을 찾아내는 능력이다. 독창성이 기존의 것과는 다르게 사고하고 새로운 아이디어를 산출하는 능력이라면 정교성은 다듬어지지 않은 기존의 아이디어를 보다 유용하고 가치 있는 것으로 발전시키는 능력을 말한다.

정의적 영역에는 민감성, 개방성, 자발성, 인내심, 모험심이 있다. 민감성은 주변의 환경에 대해 예민한 관심을 보이고 이를 통해 새로운 탐색을 하려는 성향이며, 개방성은 자신의 경험에 제한받지 않고 모든 가능성을 수용하려는 경향이며, 자발성은 남의 평가에 구애받지 않고 자율적으로 결과를 산출하려는 경향이다. 인내심은 불확실함을 견디며 끝까지 포기하지 않는 성향이며, 모험심은 위험을 감수하며 장애를 극복하려는 성향을 말한다.

(2) 창의적인 사람의 성격 특성

창의적인 사람의 특성은 지적 특성과 정의적 특성으로 나누어 볼 수 있다. 지적 특성으로는 첫째, 문제사태에 대한 감수성(sensitivity to problems)이 높다. 이것은 문제가 있다는 것을 인식하는 능력과 이 인식을 문제로 진술할 수 있는 능력을 말한다. 둘째, 사고활동의 유창성(fluency)이 높으며, 셋째, 사고의 융통성(flexibility)이 높다. 넷째, 사고와 행동의 참신성(originality)이 높다.

정의적 특성으로는 첫째, 새롭고 복잡하고 어려운 문제를 선호하는 경향이 있으며, 통상적이고 흔한 문제, 쉽고 단순하고 명백한 사태 등에서는 도전의식을 갖지 못하고 짜증을 내는 경향이 있다. 해답이 명백하고 쉬우며 단순한 문제사태에서도 희귀하고 참신한 답을 구하려는 경향성이 있다. 둘째, 모호성을 참는 역량이 있다. 자신이 지각하고 느끼는 것을 금방 이해하지 못해도 그것을 참아낼 줄 알며 좌절하지 않는다. 셋째, 실패에 대한 불안이 적으며, 약간의 위험 부담을 즐기는 경향이 있다. 넷째, 관습에 동조하기를 거부하는 경향이 있다. 다섯째, 자신의 경험에 대하여 개방적이다. 경험을 왜곡하거나 방어하지 않고 있는 그대로 진실되게 받아들이고 인식한다. 여섯째, 창의적인 사람은 여성적인 취미가 강하고, 성취욕, 지배성, 자율성, 공격성 등이 강하며, 정열적인 성향을 가지고 있다.

3) 창의적인 사고과정

창의성을 연구하는 학자들은 창의적 사고의 과정을 몇 개의 단계로 나누고 이들 단계를 분석함으로써 창의성을 이해하려고 해 왔는데 이들의 선구자인 왈라스(Wallas)는 창의적 사고과정을 4단계로 나누어 설명하고 있다.

(1) 제1단계: 준비 단계(자료 수집)

주어진 또는 나타난 문제를 여러 각도에서 지각하고 이해해 보는 단계를 말한다. 학교교육의 지적 과정은 거의가 여기에 포함된다고 볼 수 있는데, 전통적인 논리학과 이론학이라 할 수 있는 수학, 체계적인 검토 및 관찰, 분명히 정리된 질문과 그 해답을 찾는 것 등이 여기에 속한다.

(2) 제2단계: 부화 단계(무의식적인 정신작용)

지각 또는 이해된 문제에 대한 해결안을 찾아야 할 의욕은 가지고 있지만, 그러한 느낌이나 필요를 의식하지 못하는 단계이다. 이 부화기는 다시 둘로 나누어지는데, 첫째는 매우 소극적인 단계로서 개인이 그 문제를 의식적으로 생각하지 않는 때를 말하며, 둘째는 보다 적극적인 것으로 다른 사건 또는 일을 함으로써 이전의 문제를 잊고 있는 때를 말한다. 이 두 가지 부화기 중 가치 있는 것은 둘째 단계로 의식적으로 다른 일을 함으로써 문제를 부화하는 경험은 의식적으로 그냥 잊고 있는 상태보다 더 가치 있고 의미가 있다. 다시 말해, 여러 개의 서로 다른 문제를 벌여 놓고 미완성인 상태에서 휴식하는 동안에 먼저 문제에 관한 기발한 해결안이 떠오르기 쉽다는 것이다. 부화 단계에서의 문제해결은 갑자기 떠오르기도 하지만 몇 달 혹은 몇 년이 걸리기도 한다.

(3) 제3단계: 조명 단계(몇 가지 해결안의 암시)

조명 단계는 갑작스럽게 해결방법이 떠오르는 직관이나 통찰의 단계로, 갑자기 떠오른 해결책을 구체화하는 단계이다.

(4) 제4단계: 검증 단계(해결안의 검토 및 발전)

조명기에 암시된 해결안이 타당한지를 검증하고 그 결과에 따라 완전한 아이디어로 정리하게 되는 것까지를 포함한다.

4) 창의성 개발방법

학습자들의 창의성을 길러 주기 위한 방법은 다음과 같다(김정섭 외, 2004).

(1) 연상법

연상법(association)은 창의성의 근원은 상상력이고 상상력의 근원은 연상력이라는 가정하에 어떤 단서, 주제, 방법, 상황을 제시하고, 문득문득 떠오르는 아이디어들을 포착하여 제시하는 자유연상법과 자유연상에 어느 정도 조건을 주어서 제한 통제된 연상을 유도하는 통제연상법이 있다. 자유연상법은 예를 들면 '학교 하면 떠오르는 것은?' '만일 ~이라면 어떻게 될까?' 등의 질문을 하는 것이고, 통제연상법은 끝말잇기에서 '리' 자로 끝나는 것을 말하게 하는 등의 경우를 말한다. 통제연상법은 어떤 단서에 이어질 다음의 발상들이 앞의 단서와 유사하거나 상대적이거나 인과성을 가지는 것으로 제한하여 발상하는 것을 의미한다.

(2) 브레인스토밍법

브레인스토밍법(brainstorming)은 10~30명의 구성원이 10~20분씩 아이디어 회의를 하는데, 중간중간에 5~10분간의 휴식을 취하면서 3~5회

반복하여, 대체로 1~2시간 동안에 100여 개의 새롭고 재미있는 아이디어를 산출하는 매우 생산적인 발상법이다. 이 발상법에는 간단한 규칙이 있는데, 비판 금지(다른 사람의 아이디어를 절대로 평가, 비판, 간섭하지 않는다), 자유분방(아무 구애받지 않고 자유롭게 아이디어를 산출한다), 양산(量産-되도록 많은 아이디어를 산출한다), 결합과 조합(다른 이의 아이디어를 차용, 변형, 추가, 모방해도 좋다) 등이다.

(3) PMI법

PMI법은 제시된 아이디어의 좋은 점(plus), 나쁜 점(minus), 흥미롭다고 생각하는 점(interesting point) 등으로 대안의 모든 측면들을 고려해 본 다음에 결정하게 하는 방법이다. 예를 들면, '지하철의 좌석을 모두 없앤다면 어떻게 될까?'라는 문제를 PMI법을 사용하여 해결하면 다음 〈표 3-3〉과 같다.

〈표 3-3〉 PMI법을 이용한 문제해결

좋은 점(plus)	-지하철에 더 많은 사람이 탈 수 있다. -지하철에서 타고 내리기가 쉽다. -지하철 제작이나 수리 비용이 싸다.
나쁜 점(minus)	-물건을 둘 곳이 없어 불편하다. -노약자들이 지하철을 이용하기가 불편하다. -멀리 가는 승객은 불편하다.
흥미롭다고 생각하는 점(interesting point)	-좌석이 있는 지하철과 좌석이 없는 두 가지 유형의 지하철을 제작한다. -가까운 거리를 지하철로 이동할 때는 편안함이 중요하지 않을 수 있다.

(4) 속성열거법

속성열거법(attribute listing)은 어떤 대상의 전체나 각 부분(절차)들에 대해, 그 대표적인 성질이나 형태의 특성을 기술하고, 그것을 개선 · 변형 · 대치하는 등의 발상을 하는 방법이다. 만약 주제가 자전거라면, '안장, 체대, 핸들, 페달, 앞바퀴, 뒷바퀴, 짐받이, 헤드라이트, 발전기……' 등으로 주요 부분 및 전체의 대표적인 성질을 기술 · 제시하고 그것을 하나하나 재검토하고 변형 · 개선하는 발상을 한다.

(5) 심상도법

심상도법(mind mapping)은 마음속의 아이디어를 그림으로 그려서 발전시키는 방법으로, 어떤 주제나 단서로부터 출발해서 여러 방향, 여러 발전 경로를 거쳐서 비로소 쓸 만한 아이디어로 형성된다는 것을 기본 전제로 한다.

5) 창의력 신장을 위한 학습지도 원리

첫째, 창의력 신장을 위한 교사의 질문기법으로 학생들의 확산적 사고를 자극하는 질문을 많이 하도록 해야 한다. '예/아니요'를 요구하는 질문보다는 학생들로 하여금 반성적 사고를 요구하는 질문을 하도록 한다. 또한 질문을 한 후에 학생들에게 충분히 생각할 수 있는 시간을 주고, 하나의 정답만 있는 질문보다 다양한 반응이 있을 수 있는 질문을 골라서 하도록 한다. 상투적인 대답이나 남의 의견에 동조하는 대답보다 자기 나름대로의 독특한 개성을 드러내는 대답을 하였을 때 교사는 칭찬과 격려를 한다.

둘째, 교사는 학생들을 효과적인 사고자(thinker)가 되도록 하기 위해서 스스로 개념적 사고, 문제해결, 창의적 사고 및 비판적 사고에 대한 폭넓은 이해를 가지고 있어야 한다.

셋째, 교사는 단순히 아이디어를 생산하는 기법에서부터 생산적 사고를 산출하는 데 필요한 복잡한 기법에 이르기까지 창의적 사고기법을 수준에 따라 구별하여 학생들에게 적용할 필요가 있다. 이것을 위해 교사는 창의적 사고기법에 대한 체계적인 연구를 할 필요가 있다.

넷째, 교사는 일부 학생만이 창의적인 생산물을 산출할 것이라는 생각을 버리고, 모든 학생들의 재능, 흥미, 강점 등을 개발하는 수업 프로그램을 고안해야 한다.

다섯째, 교사는 학생들의 내적 동기를 손상시키지 않고 창의성을 증진시키도록 해야 한다. 학생들의 내적 동기를 손상시키지 않고 창의성을 증진시키는 방법으로, 학생들은 그들이 하고 있는 것을 즐길 때, 경쟁적인 교실환경보다 협동적인 교실환경에서, 교사에 의한 평가보다 학생 스스로가 자신의 장점과 약점을 평가할 때, 더 창의적일 수 있음을 명심해야 한다.

여섯째, 교사 자신이 먼저 창의적 사고자의 모델이 되어야 한다. 서로 다른 분야에서 창의적인 사람들에 대한 이야기를 학생들에게 들려주거나 교사 자신이 창의적으로 사고하는 것을 좋아한다는 것을 학생들에게 보여 주도록 해야 한다.

4. 학습동기

1) 학습동기의 의미

동기(motivation)란 행동을 하게 하고, 목표를 향해 나아가게 하며, 목표추구 행동을 유지시키는 내적인 상태를 말한다. 동기는 개인이 목표를 성취하도록 도와주는 내적, 심리적 에너지다. 동기는 일상생활에서 중요한 역할을 한다. 학습동기는 학습과 관련된 동기로서 학습자가 학습을 준비하고, 지속하도록 하는 역할을 한다. 학습동기와 학업 성취는 밀접한 관련이 있다. 학습동기가 유발된 학생들은 스스로 학습을 하려 하고, 어려운 문제들을 해결하기 위해 오랫동안 문제들과 씨름한다. 학습동기가 부여된 학습은 더 이상 일이 아니라 놀이가 되며, 동기가 부여되지 않은 놀이는 학생들에게 오히려 일이 된다는 것에서도 알 수 있다. 따라서 교사들은 효과적인 수업을 위해서 먼저 학습동기를 유발해야 한다.

교사는 학습동기를 유발하기 위해 학생들 간의 개인차를 고려해야 한다. 또한 학습동기는 상황과 밀접한 관련이 있기 때문에 각 학생들이 처해 있는 상황들을 잘 고려하여 동기유발을 하도록 해야 한다. 예를 들어, 동기부여의 방법에도 남녀 간에 차이가 있다. 대체로 남학생의 경우 자신을 질책하고 도전하도록 격려하는 것을 통해 동기가 부여된다면, 여학생은 자신을 지지해 주고 이해해 주는 교사의 행동에서 더 동기화된다. 따라서 교사는 학생들의 성차, 학생들이 처해 있는 상황 등의 개인차를 고려하여 학습동기를 부여해야 한다.

2) 내적 동기와 외적 동기

동기의 유형은 일차적 동기와 이차적 동기, 내적 동기와 외적 동기로 나누어 볼 수 있다. 일차적 동기는 생리적 동기로 선천적으로 타고난 것이라면 이차적 동기는 후천적으로 학습된 동기라고 할 수 있다. 내적 동기(intrinsic motivation)는 무엇을 하려는 학습자 개인의 내적 소망이나 추진력을 의미하고 외적 동기(extrinsic motivation)는 외적인 보상이나 유인가를 통해 동기를 부여하는 것을 말한다.

다시 말해, 동기유발의 원인이 개인의 외부 혹은 내부에 있느냐에 따라 내적 동기, 외적 동기로 나누어진다. 외적 동기는 학습내용 그 자체가 아니라 학습의 결과로 주어지는 보상이나 칭찬 등의 부수적 결과에 의해 동기가 유발되는 것이고, 내적 동기는 학습내용 그 자체에 대한 지적 호기심과 공부하는 것에 대한 기쁨, 새로운 발견에 대한 흥분 등에 의해 동기가 유발되는 것을 말한다.

보상이나 칭찬 등의 유인가에 의해 동기가 유발되는 외적 동기는 어린 학습자들에게 효과적이지만, 학년이 올라갈수록 외적 동기보다 내적 동기에 의해 학습하도록 해야 한다. 만약 학생들이 내적 동기에 의해 학습하지 않는다면 학습의 즐거움을 경험하지 못해 결국 학습능력을 발달시키지 못하게 되기 때문이다. 따라서 교사는 학생들을 동기화시키기 위해 내적, 외적 동기들을 적절하게 사용해야 한다. 예를 들어, 글짓기를 싫어하고 운동을 좋아하는 학생에게 "글짓기를 끝내면 운동을 할 수 있는 시간을 주겠다."라고 약속을 하거나 그 학생이 좋아하는 운동을 소재로 글짓기를 하게 할 수 있다.

내적 동기와 외적 동기는 서로 양립하는 반대의 위치에 있는 것이 아니라 상호의존적이다. 어떤 학생들은 내적 동기와 외적 동기 둘 다에서 동기화된다. 예를 들어, 교사나 부모로부터 칭찬이나 보상을 받기 위해 학습을 하기도 하며 자신의 미래를 잘 준비할 목적으로 학습을 한다. 그러나 어떤 학생은 내적, 외적 동기가 모두 낮은 경우도 있고, 내적 동기는 높으나 외적 동기는 낮을 수도, 그 반대인 학생도 있을 수 있다. 따라서 교사는 학생들의 동기 유형에 따라 학습동기를 유발하도록 해야 한다(Sternberg & Williams, 2002).

창의적인 산물은 대부분 내적인 동기가 부여되었을 때 만들어진다. 작가, 예술가, 과학자들은 즐기면서 일을 한다. 이들은 외적인 보상, 즉 돈이나 명예 등에 연연하지 않는다. 돈이나 명예는 자신들의 일을 즐겁게 한 결과 주어진 이차적 부산물일 뿐이다. 내적인 동기는 높은 성취결과를 낳지만, 외적인 동기는 그렇지 않다. 오히려 외적인 동기유발은 내적인 동기유발을 해친다는 연구들이 있다. 그러나 반드시 외적인 동기유발이 내적인 동기유발을 해치는 것은 아니다. 과제를 해결했을 때 보상이 주어지기를 기대하고, 주어지는 보상이 그 개인에게 의미가 있으며, 보상으로 주어지는 것이 점수나 돈, 상과 같이 실제적인 것일 때 내적인 동기를 유발시킬 수도 있다.

3) 학습동기이론

(1) 행동주의적 접근

행동주의자들은 동기를 보상과 처벌의 결과로 본다. 즉, 사람들은 보상을 추구하고 처벌을 피하기 위해 행동한다는 것이다. 이러한 인간의 행동에 영향을 미치는 것으로 강화를 들 수 있는데, 강화는 행동을 하게 하는 자극으로 작용한다. 강화는 행동을 하고 난 뒤에 바로 주어져야 한다. 행동을 하고 난 뒤 강화가 바로 주어지지 않으면 강화의 효과는 감소하게 된다. 강화에는 정적 강화와 부적 강화가 있다. 정적 강화는 바람직한 행동을 증가시키기 위해 행동 후에 긍정적인 자극을 제공하는 것이다. 예를 들면, 교사의 칭찬, 미소, 좋은 성적 등을 들 수 있다. 부적 강화는 바람직한 행동을 증가시키기 위해 부정적인 자극을 제거해 주는 것이다. 시끄러운 소리를 듣지 않게 하거나 더운 방에서 나가게 해 줌으로써 바람직한 행동을 증가시킬 수 있다. 정적 강화와 부적 강화와는 달리 처벌은 바람직한 행동을 하지 않았을 때 싫어하는 자극을 제공하거나 긍정적인 자극을 제거함으로써 바람직하지 않은 행동을 억제시키는 것을 말한다. 예를 들어, 바람직한 행동을 하지 않았을 때 때리거나 손을 들고 있게 하는 것 등을 들 수 있다.

학습동기에 대한 행동주의적 접근은 외적 동기와 관련이 있다. 이것은 행동을 유발하고 지속시키기 위해 보상과 유인을 사용하기 때문이다. 학습자들의 동기를 유발하기 위해 보상을 사용하는 행동주의이론은 다음과 같은 문제들을 가진다. 첫째, 보상과 처벌에 의한 동기유발은 나이가 어린 학습자들에게는 유용하지만 나이가 든 학습자들에게는 더 이상 강화물로 작용하지 않는다. 둘째, 보상과 처벌과 같은 강화물이 학습자들의 내적 동기를 유발시키지 못한다. 연구들에 의하면, 외적 보상이 오히려 학습자의 내적 동기 유발을 감소시킨다는 것을 알 수 있다. 즉, 학습자들이 재미있어 하는 일에 보상을 하는 것이 오히려 학습자들의 흥미수준을 감소시키는 결과를 가져오기도 한다는 것이다. 따라서 교사는 결과보다 문제해결 과정에서 적절한 보상을 사용해야 한다. 셋째, 외적 보상은 학습자들로 하여금 학습의 진보나 과제 그 자체의 해결에 관심을 가지게 하기보다 보상 그 자체에 관심을 가지게 한다. 따라서 교사는 외적 동기에 의존하기보다 학습자들이 학습에 대한 기쁨을 알게 함으로써 내적 동기에 의해 학습하도록 해야 한다.

(2) 인지주의적 접근

인지주의 이론가들은 인간의 행동이 보상과 처벌에 따라 결정되는 것이 아니라 사고(thinking)에 의해 결정된다고 본다. 그들은 행동이 계획과 목표, 도식, 기대, 귀인 등에 의해 시작되고 조절되는 것으로 보았으며, 인간이 단지 외부의 환경이나 단순히 신체적 욕구의 결핍과 같은 것으로 반응하는 존재가 아니라 자신에게 일어난 사건을 자신이 어떻게 해석하는가에 따라 행동을 달리한다고 본다.

인지주의 학습이론에서 알 수 있듯이 인지주의 동기이론은 보상과 처벌과 같은 외적인 힘에 의해 수동적으로 동기화된다는 행동주의 접근과는 달리 인간을 능동적이고 적극적으로 생각하는 이성적 존재로 본다. 다시 말해, 학습자들이 무엇을 생각하고 있고 어떻게 생각하는지에 관심을 가진다. 따라서 동기의 인지적 접근은 외적 동기와는 반대가 되는 내적 동기를 중요하게 생각한다.

(3) 인본주의적 접근

동기에 대한 인본주의적 접근은 개인의 내부에 있는 우월과 성취의 내적 욕구를 강조한다. 인간은 능동적인 성장 가능성의 잠재력을 가지고 있는 주체이며, 보다 자기 조절적이고 자기 통제적이며 자기 선택적인 존재이다. 인본주의자들은 인간의 내부에 있는 우월의 욕구를 설명하기 위해 다양하게 접근한다. 욕구위계([그림 3-1] 참조)를 가정한 매슬로우(Maslow)는 인간을 자아실현의 욕구를 가지고 태어나는 것으로 보았고, 로저스(Rogers)는 실현 경향성의 내적 욕구를 가지고 태어나는 것으로 보았다. 인본주의이론은 인간이 가지고 있는 선천적 욕구에 의해 동기가 유발된다고 보았다. 다시 말해, 학습자들은 선천적인 학습동기를 가지고 있으며, 자신들이 가지고 있는 욕구를 충족시키려고 학습한다는 것이다.

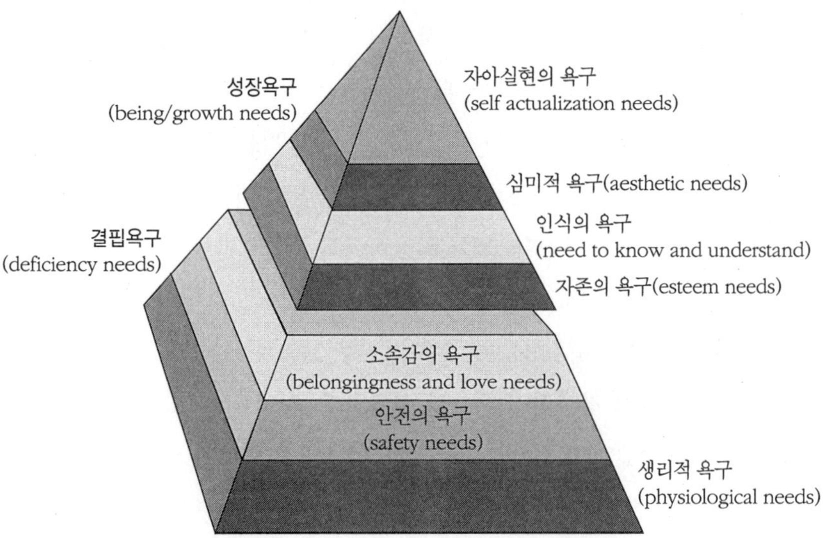

[그림 3-1] **매슬로우의 욕구위계** (Sternberg & Williams, 2002: 366)

앞서 살펴본 동기이론의 세 가지 관점을 비교해 보면 〈표 3-4〉와 같다.

〈표 3-4〉 동기의 세 가지 이론 비교

구 분	행동주의	인지주의	인본주의
동기의 근원	외재적 강화	내재적 강화	내재적 강화
중요한 영향들	강화물, 보상, 유인가 처벌	신념, 성과와 실패에 대한 귀인 기대	자존심, 자기 충족, 자기 결단
주요 이론가	Watson, Skinner	Atkinson, Weiner	Maslow, Rogers

4) 학습동기와 관련된 동기들

(1) 성취동기

성취동기는 도전적이며 어려운 과제를 성공적으로 수행하려는 욕구(Atkinson, 1980, 1983)라고 정의할 수 있다. 성취욕구가 높은 사람은 성취감을 얻기 위해서 스스로 목표를 세우고 달성하려 한다. 이러한 성취동기는 영역 특수적이라 할 수 있다. 왜냐하면 어떤 학생은 운동에 높은 성취동기를 가지고 있지만 공부하는 데는 낮은 성취동기를 가지고 있을 수 있기 때문이다. 성취동기가 높은 사람들은 과업지향적이고 적절한 모험을 즐기며 매사에 자신감을 가진다. 또한 활동적이고 책임감이 있으며 미래지향적인 행동 특성들을 지니고 있다.

아트킨슨(Atkinson, 1980, 1983)은 성취동기를 성공추구동기와 실패회피동기라는 두 가지 경쟁적인 힘으로 설명한다. 사람들은 성취로 인해서 유쾌한 정서를 경험하게 되고, 이 유쾌한 정서를 추구하기 위해서 성취활동에 더 적극적으로 참여하게 된다. 반대로 실패로 인한 불유쾌한 경험을 하게 되면, 실패를 회피하려는 동기를 형성하게 된다. 성취동기가 높을수록 실패에 대한 불안보다 성공에 대해 높은 기대값을 가지며, 반대로 성취동기가 낮은 사람은 성공에 대한 기대감보다는 실패에 대한 불안이 크다.

성공추구동기를 갖는 학생들은 실패했을 때 성취동기가 증가되고, 실패회피동기를 갖는 학생들은 성공했을 때 성취동기가 증가한다. 성공추구동기를 가진 학생들은 도전적인 과제나 일, 재도전의 기회 등을 좋아하며, 실패회피동기를 가진 학생들은 긍정적인 강화에 동기화되고 실패했을 때 합리화와 같은 방어기제를 종종 사용한다. 따라서 교사는 학생들에게 적절한 난이도의 과제를 배분시켜 학생들의 성공 경험과 실패 경험을 조절해 줌으로써 성취동기를 향상시키고 유지시켜야 한다.

성취동기는 훈련 프로그램을 통해 길러질 수 있으며, 교사의 모델링을 통해 향상시킬 수 있다. 따라서 교사는 성취동기를 향상시키는 훈련 프로그램을 실시하거나 학생들에게 성취지향적 행동을 보여 주는 모델로서의 역할을 담당해야 한다. 다시 말해, 교사는 자신을 동기화시키는 방법으로 긍정적으로 사고하고 자신에게 긍정적으로 말하는 방법을 학생들에게 보여 주어야 한다. 또한 문제해결을 어려워하는 학생에게 "너는 할 수 있어." "전에 성공적으로 문제를 해결했던 경험을 생각해 봐." "자신감을 가져." 등의 말을 통해 성취동기를 길러 줄 수 있다.

(2) 귀인과 학습된 무력감

① 귀인이론

귀인(attribution)이란 특정 행동에 대한 원인을 설명하는 것이다. 귀인이론을 학생들의 학업 성취 행동과 관련지어 보면, 학업의 성공과 실패 원인을 학습자가 어떻게 지각하는가에 따라 이후의 후속 행동이 달라진다는 것을 설명해 준다.

와이너(Weiner, 1980)는 사람들이 자신의 성공이나 실패의 원인을 네 가지, 즉 능력, 노력, 운, 과제의 난이도에서 찾는다고 한다. 이 원인을 다시 통제소재(locus of causality), 안정성(stability), 통제성(controllability)의 세

〈표 3-5〉 귀인과 각 차원과의 관계

구 분	통제소재	안정성	통제성
능력	내적	안정적	통제 불가능
노력	내적	불안정적	통제 가능
운	외적	불안정적	통제 불가능
과제 난이도	외적	안정적	통제 불가능

가지 차원으로 나눈다. 통제소재 차원은 성패의 원인이 행위자의 내부에 있느냐 혹은 외부에 있느냐에 따라서 내적 귀인(능력, 노력)과 외적 귀인(과제 난이도, 운)으로 구분한다. 안정성 차원은 찾아진 원인이 시간이 경과하거나 상황이 바뀌어도 비교적 항상성을 띠는 안정요인이냐, 아니면 때와 상황에 따라 수시로 변할 수 있는 불안정한 요인이냐에 따라 안정적 귀인(능력, 과제 난이도)과 불안정 귀인(노력, 운)으로 구분한다. 통제성 차원은 자신의 성공과 실패의 원인들을 자신의 의지에 의해 통제할 수 있느냐 없느냐에 따라 통제 가능(노력)과 통제 불가능(능력, 과제 난이도, 운)으로 구분한다. 귀인과 세 가지 차원과의 관계를 요약하면 〈표 3-5〉와 같다.

학생들은 어떤 일에 성공했을 때 혹은 실패했을 때 그 원인을 무엇이라고 생각하는가? 성공이나 실패의 원인이 자신의 노력이나 능력 등의 내적 원인이라고 생각하는 경우와 과제 난이도나 운 등의 외적 원인이라고 생각하는 경우에 따라 후속 행동에 차이를 가져온다. 성공이나 실패를 내적 요인에 귀인시킬 경우 성공은 자부심과 동기의 증진을 가져오지만, 실패는 수치심을 가져온다. 반대로 성공이나 실패를 외적 요인의 탓으로 돌릴 경우, 성공은 감사의 정서를 수반하지만, 실패는 분노의 감정을 초래한다.

안정성 차원과 관련하여 학생들이 자신의 성공 혹은 실패를 능력이나 과제의 난이도와 같은 안정적 요인에 귀인한다면, 그들은 비슷한 과제에 대해서도 성공 혹은 실패를 기대하기 쉽다. 그러나 만일 자신의 학습결과를 노력이나 운과 같은 불안정적 요인에 귀인할 경우 비슷한 과제에 직면하게 되었을 때 변화를 기대하기 때문에 학습동기가 유발될 수 있다. 실패를 능력과 같은 통제 불가능한 것에 귀인할 경우에는 수치심과 책임감을 느껴 동기유발이 되지 못한다.

아트킨슨의 성취동기 연구는 후에 와이너의 귀인이론과 통합되어, 학습 상황에서의 성취결과를 보다 자세하게 설명해 준다. 와이너는 귀인동기를 설명하면서 성취동기가 높은 학생과 낮은 학생들의 학습과제 수행결과에 대한 귀인형태를 분석하였다(Weiner, 1986). 대체로 성취동기가 높은 학생들은 자신의 노력과 능력이 성취를 가져온 것으로 보고 실패했을 경우에도 그것을 자신의 노력 부족으로 귀인하는 경향이 있었고, 반면에 성취동기가 낮은 학생들은 자신의 실패를 능력 탓으로 돌리고 노력과는 관계없는 것으로 귀인하는 경향을 보였다. 성취동기가 강한 학습자들은 성취를 가치 있는 것으로 여기고 능력을 개선할 수 있는 것으로 보는 경향이 있으며, 어렵고 도전적인 학습과제를 선택하고 이것을 해결하려고 노력한다. 그리고 이들은 만약에 실패했을 때에도 인내심을 가지고 극복하려 한다.

② 학습된 무력감

학습된 무력감(learned helplessness)은 반복적인 실패 경험으로 인해 후속되는 결과에 대해서 스스로 통제가 불가능하다는 기대를 형성하게 되고, 이러한 기대가 학습자로 하여금 자신이 무능하고 실패할 운명으로 태어났다고 생각하게 하여 이후의 행동을 하지 않으려고 하는 것을 말한다. 셀리그먼(Seligman, 1975)의 실험을 예를 들어 보면, 개에게 스스로 피할 수 없는 상황에서 계속해서 전기 충격을 주게 되면, 처음에는 전기 충격을 피하기 위해 도망을 가지만 결국에는 전기 충격을 피하려는 노력을 전혀 하지 않는다는 것을 발견하였다. 이와 마찬가지로 학습자의 반복적인 실패 경험은 학습된 무력감을 형성한다.

듀웩(Dweck, 1986)은 학습된 무기력 이론을 학교수업에 도입하여 학습

장면에서 실패하는 아동들과 그렇지 않은 아동들의 특성을 밝히는 연구를 하였다. 그 결과, 실패의 원인을 자신의 노력 부족으로 귀인시키는 경향이 강한 학습자가 학습된 무력감에 쉽게 빠지지 않는다는 결론을 내리고 귀인을 능력귀인에서 노력귀인으로 변화시키는 귀인훈련을 제안하였다.

더 구체적으로 살펴보면, 학습에 대해 무력감을 가지고 있는 학생들에게 학습 실패에 대해서 본인들이 책임지도록 하였고, 실패의 원인을 능력 부족보다는 노력 부족으로 귀인시키도록 가르쳤다. 또 다른 학생들에게는 계속적으로 성공만 경험시켜 주는 프로그램을 제공하였다. 실험결과, 귀인 재훈련 프로그램을 경험한 학생들은 자신들의 학습활동을 증진시켰으나 성공만 경험시킨 집단은 학습활동이 오히려 감소하는 것으로 밝혀졌다.

이것은 칭찬을 가능한 한 많이 하고 성공 경험을 많이 갖도록 하는 수업 전략이 항상 옳은 것은 아니라는 것을 말한다. 따라서 교사는 학생들에게 성공 경험을 시키되, 그 성공이 자신의 노력에 의한 것이라는 믿음을 길러 주는 것이 중요하다. 또한 경쟁적인 학습구조에서는 학습자가 성취결과를 능력이나 운과 같은 통제 불가능한 요인으로 귀인시키는 경향이 많음으로 경쟁적인 것보다는 개별화 혹은 협동적인 학습상황에서 학습할 수 있도록 함으로써 학생들이 성취결과를 내적 요인으로 귀인하여 미래의 학습과제를 성공적으로 이끌어 갈 수 있도록 해야 한다.

(3) 자기효능감

자기효능감은 '개인이 어떤 결과를 산출하기 위해 요구되는 행동을 성공적으로 수행할 수 있다는 신념' (Bandura, 1977, 1997)으로, 어떤 결과를 얻는 데 필요한 행동을 얼마나 잘할 수 있는가에 대한 자신의 능력에 대한 판단 혹은 신념으로 볼 수 있다. 따라서 자기효능감은 특정한 과제의 수행이나 학업 성취 상황에서 수행을 촉진시키는 중요한 성격적 특성 중의 하나이다(Sherer & Adams, 1983). 반두라(Bandura, 1995)는 과거의 성공 혹은 성취 경험, 동료 학습자의 모델을 통한 간접 학습 경험, 자신의 능력에 대한 타인의 인정이나 승인, 그리고 문제상황에서 자신의 긍정적인 생리적, 정서적 상태로의 변화 등을 통해 자기효능감 수준이 결정된다고 보았다.

일반적 자기효능감과는 달리 학업적 자기효능감은 자신의 학업적 수행 능력에 대해 가지는 기대나 신념으로, 반두라(1986)는 학습자가 학습과제 수행에 필요한 행위를 조직하고 실행해 나가는 자신의 능력에 대해 내리는 판단으로 정의하였다. 이러한 학업적 자기효능감은 학습자의 학업 성취와 학업수행에 영향을 주는 중요한 요소로, 학습자가 새로운 상황에서 새로운 지식과 기술을 학습하고 수행하는 데 영향을 준다(김아영, 박인영, 2001; Bandura, 1986).

다시 말해, 학업적 자기효능감은 학습활동의 선택과 노력의 양 및 어려운 과제에 대한 투입력 등을 조절하는 중요한 요소로 학업적 자기효능감이 높을수록 도전적인 과제를 선택하고, 주어진 과제를 성공적으로 수행하기 위해 더 많은 노력을 기울이며, 어려움에 직면하더라도 끈기 있게 과제를 지속하는 인내력을 가지는 경향이 있다. 또한 학업적 자기효능감이 높을수록 불안을 느끼는 정도가 낮고, 학습 전략을 보다 효과적으로 사용하며, 자기조절능력 같은 정보처리 전략이 뛰어나다는 것이다(Bandura & Schunk, 1981; Pintrich & De Groot, 1990; Schunk, 1990).

5) 학습동기 유발을 위한 학습지도 원리

학습자의 학습동기를 유발하기 위한 전략은 다음과 같다.

첫째, 학습자로 하여금 학습에 흥미를 가지도록 한다. 학습흥미는 효과적인 학습활동을 위해 필수적이다. 학습자의 흥미는 지능, 연령, 성별, 지역 등에 따라 다르고, 쉽게 변화한다는 것을 교사는 알고 교육적으로 바람직한 흥미를 유발하도록 해야 한다.

둘째, 학습목표를 분명히 제시한다. 학습목표는 학습자로 하여금 무엇 때문에 이것을 배워야 하는지를 알게 하고, 목적 의식을 가지고 학습활동에 참여하도록 한다. 학습 목적 및 목표가 학습자의 능력수준에 비추어 너무 높은 경우 오히려 학습자의 학습의욕을 저하시키게 된다. 따라서 학습자의 능력수준이나 발달단계에 맞춰 학습활동을 세우는 것이 중요하다.

셋째, 학습자의 호기심을 자극한다. 호기심은 새로운 것, 신기한 것을 추구하고 탐구하려는 일종의 정서활동이며, 문제해결이나 학습의 동기가 된다. 또한 호기심은 창의성 지도의 기초가 되기 때문에 중요하다.

넷째, 성공감 혹은 성취감을 느끼도록 한다. 학습에 대한 성공감은 다음의 학습문제를 해결하는 데 자신감을 갖게 하고 학습의욕을 보다 촉진시킨다. 따라서 학생이 성공감을 체험할 수 있는 지도방법을 적용하면 학생의 동기유발에 크게 도움이 된다. 반면에 실패감은 학습의욕을 감퇴시킬 뿐만 아니라, 학습활동에 대한 자신감을 잃게 되고 열등감마저 갖게 된다. 따라서 교사는 학습자 스스로 성공감을 가질 수 있도록 지도해야 한다.

다섯째, 상과 벌을 적절하게 사용한다. 학습활동에 있어서 상과 벌을 주는 일은 인위적, 수단적 동기유발의 방법으로서 가장 많이 활용하는 방법이다. 나이가 어린 학습자나 지능이 낮은 학습자에게는 질책보다 칭찬을 주는 것이 효과적이고, 또 남아에 비해서 여아에게 질책보다는 칭찬을 하는 것이 좋은 학습효과를 가져온다. 그러나 나이가 많은 학습자나 지능이 높은 남아는 여아에 비해서 칭찬보다는 질책하는 것이 학습효과의 반응이 좋으며, 내향성을 가진 어린이는 벌보다 상을, 외향성의 어린이는 반대로 상보다는 벌을 주는 것이 보다 효과적이다.

여섯째, 경쟁과 협동을 적절히 사용한다. 경쟁심을 조장하는 방법도 동기유발에 매우 효과적인 경우가 많다. 혼자서 학습하는 것보다 다른 사람과 어울려서 학습할 때 학습의욕이 더욱 강화되기 때문이다.

일곱째, 학습자로 하여금 학습결과에 대해 스스로 평가하게 한다. 학습자들이 학습결과에 대해 스스로 평가해 봄으로써 더 잘하고자 하는 학습의욕이 일어나게 한다.

여덟째, 교사는 학생들이 성공에 대해 자신의 선천적인 능력이 아닌 노력의 결과라고 생각하도록 격려하고, 실패는 운이나 혹은 다른 외적 요인 때문이라고 귀인하지 않도록 한다.

아홉째, 학습상황에서 학습자의 진보를 알게 하는 적절한 피드백을 통해 학습에 대한 자기효능감을 증가시킨다.

형성평가

1. 다중지능이론에서 일곱 가지 지능의 종류를 설명하고, 각각의 지능을 향상시키기 위한 교육방법에 대해 논의하시오.
2. 기억과 기억과정에서 감각기억, 단기기억, 장기기억에 대해 설명하시오.
3. 창의적 사고과정 단계를 설명하고, 자신의 경험에 비추어서 그 단계를 설명하시오.
4. 내적 동기와 외적 동기에 대해 설명하고, 각각의 동기를 유발하기 위한 동기유발 전략에 대해 설명하시오.
5. 학습동기에 대한 개념을 행동주의적, 인지주의적, 인본주의적 관점에서 비교·설명하시오.
6. 성취동기의 개념을 설명하고, 성취동기가 높은 사람과 낮은 사람의 성취동기 유발방법에 대해 논의하시오.

제4장

수업의 이론적 기초

교육이란 양동이를 채우는 일이 아니라 마음속에 불을 지피는 일이다.

– William Butler Yeats

1. 수업의 본질

교육목적을 달성하기 위한 교육의 작용에 있어서 무엇보다도 중요한 것은 학습자에게 '무엇을 어떻게 가르칠 것인가' 하는 것이 점이다. 여기에서 '무엇을 어떻게'는 가르쳐 줄 교육의 내용과 그것을 가르치는 방법을 의미하는 것으로서, 교육과정과 수업에 관련된 문제이다. 교육과정은 학교교육을 통해 가르치고자 하는 교과를 분명히 밝히는 일이며(Beauchamp, 1981), 교육의 목표와 내용, 수업방법, 학습평가의 문제 등과 관련하여 교육 실천에 앞서 교육 전반에 관한 구상과 계획을 전문적으로 다루는 학문분야로서 이 가운데에서도 교육내용의 구성이 가장 중요한 부분이 된다. 수립된 교육과정은 수업을 통해 교육현장에서 실천되어야 하며, 또 그렇게 될 때 교육과정은 존재 의의를 갖게 되는 것이다.

수업은 교사와 학생이 상호작용을 통해 교육과정을 실천하는 것으로서, 교육과정에 명시된 목표와 내용을 학습자가 학습하도록 하는 것이다. 다시 말하면, 수업은 계획된 교육과정을 기초로 교육이 이루어지는 것으로서, 주어진 교육과정에서 출발하고 계획된 것이 그대로 실천되는 것이라 할 수 있다.

제2장에서 살펴본 학습이론들은 학습자가 중심이 되지만 수업은 교사가 주체가 되어 행해지는 활동이다. 교사의 이러한 수업과 관련한 행동들은 학습자가 학습을 효과적으로 수행하도록 돕는 데 목적이 있으며, 이러한 의미에서 교사의 수업 행위가 학습에 미치는 영향은 매우 크다. 여기에서는 수업의 개념에 대한 정확한 이해를 위해 여러 가지 수업의 정의들에 대해 개관하고, 수업이 이루어지는 교수-학습의 장이 어떻게 변천되어 왔는지를 살펴보기로 한다.

1) 수업의 개념

수업에 대한 학자들의 다양한 정의들을 살펴보는 것은 수업의 개념을 이해하는 데 많은 도움을 줄 수 있다. 그러나 수업이라는 개념은 우리말에서는 물론 그에 해당하는 영어, 즉 'instruction'과 'teaching'을 번역하는 데 있어서도 견해가 일치되지 못하고 약간의 혼란이 있는 것이 사실이다. 이러한 혼란은 두 용어가 내포하는 의미를 엄격하게 구분하기가 어렵다는 것을 말해 주고 있다. 왜냐하면 이 두 개념은 서로 공통적인 부분을 내포하고 있으며, 보는 관점에 따라 하나가 하나를 포괄하기도 하고, 또 그 반대의 현상도 나타날 수 있기 때문이다.

우선 수업에 대한 정의를 내리기 위해 몇몇 학자들의 정의를 살펴보면 다음과 같다.

- 수업은 학습자가 특정한 조건하에서 특정한 행동을 학습할 수 있도록 학습자의 환경을 계획적으로 조정하는 과정이다(Corey, 1971).
- 수업은 학습이 일어날 수 있도록 학습자의 내적, 외적 조건을 체계적으로 조정하는 것이다(Gagné, 1970).
- 수업이란 학습자 외부에서 학습의 내적 과정을 지원하기 위해 고안된 일련의 사상이다(Gagné, Briggs, 1974).
- 수업은 다른 사람의 학습을 유발하고자 하는 의도를 가지고 행해지는 활동이다(Romiszowski, 1981).

이상의 정의에서 수업은 여러 다양한 수단들을 동원하여 학습자의 성장과 발달을 도우며, 학습을 최적화하기 위해 환경을 정비하는 것임을 알 수 있다. 특히 수업에 관한 논의에서 가장 많이 인용되어 온 코리(Corey)의 정의를 중심으로 보다 구체적으로 수업의 성질에 대해 살펴보면 다음과 같다.

첫째, 수업이란 처음부터 어떤 행동 변화를 일으키고자 하는 명확한 목표를 전제로 한다.

둘째, 수업이란 학습자의 외적 조건이 되는 환경을 계획적, 의도적, 유목적적으로 설계하고 조성하는 것이다.

셋째, 수업이란 학습자가 목표에 명시되어 있는 행동과 반응을 학습할 것을 전제로 한다.

이상에서 살펴본 것들을 바탕으로 하여 수업을 정의해 보면, 수업이란 학습자가 특정한 목표에 도달할 수 있도록 학습자의 내적, 외적 환경을 체계적으로 조정하는 과정이라 할 수 있다.

한편 수업과 더불어 교수라는 용어도 많이 사용되고 있다. 교수(教授)는 그 글자가 시사하듯이 교사에 의한 수업, 즉 교사–학생 간의 인간적 교류를 전제로 한 수업이라 할 수 있다(이희도 외, 1996). 라이거루스(Reigeluth, 1983)는 교수에는 설계, 개발, 실행, 관리, 평가가 포함되며, 수업은 교수의 영역 중에서 교사의 적용과 실행에 중점을 두는 것으로 교수를 수업보다 포괄적인 것으로 보고 있다. 즉, 교사가 교실에서 수업시간에 가르치는 것이 수업이며, 수업은 교수활동의 일부분으로 생각한다.

이러한 관점에서 본다면 교수는 교사가 행하게 되는 모든 활동이며 수업 중의 학습지도와 관련한 행동뿐만 아니라 수업시간 외에 행해지는 생활지도나 진로지도 그리고 학급경영 등이 포함되는 포괄적인 개념으로 받아들일 수 있다. 따라서 교수는 "수업의 결과로 학습자의 행동양식이 바람직한 방향으로 변화되도록 학습의 전 과정을 안내 · 통제 · 발전시켜 나가는 행위"라고 정의할 수 있을 것이다.

수업이나 교수의 개념이 가르치는 입장에 있는 교사를 중심으로 하는 것이라면, 최근에는 학습자를 중심으로 하는 개념으로서 학습지도라는 용어를 많이 사용한다. 전통적인 교육에서 교사의 역할이 지식의 전달에 치우쳤으며, 그에 따라 교사의 권위가 중시되었던 시대의 산물인 교수라는 용어 대신에 "학습자를 존중함으로써 그의 학습을 돕고 안내한다."(신해우 외, 1994)는 의미가 내포된 학습지도라는 용어가 빈번하게 사용되고 있다.

2) 교수-학습과정의 변천

수업의 개념을 이해하는 데 있어서 그 용어를 무엇이라고 하든지 간에 그러한 행위 속에는 교사와 학습자 사이의 상호작용이 전제되어야 한다. 이러한 의미에서 수업활동이 이루어질 때에는 가르치는 교사가 주체가 되는 교수와 배우는 학습자가 주체가 되는 학습이 역동적으로 어우러지면서 서로에게 영향을 미치게 된다. 이러한 과정을 가르치고 배우는 과정, 즉 교수-학습의 과정이라고 한다.

이러한 교수-학습의 과정은 시대의 흐름에 따라 계속적으로 변화되어 왔는데, 그 대체적인 흐름은 자연적인 학습의 장, 교수의 장 그리고 학습지도의 장으로 구분해 볼 수 있다.

(1) 자연적인 학습의 장

교육은 인간의 생존과 그 역사를 같이 해 왔다고 해도 과언은 아닐 것이다. 인간들에 의해 사회가 성립되면서 시작된 초기의 교육은 아마도 생활 속에서 자연스럽게 이루어지면서 생명보존에 필요한 것들을 스스로 습득하거나 혹은 성인들에게서 전수받는 형태를 띠었을 것이다. 즉, 생활과정 그 자체가 곧 학습의 과정이 되었다는 것이다. 그래서 인간의 전 생애가 학습과정이 된다고 하는 '생애=학습=생활'이라는 관계가 성립될 수 있다. 이렇게 교육이 이루어지는 것을 자연적인 학습의 장이라고 할 수 있다.

자연적인 학습의 장은 [그림 4-1]과 같이 나타낼 수 있다.

그러나 자연적인 학습만으로 인간 생활에 필요한 모든 학습이 이루어질 수 없다. 시간적으로나 공간적으로 한정되어 있는 개인의 생활과정에서 인류가 이루어 놓은 주요 문화 내용에 접할 수 있는 기회를 고루 가질 수도 없을 뿐 아니라, 생활과정은 문화 내용의 복합으로 이루어지고 있기 때문에 미성숙한 학습자가 이것을 직접 학습하기에는 크게 곤란함을 느끼게 된다. 또한 어떤 경우에는 학습해야 할 것은 학습하지 않고, 배우지 않아야 할 것을 배워 바람직하지 못한 방향으로 성장이 이루어질 수도 있기 때문이다 (신해우 외, 1994).

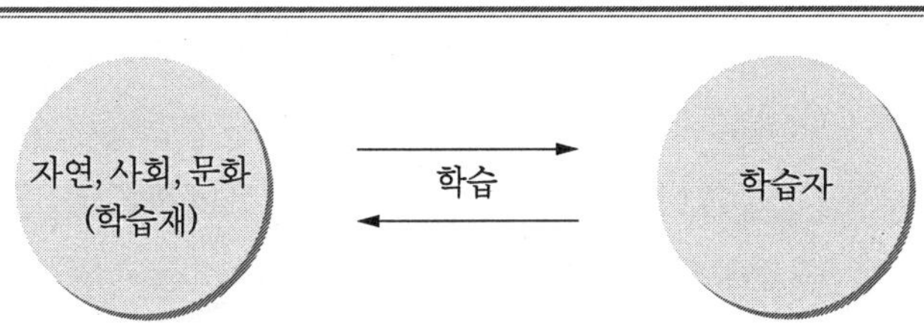

[그림 4-1] **자연적인 학습의 장**

자연적인 학습의 이러한 제한점을 보완해 보다 능률적이고 바람직한 학습이 이루어지도록 하기 위하여 단순화된 문화, 정화된 문화, 균형화된 문화를 제공받을 수 있는 학교교육이 필요하게 된다.

(2) 교수의 장

교육이 제도화되고 정형화된 것은 이전의 자연적인 학습장면에 학교가 생겨나고 교사가 등장하여 문화, 즉 교재의 전달자의 역할을 담당하게 되면서부터이다. 여기에서 가르쳐지는 주된 교육의 내용은 교수목적을 위해서 인류 문화유산을 체계적으로 조직해 놓은 조직체인 '교과'에 담겨 있으며, 교사는 교과의 내용이 학습자에게 전달되는 통로가 되고, 교수목적에 따라 학습자를 제어하는 통제자가 된다. 이러한 형태의 교수-학습 장면을 교수의 장이라 하고, 그 관계를 그림으로 나타내면 [그림 4-2]와 같다.

학교의 등장에서부터 19세기 말까지 오랫동안 유지되어 왔던 교수의 장은 학습자가 혼자서 학습하는 데서 나타날 수 있는 한계를 극복하게 함으로써 많은 공헌을 하였음에도 교사 중심의 교육, 맹목적인 주입 강요, 실생

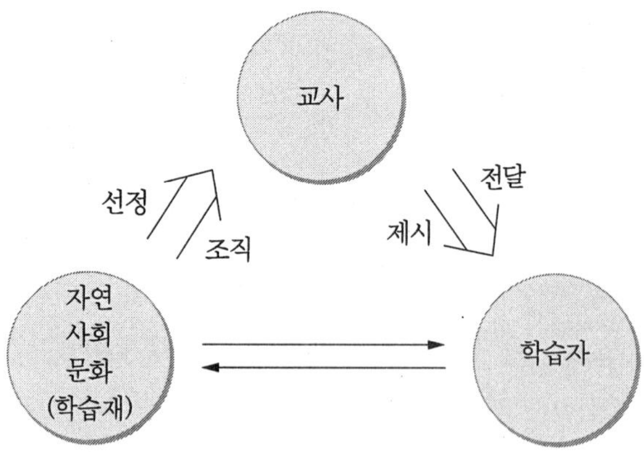

[그림 4-2] **교수의 장**

활과의 비연계성, 학습동기 유발이 곤란하다는 등의 문제점이 표출되면서 비판을 받게 되었다.

(3) 학습지도의 장

20세기에 접어들면서 독일에서는 '아동으로부터', 미국에서는 '아동 중심의 학교' 운동이 일어나게 되어 아동의 현재 생활에 입각한 경험의 재구성을 학습의 주요 과제로 여기는 새로운 교육사조가 나타나게 되었다. 이러한 교육사조는 루소(Rousseau), 페스탈로치(Pestalozzi), 프뢰벨(Fröbel) 등에 의해서 성립된 자연계발 사상과 20세기에 보편화된 민주주의 그리고 프래그머티즘의 철학을 배경으로 하여 이루어졌다. 이러한 교육사조의 변화에 따라 교육 전반에 걸친 커다란 변화가 나타나게 되었는데, 교사 중심의 교육에서 아동 중심의 교육으로, 교과내용 중심의 교육에서 생활 경험 중심의 교육으로, 장래 생활을 준비하는 교육에서 현재 생활의 적응을 위한 교육으로의 변화였다. 이것은 종래의 전통적인 교육관에 대한 코페르니쿠스적 전환이라고 할 수 있다(신해우 외, 1994).

교육관의 이러한 전환으로 인해 교수에 대한 개념도 바뀌게 되었다. 즉, 학습은 학습자의 내적 요구에 의한 자발적 및 창의적인 활동을 통해서 진정으로 이루어지는 것으로 여기게 되었다. 이에 따라 교사는 교단에서 내려와 학습자가 자발적으로 학습하도록 지도하는 데 관심을 가지게 되었고, '교수자'에서 '학습지도자'로 기능상의 변화를 맞게 되었다. 이러한 학습지도의 장은 [그림 4-3]과 같다.

학습지도의 장에서 학습자는 자연, 사회, 문화를 통해서 직접 학습을 한다. 즉, 학습지도의 장에서 학습은 앞에서 살펴본 '자연적인 학습'을 토대로 이루어진다. 이 자연적 학습에 교사가 관여하여 이를 조장하고, 학습자는 이 과정에서 교사의 피드백을 통하여 정확한 학습의 방향을 암시받는다.

교사는 자연, 사회, 문화 속에서 교육목표를 추출하여 이 목표에 따라 학

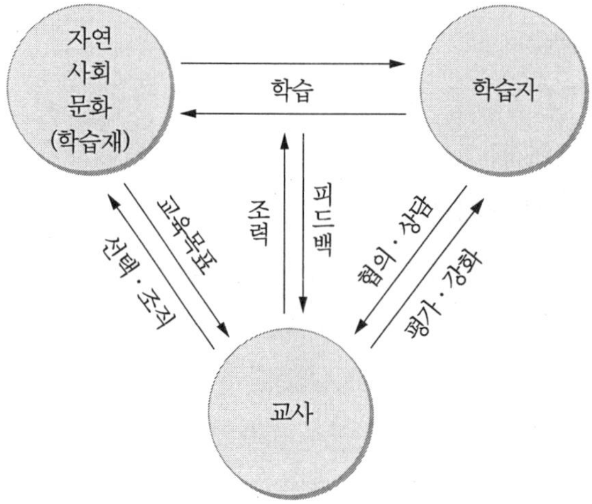

[그림 4-3] **학습지도의 장**

습자에게 제시할 학습재를 선택 · 조직하여 학습자의 환경으로 제공한다. 이러한 과정에서 교사와 학습자는 상호협의 및 상담을 통하여 학습에 관한 제반 문제를 검토하고 그 방안을 모색한다. 그리고 교사는 학생의 성장을 항상 평가하고, 그 성취를 강화하여 학습에 대한 적극적인 의욕을 환기시킴과 아울러 학습자 스스로 계획적이고 조직적인 학습활동을 할 수 있도록 조장한다. 따라서 교사는 학습자의 학습활동에 직접 뛰어들지 않고 측면에 서서 학습재의 제공자, 학습의 조장자, 학습의 평가자적인 역할을 하게 된다.

학습자가 자신을 둘러싸고 있는 환경, 즉 자연, 사회, 문화 속에서 필요한 것을 스스로 찾아 학습함으로써 자신의 욕구를 충족하게 되는 이러한 학습지도의 장은, 최근에 와서 그 중요성과 필요성이 더욱 강하게 부각되고 있는 평생교육에 있어서 방법적인 측면에 많은 시사점을 제공한다고 할 수 있다.

2. 수업이론

1) 글레이저 수업의 일반모형

학습내용을 일종의 정보로 간주하고 수업과정을 신속하고 정확하게 정보를 처리하는 컴퓨터의 구조와 기능에 유추시킨 것이 글레이저(Glaser, 1962)의 수업모형이다. 그는 수업과정을 수업목표의 설정, 출발점 행동의 진단, 수업절차 그리고 학습성과의 평가라는 네 가지 단계로 구분하였다. 그리고 각 단계에 대한 피드백이 이루어져 그 산출을 평가하고 수정하도록 하고 있다.

글레이저의 수업모형은 [그림 4-4]와 같다.

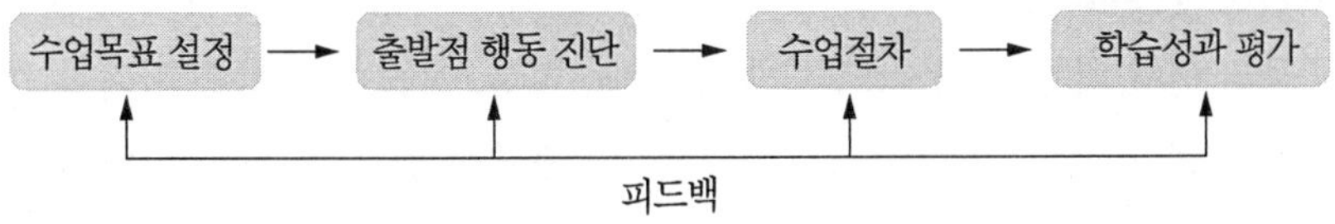

[그림 4-4] **글레이저의 수업모형**

이 글레이저의 수업모형은 수업과정에 관련된 제 요인을 아주 간명하고 적절하게 개념화할 수 있기 때문에 이를 융통성 있게 해석한다면, 과밀학급 현상을 특징으로 하는 우리나라 학교의 일반적인 수업상황에서 수업이 어떻게 진행되어야 하며 수업의 각 단계에서 교사와 학생에게 어떤 활동이 필요한가를 현대적인 수업이론의 입장에서 명확하게 설명해 줄 수 있을 것이다. 모형의 각 단계에 대해 보다 구체적으로 살펴보면 다음과 같다.

(1) 수업목표 설정

수업목표는 컴퓨터의 입력장치에 해당된다고 할 수 있다. 컴퓨터에서 입력장치를 통해 정보나 자료가 투입되듯이, 수업에서 내용 선정의 기초가 되는 수업목표가 설정되어야만 한다. 이때의 수업목표는 반드시 구체적이고 행동적인 수업목표, 즉 명세적 수업목표로 진술되어야 한다. 만약 수업목표가 모호하게 진술되면 수업과정을 컴퓨터처럼 정확하게 운영할 수 없게 된다.

(2) 출발점 행동 진단

출발점 행동이란 투입된 수업목표, 즉 학습내용을 이해하는 데 필요한 학습자의 기초 실력을 뜻하며, 이를 체크하는 과정이 바로 출발점 행동의 진단이다. 출발점 행동 진단의 단계는 학습자가 이미 습득하고 있는 학습내용에 대해 진단함으로써 실제 수업상황에서 학습자의 특성과 개인차를 고려한 수업을 진행해야 함을 시사하고 있다. 주요하게 고려되는 출발점 행동의 진단 대상으로는 선행학습의 정도, 적성, 지능 등과 같은 인지적 요인과 흥미, 태도, 자아개념과 같은 정의적 요인이 있으며, 이들은 모두 학습결과에 중요한 영향을 미치지만 그중에서도 특히 선행학습의 정도에 대해서는 수업시간마다 확인해야 한다. 출발점 행동을 진단하기 위해서는 진단평가를 실시하여 학습의 결함을 발견하고 그 처치 방안을 마련해야 할 필요가 있으며, 그에 따라 수업절차에서의 학습지도 방법이 모색되어야 한다.

(3) 수업절차

수업절차는 교사의 수업 전개 활동을 내포하고 있으며, 학습자의 출발점 행동에서 시작하여 학습자가 수업을 마치고 그 상황을 떠나기 전까지의 과정으로서 학습지도의 장, 즉 가르치고 배우는 수업과정을 의미한다. 수업

절차에는 목표달성을 위한 수업의 계획과 전개가 포함되며, 목표달성을 위한 수업의 계획으로서 수업활동, 집단 유형의 결정, 시청각 매체의 활용 등에 대해서도 고려해야 한다.

수업절차의 단계는 일련의 수업과정 중에서 가장 중심적인 단계로서, 교사는 자신이 수립한 수업계획에 따라 수업을 전개해 나가게 된다. 이 단계가 중심이라고 하는 이유는 학교 수업시간의 약 90% 이상이 실질적으로 이 단계의 활동을 위해 배정되고 있기 때문이다. 이 단계에서 교사는 치밀한 수업계획을 세우고 다양한 교수매체를 활용하며, 단계의 끝부분에서 형성평가를 실시하여 학생들의 수업 이해도를 확인하고 그 결과에 따라 수업을 수정해야 한다.

(4) 학습성과 평가

학습성과의 평가 단계는 컴퓨터의 출력장치에 해당된다고 할 수 있다. 여기에서 학습성과의 평가라 함은 학습자가 학습의 결과 앞에서 설정한 수업목표에 도달하였는지의 여부를 결정하는 평가활동을 의미하며, 학습자의 학습수행의 정도를 결정하는 준거행동의 평가라 하겠다. 이때의 평가활동은 총합평가로서 도착점 행동의 성취 정도를 알아보는 것으로 이는 학습능력과는 구별되어야 한다. 성취도는 학습자의 현재 수행의 정도를 평가하는 것이고, 학습능력은 현재의 수행 정도와 앞으로 수행해야 할 지식, 기술과 관계가 있기 때문이다.

학습결과에 대한 학습자의 점수는 학습자가 실제 획득한 학습의 정도에 대한 정보를 제공해 주고 집단 내에서의 학습자의 위치, 서열을 비교할 수 있는 수단으로써 활용될 수 있으며 또한 수업모형 자체의 효과에 대한 정보 역시 제공하게 된다.

(5) 피드백

피드백(feedback)은 수업과정에서 각 단계의 작업결과를 평가하고 수정하는 데 필요한 정보를 송환하는 기능을 의미한다. 송환회로(feedback loop)는 학습자가 수업목표에 도달하였다는 사실이 판명될 때까지 계속 가동되며, 수업목표에 도달했음이 확인되면 다음 수업목표를 설정해서 동일한 과정을 밟게 된다. 예를 들면, 어떤 단원의 수업목표가 세 개라고 가정한다면 일련의 과정이 세 번 반복되어야 함을 의미한다.

2) 캐롤의 학교학습모형

캐롤(Carroll, 1963)의 학교학습모형은 학교교육 과정에서 행해지고 있는 다양한 형태의 학습 가운데 특히 지적 학습과 관련된 중요 변인들을 추출한 다음, 그들 변인 간의 상호관계를 기초로 하여 학교학습의 방안을 조직적으로 체계화시킨 것이다. 그리고 이 학교학습의 모형은 학습의 정도에 대하여 그가 설정한 독특한 명제에서 출발하고 있다. 한 학습자가 달성한 학습의 정도는 그가 주어진 과제를 학습하는 데 필요한 시간을 분모로 하고, 그 과제를 학습하기 위하여 그가 실제로 사용한 시간을 분자로 한 시간 비율에 의하여 결정된다는 것이 학교학습모형을 만들 때에 캐롤이 설정한 명제였다.

여기서 말하는 학습의 정도란 이미 수업목표에서 설정한 도달 기준에 비추어 실제로 성취된 학습 정도를 의미한다. 학습에 필요한 시간은 주어진 학습과제를 완전히 학습하여 진술된 수업목표까지 도달하는 데 필요한 시간을 말하며, 학습에 사용한 시간은 학습자가 학습과제에 능동적으로 주의를 집중시켜 학습에 열중한 시간을 가리키고, 학습을 하는 동안 수동적으로 보낸 시간은 학습에 사용된 시간에 포함시키지 않는다. 이와 같은 캐롤의 명제를 방정식으로 나타내면 다음과 같다.

$$학습의\ 정도 = f\ \frac{학습에\ 사용한\ 시간}{학습에\ 필요한\ 시간}$$

위에서 제시된 방정식에서 학습에 필요한 시간을 결정하는 변인으로는 적성, 수업 이해력, 수업의 질 등이 있으며, 학습에 사용한 시간을 결정하는 변인에는 학습 기회와 지속력 등이 있다. 또한 캐롤은 적성, 수업 이해력, 학습 지속력을 개인차 변인(individual variables)이라 하였고, 수업의 질과 학습 기회를 수업변인(instructi-onal variables)이라 했다. 이들 다섯 가지 변인을 앞의 학습의 정도라는 방정식에 대입하면 다음과 같이 표시된다.

$$학습의\ 정도 = f\ \frac{학습\ 기회 \cdot 지속력}{적성 \cdot 수업\ 이해력 \cdot 수업의\ 질}$$

캐롤의 모형에서 제시되는 변인들에 대해 보다 구체적으로 살펴보면 다음과 같다.

(1) 적성

적성이란 최적의 수업조건하에서 주어진 과제를 완전히 학습하는 데 필요한 시간을 뜻한다. 어떤 과제를 학습하는 데 적성이 높으면 주어진 과제를 좀 더 빨리 학습해 낼 수 있고 반대로 적성이 낮으면 그만큼 학습하는 데 소요되는 시간이 길어진다. 어떤 과제를 성공적으로 학습하는 데 소요되는 시간은 학습자마다 다르다. 동일한 적성을 가진 학습자라 할지라도 학습과제의 종류와 성질에 따라서 소요시간이 다르고, 그가 갖고 있는 특정 학습에 대한 선행학습의 정도도 학습 적성의 결정요인으로 작용한다.

(2) 수업 이해력

수업 이해력은 학습과제의 성질과 교사의 수업절차를 이해하는 데 소요되는 시간을 의미한다. 따라서 수업 이해력은 학습절차나 교과 혹은 교재의 이해를 위해서 필수적인 것이라 할 수 있다. 수업 이해력을 결정하는 중요한 하위요인으로는 학습자의 일반지능과 언어능력을 들 수 있다. 수업내용이 대부분 교사의 언어적 설명에 의해 이루어지고 있으며, 교사가 제시하는 각종 학습자료를 해석하고 이해하는 능력이 학습에 필요한 시간을 결정하는 매우 중요한 요인이기 때문이다. 이러한 수업 이해력과 적성과의 차이는 적성이 특정 과제와 관련되는 능력인데 비하여, 수업 이해력은 특정 과제와는 관계없이 일반적인 수업의 내용과 설명을 이해하는 능력이라는 데 있다.

(3) 수업의 질

수업의 질은 학습의 정도가 극대화될 수 있도록 학습과제가 개개 학습자에게 효과적으로 제시 · 설명 · 구성되는 정도를 의미한다. 이를테면 학습자에게 학습목표와 학습방법을 그들의 지적 수준에 맞도록 표현하여 미리 알려줌으로써 그들로 하여금 학습과제에 대한 교육적 가치를 인식하게 하고, 그 과제를 충분히 학습할 수 있도록 자극과 격려를 해 줌으로써 수업의 효과를 극대화할 수 있을 것이다.

(4) 학습 기회

학습 기회란 학습자들이 주어진 일정 과제를 학습할 수 있도록 그들에게 실제로 허용된 시간을 말한다. 이는 캐롤의 학교학습모형에서 완전학습을 성취하는 데 가장 핵심적인 개념이라 할 수 있다. 따라서 학습자의 개인차를 고려하여 학습자의 적성이나 수업 이해력의 정도에 따라 그들에게 주어지는 학습 기회가 달라져야 한다.

(5) 지속력

지속력은 학습자가 학습을 위해 사용하려고 하는 시간을 뜻한다. 다시 말하면, 지속력이란 학습자가 스스로 인내를 갖고 학습에 투자하는 시간을 최대화하려는 학습 의욕과 태도를 의미하는 것이다. 이는 학습자 내부로부터 나오는 것으로 일종의 학습자의 학습동기 혹은 학습태도와 관련이 깊다고 할 수 있다.

캐롤의 학교학습모형에서는 다음과 같은 교육적 시사점을 찾을 수 있다. 수업의 질이 좋으면 그만큼 학습자의 수업 이해력이 높아질 것이며, 수업의 질은 주어진 과제에 대한 학습자의 지속력에 상당한 영향을 미칠 것이다. 한편 학습 기회와 지속력이 다소 낮다고 할지라도 적성이 높으면 주어진 과제를 일정한 시간 내에 학습해 낼 수 있을 것이다. 그러나 적성이 낮은 학습자로 하여금 주어진 과제를 다른 학습자들과 마찬가지로 일정한 시간 내에 학습해 낼 수 있도록 하려면, 수업의 질을 적절히 조정하여 수업 이해력을 촉진시켜야 할 뿐만 아니라 학습 기회와 학습에 대한 지속력을 증대시켜야 할 것이다.

3) 브루너의 수업이론

브루너(Bruner)는 1960년대 이후의 미국의 교육과정 및 수업의 개혁운동에 가장 강력한 이론적 바탕을 제공한 학자 가운데 한 사람이다. 지식의 구조화에 대한 중요성과 필요성을 주장한 그의 『교육의 과정(*The Process of Education*)』(1961)은 학문 중심 교육과정의 기초가 되었다. 그러나 브루너는 하나의 완성된 수업이론을 제시하기보다 수업이론의 형성을 위한 일련의 명제 혹은 일반적 원리로서 수업이론에 대한 자신의 관심 내지 접근방법을 설명하고 있다.

(1) 수업이론의 성격

1960년대에 접어들면서 교육학자들의 공통적인 관심사로서 교과의 기본 구조와 수업이론이라는 새로운 이론이 태동하였다. 이는 심리학에서 나온 학습이론이 수업이론에 바로 적용되는 데에 대한 비판에서 비롯되었다. 주로 동물 대상의 실험에 의해 도출된 학습이론이 역동적인 성질의 복잡한 내용을 학습시키는 생생한 생활장면인 수업에 직접적으로 적용될 수 없다는 것이다. 따라서 학습이론을 수업장면에 직접적으로 적용할 수 있도록 재해석하고 재구성하는 일이 교육학자들의 중요한 역할이라는 주장이 설득력을 갖기 시작하였으며, 이로써 새로운 수업이론이 태동하게 된 것이다.

이러한 움직임과 관련하여 브루너(1966)는 학습이론이나 발달이론은 근본적으로 기술적인 성격을 가지고 있는 데 반해 수업이론의 성격은 처방적이고 규범적이어야 한다고 규정하고 있다. 처방적(prescriptive)이어야 한다는 것은 수업이론이 지식이나 기능을 성취하는 가장 효과적인 방법을 제시함과 아울러 특정 교수-학습의 방법을 평가할 수 있는 기준을 마련해 줄 수 있어야 한다는 뜻이다. 규범적(normative)이란 준거(criteria)를 설정하고 그 준거를 충족시키는 조건을 진술해야 한다는 의미이다. 이때의 준거는 고도의 일반성을 띠어야 한다. 예컨대 효율적인 3학년 수학 수업을 위한 조건 같은 것은 수업이론에서 제시될 성격의 것이 아니다. 그와 같은 조건은 수학 학습에 대한 일반적인 견해로부터 도출되어야 한다는 것이 브루너의 주장이다.

따라서 교사는 "가르치고자 하는 것을 학습자가 어떻게 하면 가장 쉽게 배울 수 있을 것인가?" 에 관해 관심을 가져야 하며, 학습을 있는 그대로 기술하는 것이 아니라 개선하고 처방하는 역할을 담당해야 한다. 또한 학습자가 교과의 기본 구조를 발견하고 탐구할 수 있는 학습환경을 조성함으로써 교과 고유의 지식은 물론이고 교과 내의 지식구조와 함께 그 지식의 탐구구조까지 학습할 수 있도록 해야 할 것이다.

(2) 수업이론의 주요 특징

브루너(1966)에 의하면 수업이론은 다음과 같은 네 가지 특징을 가지고 있다. 첫째로, 수업이론은 학습에 대한 선행 경향성을 학습자 개개인에게 가장 효과적으로 심어 줄 수 있는 경험들을 명백히 규정할 수 있어야 한다. 둘째, 수업이론은 학습자가 가장 쉽게 파악할 수 있도록 지식체를 구조화하는 방법을 분명히 규정해 주어야 한다. 셋째, 수업이론은 학습자료를 어떻게 제시하는 것이 가장 효과적인지에 대해 그 계열을 명백히 해 주어야 한다. 마지막으로 수업이론은 교수-학습의 과정에서 상벌의 성격과 그 적용방법을 명백히 규정해야 한다. 이들 네 가지 특징에 대하여 살펴보면 다음과 같다.

① 학습 선행 경향성

학습 선행 경향성(predisposition to learning)이란 학습하고자 하는 혹은 문제를 해결하고자 하는 의욕이나 경향을 뜻하며 사회계층, 인종과 같은 문화의 특징, 외적 혹은 내적 동기의 유발, 기타 개인적 요인들이 학습 경향성을 결정짓는 데 작용한다. 브루너가 가장 중요시하는 것은 여러 교육활동과 관련된 가능성을 탐색하는 경향이다. 이를테면 교수활동에서는 이러한 경향을 극대화하는 조건을 마련해야 한다는 것이다. 이 조건은 세 가지로 나누어 설명할 수 있는데, 즉 가능성의 탐색을 자극하는 것, 그 경향을 계속 유지하도록 하는 것 그리고 가능성 탐색의 방향감을 주는 것이다.

브루너가 제안하는 발견학습은 교사가 학습과제를 최종적인 형태로 제공하는 것이 아니라 학습자 스스로 답을 찾아 조직해 나가는 과정에서 이루어지는 학습이기 때문에 과제에 대하여 학습자가 탐구하려는 선행 경향성은 매우 중요한 것이다.

② 지식의 구조

브루너는 학습자의 가장 효율적인 학습을 위해서 한 영역의 지식체계를 조직하고 구조화하는 원리와 방식을 제시하고 있다. 그는 이를 지식의 구조라 하는데, 지식의 구조는 학문의 기저를 이루고 있는 핵심적인 아이디어 또는 기본적인 원리 및 개념을 의미한다. 따라서 지식의 구조는 기억하기 쉽고 이해하기도 쉬우며, 일단 학습하면 전이가 쉽게 일어난다.

한 분야에서 지식의 구조는 세 가지 특징으로 기술할 수 있다. 이 세 가지 방법은 지식의 구조를 이해하려는 어떤 수준에 있는 어떤 학습자에게도 적합한 것이다. 이 세 가지 방법이란 지식의 구조가 나타내는 표현양식(mode of representation), 경제성(economy), 생성력(power)이다.

표현양식에 관하여 브루너는 어떤 지식이든지 세 가지 양식으로 표현될 수 있다고 보고 있다. 즉, 어떤 결과에 도달하는 데 거쳐야 할 일련의 동작으로서의 작동적 표현(enactive representation), 개념을 완벽하게 정의하는 것이 아니라 매체적으로 전달하는 영상이나 도해로 표현하는 영상적 표현(iconic representation) 그리고 명제를 형성·변형하여 상징체계로 표현하거나 또는 논리적 명제로 표현하는 상징적 표현(symbolic representation) 방식이 그것이다.

경제성이란 학생들이 학습해야 할 정보의 양을 모두 포괄할 수 있도록 간단하게 요약해서 나타내는 것을 말하며, 생성력이란 표현된 지식의 명제가 새로운 학습을 생성해 낼 수 있는 힘을 의미한다.

③ 학습계열

학습계열(sequence)이란 학습자가 학습내용을 이해·변형·전이하는 능력을 스스로 발휘할 수 있도록 조직된 학습과제의 제시 순서를 의미한다. 학습과제의 제시 순서는 학습과제의 모호성과 난이도를 좌우하게 되고 학습장면에서 문제해결의 가능성을 탐색하려는 학습자의 의욕과 태도에 많은 영향을 주게 되므로, 주어진 문제의 이해·변형·전이가 용이하게 이루어질 수 있도록 조직되어야 한다.

브루너는 모든 학생들에게 똑같이 적용될 보편적인 최종의 학습계열은 없지만 대체로 작동적 표현, 영상적 표현, 상징적 표현의 순서에 따라서 학습과제가 제시되어야 한다고 주장한다.

④ 강화

브루너는 교수와 학습의 과정에서 작용될 상벌의 성격과 그 적용으로서 강화(reinforcement)를 제시하고 있는데, 이러한 강화는 내적 보상과 외적 보상에 의한 것으로 두 가지 형태로 구분한다. 브루너는 내적 보상에 의한 강화를 우위에 두고 있으며, 학습을 통하여 경험하게 되는 발견의 희열과 성취감을 바탕으로 하는 내적 보상은 다른 어떤 외적 보상에 비하여 강화력이 크다고 주장하였다.

4) 오즈벨의 유의미 학습이론

오즈벨(Ausubel)은 브루너와 함께 1960년대 초반 이후 인지적 학습이론을 대표해 왔다. 이들은 인간 학습자의 심리과정을 자극과 반응의 연합과정으로 보고 관찰할 수 있는 행동만을 문제 삼는 행동주의와는 달리 학습자의 내부에서 일어나는 심리과정, 특히 기억과 사고 등으로 진행되는 능동적인 인지활동의 탐구에 관심을 가졌다. 그러나 같은 인지론적 견지에서 있지만 이 두 사람은 유의미 수용학습 또는 설명적 수업(Ausubel)과 발견적 학습 또는 수업(Bruner)이라는 서로 대립되는 입장을 취하고 있다.

오즈벨은 대부분의 학습은 기억 활용에 의해 이루어진다고 보고 있으며, 이러한 학습과정을 포섭이론(subsumption theory)으로 설명하고 있다. 그런데 새로운 개념이나 아이디어가 학습자의 인지구조에 포섭 또는 동화되기 위해서는 다음과 같은 세 가지 조건이 갖추어져야 한다고 하였다. 첫째, 학습과제가 실사성(substantiveness)과 구속성(nonarbitrariness)이 높아 논리적 의미성(logical meaningfulness)을 갖도록 표현되고 정리되어 제시되어야 한다. 둘째, 학습자는 그의 인지구조 안에 학습해야 할 새로운 개념이나 아이디어를 포섭할 수 있는 관련 정착 지식(relevant anchoring idea)을 소유하고 있어야 한다. 셋째, 새로운 학습과제를 기존 인지구조 속에 있는 관련 정착 지식에 실사적이고도 구속적으로 관련시키고자 하는 학습자의 동기, 즉 유의미 학습태세가 요구된다.

오즈벨(1972)이 제시한 수업의 원리를 구체적으로 살펴보면 다음과 같다.

(1) 유의미 학습

학교학습이 암기 위주의 기계적 학습이 아닌 유의미한 학습(meaningful learning)이 되려면 새로운 개념이나 학습과제가 학습자의 기존 인지구조와 관련을 맺어 정착되고, 그것이 학습자에게 새로운 심리적 의미를 부여해 주어야 하며, 그렇게 함으로써 또한 파지가 오래 지속되어야 한다.

이러한 유의미 학습이 이루어지기 위해서는 우선 학습자의 인지구조가 갖추어져 있어야 한다. 인지구조란 학습자가 특정 과제를 학습하는 데 언제라도 사용할 수 있는 현재의 지식체제를 의미한다. 만약에 학습자에게 인지구조가 형성되어 있지 않다면 교사는 시각적인 자극(△)과 청각적인 자극('삼각형')을 동시에 제공하여 청각에 의한 시각적 영상화가 가능하도록 함으로써 인지구조를 형성해 주어야 한다.

다음으로 학습자에게 제공되는 학습과제가 학습자에게 유의미해야 하는데, 학습과제가 유의미하다는 것은 그 과제가 실사성과 구속성을 띠고 있어야 함을 뜻한다. 실사성은 표현을 달리 하더라도 그 의미가 변하지 않는 성질을 말한다. 예를 들어, '정삼각형은 세 변의 길이가 같고, 세 각이 같은 삼각형이다.'라는 것을 '정삼각형은 세 각이 같고, 세 변의 길이가 같은 삼각형이다.'라고 바꾸어 설명해도 그 의미는 전혀 손상되지 않는다. 한편 구속성이란 어떤 대상의 성질과 인지구조와의 관계가 확고하여 임의로 변경될 수 없는 성질을 의미한다. 예를 들어, '정삼각형의 내각의 합은 180°이다.' 라는 명제는 매우 구속적이다. 왜냐하면 어떤 형태의 삼각형이든 그 내각의 합은 180°이므로 정삼각형이라고 해서 달라지는 것은 아니기 때문이다.

(2) 선행 조직자의 원리

선행 조직자란 학습되어야 할 과제가 학습자의 인지구조에 있는 관련 정착 지식에 잘 포섭될 수 있도록 인지구조를 조정하기 위하여, 수업의 도입 단계에서 학습과제 제시에 앞서 제공되는 교사의 언어적 설명자료이다. 선행 조직자는 학습과제보다 포괄성, 일반성, 추상성의 수준이 높아야만 학습과제를 효과적으로 포섭할 수 있다. 선행 조직자를 구성하는 내용은 가르치려고 하는 과제를 설명하고 통합하며, 새로운 과제와 정착 지식을 관련시켜 인지구조의 조직능력을 증진시킨다.

선행 조직자는 학습과제의 성질, 학습자의 기존 인지구조의 수준 등에 따라 설명 조직자와 비교 조직자로 활용될 수 있다. 설명 조직자는 학습과제와 인지구조 사이에 전혀 관련성이 없을 때 사용하는데, 보다 구체적인 내용을 설명하기 전에 일반적인 관계를 설명함으로써 개념의 정착 근거지를 마련해 준다. 비교 조직자는 학습과제와 인지구조 간에 어떤 유사성이 있을 때 사용하는데, 양자 간의 유사성과 차이점을 지적하고, 전후 과제 간의 상호 변별력을 증대시킬 목적으로 사용된다.

(3) 학습과제의 제시방법

유의미 학습에 있어서 학습과제를 보다 효과적으로 인지구조에 정착시킬 수 있도록 학습과제 또는 교과내용을 구안할 때, 교재내용의 조직원리로 점진적 분화의 원리와 통합적 조정의 원리가 제안된다.

점진적 분화의 원리란 학습과제의 위계상 상위에 위치하고 있는 포괄적이고 일반적인 지식을 먼저 제시하고, 그다음에 점진적으로 세부적이고 특수한 것으로 분화시켜 나가는 것을 말한다. 그 이유는 포괄성이 높은 지식이 포괄성이 낮은 지식을 포섭하는 종속적 포섭 형태가 가장 능률적이며, 또한 인지구조도 그에 따라 위계적인 형태를 갖추기 때문이다. 포괄성이 높은 과제일수록 다음에 제시되는 과제에 대하여 선행 조직자의 역할을 효과적으로 할 뿐만 아니라 그것들이 누적되면 한 교과의 전체 구조를 쉽게 습득할 수 있다.

한편 통합적 조정의 원리란 먼저 제시된 학습과제와 그다음에 제시되는 과제 간의 중요한 유사점이나 차이점을 인식시켜 불일치한 점이 사전에 조정되도록 학습과제를 조직하고 제시하는 방법을 의미한다.

이와 같이 선행 학습자를 적절히 활용하여 새로운 학습과제를 관련시킬 수 있는 포섭자를 학습자의 인지구조에 도입하거나 기존 인지구조를 조정시키고, 교과내용을 학습자의 발달단계에 맞게 선정하여 점진적 분화의 원리와 통합적 조정의 원리에 따라 조직 · 제시하면 중학교 이상의 학생들에게 설명적 교수가 구체적 경험이나 직관에 의한 교수방법보다 훨씬 효과적일 수 있다.

5) 가네의 수업이론

가네(Gagné)는 그의 저서 『학습의 조건(*The Conditions of Learning*)』(1970)에서 학습 법칙과 원리를 분류하고 종합함에 있어 네 가지 가정을 제시하고 있다. 첫째, 인간의 학습된 능력은 수준이 낮은 것에서 높은 것으로 축적되어 왔다는 것을 가정하였다. 둘째, 모든 지식은 위계적으로 축적 또는 구성되어 있기 때문에 차원이 높은 수준의 지식이나 기술을 학습하려면 반드시 그보다 수준이 낮은 지식이나 기술을 미리 습득해야 한다는 것을 가정하며, 이것을 학습 위계(learning hierarchy)라고 하였다. 셋째, 주어진 학습과제는 그 복잡성의 정도에 따라 그것을 학습하려면 위계적으로 상이한 수준의 학습된 능력을 필요로 한다는 것을 가정하였다. 넷째, 위계적으로 상이한 수준의 학습된 능력을 필요로 하는 학습과제를 효과적으로 학습하려면 학습자의 지적 능력에 따라서 학습 유형을 달리해야 한다는 것을 가정하였다.

이상에서 제기된 가정을 기초로 가네는 학습 유형을 각각 신호학습(signal learning), 자극반응학습(stimulus response learning), 운동 연쇄(motor chaining), 언어 연합(verbal association), 변별학습(multiple discrimination), 개념학습(concept learning), 규칙학습(rule learning), 문제해결학습(problem solving learning) 등 여덟 가지로 분류하였다. 이들 유형은 위계가 낮은 것부터 차례로 열거된 것이다.

즉, 학습과제는 위계적으로 구성되어 있고, 위계 순위가 다른 학습과제는 유형이 다른 학습형태를 요구하기 때문에 주어진 학습과제를 효과적으로 학습시키려면 무엇보다 먼저 그 학습과제를 면밀히 분석하여 그것을 학습하는 데 필요한 학습 유형을 밝히고, 그다음 그것을 위계적 순서에 맞추어 정리해야 한다는 것이다. 또한 가네는 여러 종류의 학습된 능력을 축적하기 위해서는 각기 다른 학습조건이 수업을 통해 제공되어야 하며, 이러한 수업이 행해지기 위해서는 각 학습단계에서 학습자를 자극하고 지원해주는 내적 및 외적 조건이 선행되어야 한다고 주장한다.

여기서 내적 조건이란 선행학습, 학습동기, 자아개념, 주의집중 등을 말하며, 외적 조건은 자극과 반응의 연결 및 제시방법, 반복과 연습, 강화계획 등을 가리킨다. 특히 가네는 학습의 결과로 획득된 능력을 학습된 능력이라 하고, 이를 언어 정보(verbal information), 지적 기능(intellectual skill), 운동 기능(psychomotor skill), 태도(attitude), 인지 전략(cognitive strategy) 등 다섯 가지 영역으로 분류하였는데, 그 구체적 내용은 다음과 같다.

(1) 언어 정보

언어 정보는 언어로 표현될 수 있는 정보들로서, 사물의 이름이나 사실에 대한 진위를 언급하는 단일 명제와 그러한 명제들이 유의미하게 조직된 지식을 의미하며, 그 형태는 명제적 지식 또는 선언적 지식으로 표현된다. 이러한 능력은 한 교과 내에서의 계속적인 학습 및 일반적 사고의 발달을 위해서 필요하다.

(2) 지적 기능

지적 기능은 방법적 지식 또는 절차적 지식이라 할 수 있으며, 여러 기호나 상징을 사용하여 환경과 상호작용할 수 있는 능력을 의미한다. 즉, '무엇을 안다.' 가 아니라 '무엇을 할 수 있다.' 는 것과 관련된다.

(3) 운동 기능

운동 기능은 동그라미 그리기, 네모 그리기 등과 같은 단순한 수준에서 자전거 타기나 피아노 치기 등과 같은 복잡한 수준에까지 이르게 되는 능력을 말하며, 이러한 기능은 반복적 연습을 통해서 획득된다.

(4) 태도

태도는 여러 종류의 활동들 중 어느 것 하나를 선택하는 데 영향을 주는 능력으로서, 대상에 대한 찬성 혹은 반대, 선호 혹은 불호 등 개인의 반응 경향을 말한다. 이것은 연습이나 유의미한 언어적 설명으로 학습되는 것이 아니며, 행동에 대한 보상이나 대리적 강화의 방법이 이러한 능력을 획득하는 데 유효하다.

(5) 인지 전략

인지 전략은 개인의 학습, 기억, 사고, 행동을 지배하는 내적으로 조직된 기능으로, 학습이 계속되어 감에 따라 '자기교수(self-instruction)' '독자학습(independent learning)' 이 가능한 것은 내재적 과정을 조정할 수 있는 효과적인 전략들을 획득하기 때문이다. 다시 말하면, '자신의 머리를 활용하는 방법' 을 터득하는 것이라 할 수 있다.

이와 같이 인간의 학습된 능력을 다섯 종류로 나눌 때에 학습된 능력에 따라 학습조건 또는 수업사상이 달라져야 하며, 학습결과 역시 다섯 가지 유형으로 구별될 수 있다.

따라서 효과적인 교수를 위해서는 무엇보다도 주어진 학습과제를 학습 위계에 따라 하위 학습과제들로 분석하고, 학습자가 그 과제를 학습하는 데 필요한 선행 학습력, 즉 내적 조건을 어느 정도 갖추고 있으며, 이를 새로운 과제의 해결에 얼마나 재생하여 활용할 수 있는지를 파악하여, 이를 토대로 적절한 외적 조건을 마련하여 제시해 주어야 한다.

6) 크론바크의 적성–처치 상호작용모형

개인의 제반 특성에 따라 수업방법을 다양화시켜야 한다는 개별화의 원리가 그 근거를 이루고 있는 적성–처치 상호작용의 개념은 최근 수업연구가들의 관심을 모으고 있는 분야이다. 크론바크(Cronbach)의 적성–처치 상호작용모형에 의하면, 학습자가 보여 주는 학습결과는 학습자의 적성 또는 특성과 교사가 행하는 처치 또는 수업방법 간의 상호작용의 결과이다. 즉, 교사가 학습자의 적성에 부합하는 수업방법을 사용하면 학습이 촉진되지만 학습자의 적성에 부합하지 않는 수업방법을 동원하게 되면 학습은 제대로 이루어지지 않는다는 것이다.

학습자가 지닌 특성 및 능력의 개인차와 수업방법 사이에 상호작용이 성립한다면, 교사는 모든 학습자의 성적이 극대화되도록 학습자의 특성과 수업방법을 배합시킬 수가 있을 것이다.

크론바크와 스노우(Cronbach & Snow, 1969)는 이것을 적성–처치 상호작용이라고 부르고 있다. 크론바크에 의하면, 적성이란 주어진 처치방식에서 성공적인 결과를 얻는 데 작용하게 되는 제반 조건 가운데 학습자 개인이 가지고 있는 개인적 특징을 말하며, 처치란 처치조건의 내용 또는 절차상의 차이를 말한다. 상호작용이란 통계학적 용어인데, 두 변인의 득점을 회귀선으로 나타내고 이들 회귀선의 모양에 따라 두 변인 간의 관계, 즉 상호작용의 유무 및 상호작용의 성격이 어떠한지를 해석할 수가 있다.

적성-처치 상호작용의 개념을 토비아스(Tobias)는 속성-처치 상호작용으로, 힐(Hill)은 특성-처치 상호작용으로 표현하고 있다. 그러나 그 명칭이 다르게 사용된다 하더라도 이들이 의미하고 있는 내용은 동일한 원리임을 알 수 있다. 적성-처치 상호작용을 밝혀내기 위하여 연구된 적성의 종류에는 일반지능, 특수지능, 학업 성적, 인지양식, 개념수준, 학습 속도, 성취동기, 시험불안, 자아개념, 자신감, 의존성, 강화의 내-외적 통제부위, 사회계층, 인종, 성별 등이 있다. 처치의 종류로는 수용학습/발견학습, 학생 중심 수업/교사 중심 수업, 프로그램 학습/전통적 수업, 귀납적 자료 제시/연역적 자료 제시, 개별수업/협동수업, 구조화된 학습과제/비구조적 학습과제, 도형을 이용한 학습과제 제시/문자를 이용한 학습과제 제시, 시각적 방법에 의한 학습과제 제시/청각적 방법에 의한 학습과제 제시 등이 연구되고 있다.

적성-처치 상호작용의 개념이 한층 더 발전, 복잡해진 것으로써 과제-특성-처치 상호작용(Berliner & Cahen, 1973)이라는 개념도 제시되고 있다. 이것은 학습자의 학습결과가 단순히 적성과 수업방법 사이의 상호작용에 의해서만이 아니라, 학습과제에 내재되어 있는 수업의 목표가 무엇인가에 의해서도 영향을 받게 됨을 주장하는 개념이다. 즉, 학습자의 성취도는 학습하려는 학습과제, 학습자 자신의 특성, 그리고 학습자에게 제공되는 수업 처치의 세 변인 간의 상호작용의 결과라고 규정된다.

이 과제-특성-처치 상호작용모형에 따르면, 학습과제 및 학습과제 특성에 적합한 수업방법을 적용했을 때 최대의 학업 성취도를 얻을 수 있다는 설명이 가능해진다. 여기서 학습과제는 분류하는 방식에 따라 달라질 수 있다. 교과목의 명칭에 따라 분류할 수도 있고, 블룸(Bloom, 1956)의 분류처럼 지적 영역, 정의적 영역, 심리 운동적 영역으로 분류할 수도 있다. 또는 가네(1972)의 학습 영역의 분류에서와 같이 정보 및 지식 영역, 개념이나 원리 등을 포괄하는 지적 기능 영역, 새로운 개념이나 원리를 창출하는 인지 전략, 여러 대상이나 행동 중 일정하게 선택적으로 반응하는 경향인 태도 영역, 신체적인 운동 기능 영역으로 구분하거나 경우에 따라 더욱 세분할 수도 있다.

이와 같이 과제-특성-처치 상호작용모형은 학습과제의 목표 내지 성격이 어떠한가에 관한 정보와 학습자의 투입 행동의 진단에 의거한 정보를 기초로, 그 위에 어떠한 수업방법, 즉 어떠한 수업 계열, 수업형태, 수업매체 및 학습집단 구성을 어떻게 배합 · 활용할 것인지에 관한 교사의 의사결정이 이루어짐으로써 최대의 수업효과를 얻을 수 있음을 보여 주고 있다.

7) 한국교육개발원의 수업과정모형

한국교육개발원(KEDI, 1973, 1974)에서는 교수-학습이 다인수 학급에서 이루어지고 있는 우리 현실을 전제로 하면서 앞서 설명된 여러 수업모형들을 참작하여 개별화된 수업을 할 수 있는 새로운 수업모형을 개발하였다. 한국교육개발원의 모형에서는 교사에게 과중한 직무 부담을 주지 않는 범위 내에서 가능한 한 개인차를 고려한 수업을 진행할 수 있도록 한국교육개발원이 개발한 교수-학습 자료를 활용할 것과 교육 텔레비전 프로그램과 같은 교육공학을 활용할 것을 전제로 하고 있다.

한국교육개발원에서 제시한 수업모형은 계획 단계, 진단 단계, 지도 단계, 발전 단계 및 평가 단계의 다섯 단계를 거쳐 진행된다.

(1) 계획 단계

계획 단계에서는 우선 학습과제를 분석하게 된다. 최종목표가 무엇이며 종속목표가 무엇인지를 분석하며 또한 내용구조를 분석하게 된다. 학습과제 분석과 함께 수업을 계획하게 된다. 수업을 계획할 때는 학습자 활동, 교사 활동, 학습계열, 수업매체, 평가 등을 고려해야 한다. 실천계획에서는 일정, 교재, 교구, 인력 등에 대한 계획을 수립하게 된다.

(2) 진단 단계

진단 단계는 학습자들에게 진단검사를 실시하고 채점하여 학습자를 학습 무결손, 부분적 결손, 전반적 결손으로 분류하고 이러한 분류에 따라 무결손 집단에게는 심화 또는 촉진 학습을 시키며 나머지 집단에게는 교정학습으로 교육개발원에서 제작한 프로그램 교재, 연습 교재 등을 활용하여 가정학습을 하도록 하거나, 학교에서 급우들 간의 상호학습을 통하여 학습결손을 보완할 수 있도록 조치한다.

(3) 지도 단계

지도 단계에서는 실제 수업이 전개되는데, 수업은 통상 도입, 전개, 정리 단계를 거친다. 도입 단계는 다시 목표인지, 동기유발, 선수학습과 관련짓기로 나누어지고, 전개 단계는 교사주도의 수업으로 강의, 탐구학습, 토의, 실험 등이 있으며, 학습자 주도 수업으로는 프로그램 학습, 관찰, 견학, 조사, 발표 등으로 구성된다. 정착 단계에서는 정리, 연습, 통합, 적용이 실시된다.

(4) 발전 단계

학습자들의 수업목표 도달 정도를 알아보기 위하여 형성평가를 실시하고 그 결과에 따라 학습자들을 학습완성 집단, 부분적 미완성 집단, 전반적 미완성 집단으로 나누어 각 집단에 따라 심화학습, 보충학습을 실시한다.

(5) 평가 단계

평가 단계에서는 수업의 과정을 통하여 학습자들이 성취한 학습의 정도를 최종적으로 평가하게 된다. 이 평가 단계의 목적은 주요한 지적, 정의적 그리고 기능적 수업목표가 얼마나 잘 달성되었는지를 알아보며, 교육과정 속에 명시되어 있지 않더라도 수업의 결과로 나타난 비의도적인 행동 특성까지도 평가한다.

한국교육개발원에서 제시한 수업과정모형은 [그림 4-5]와 같다.

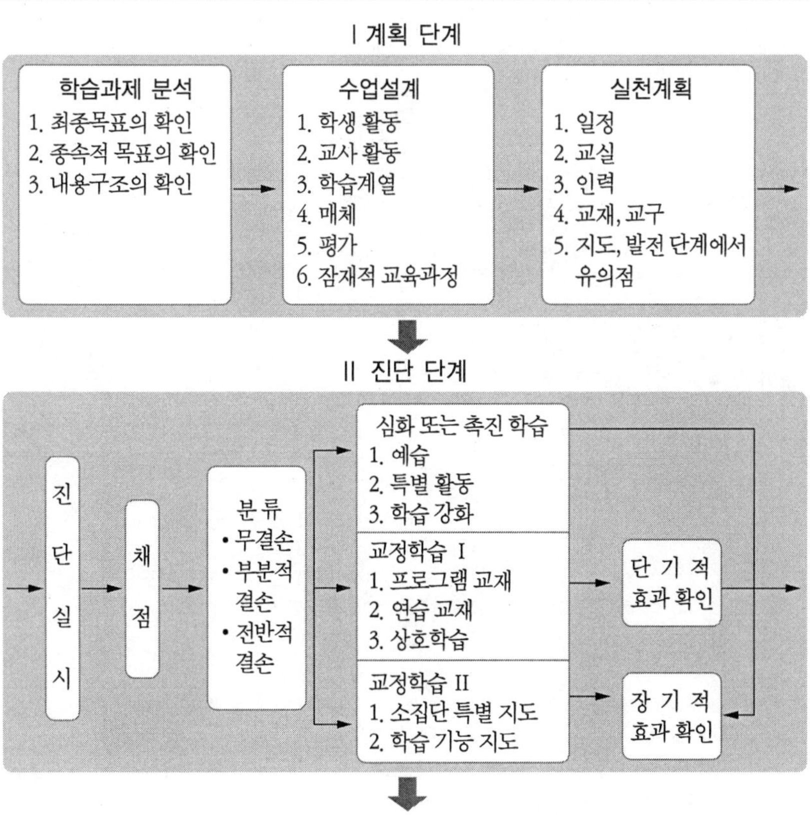

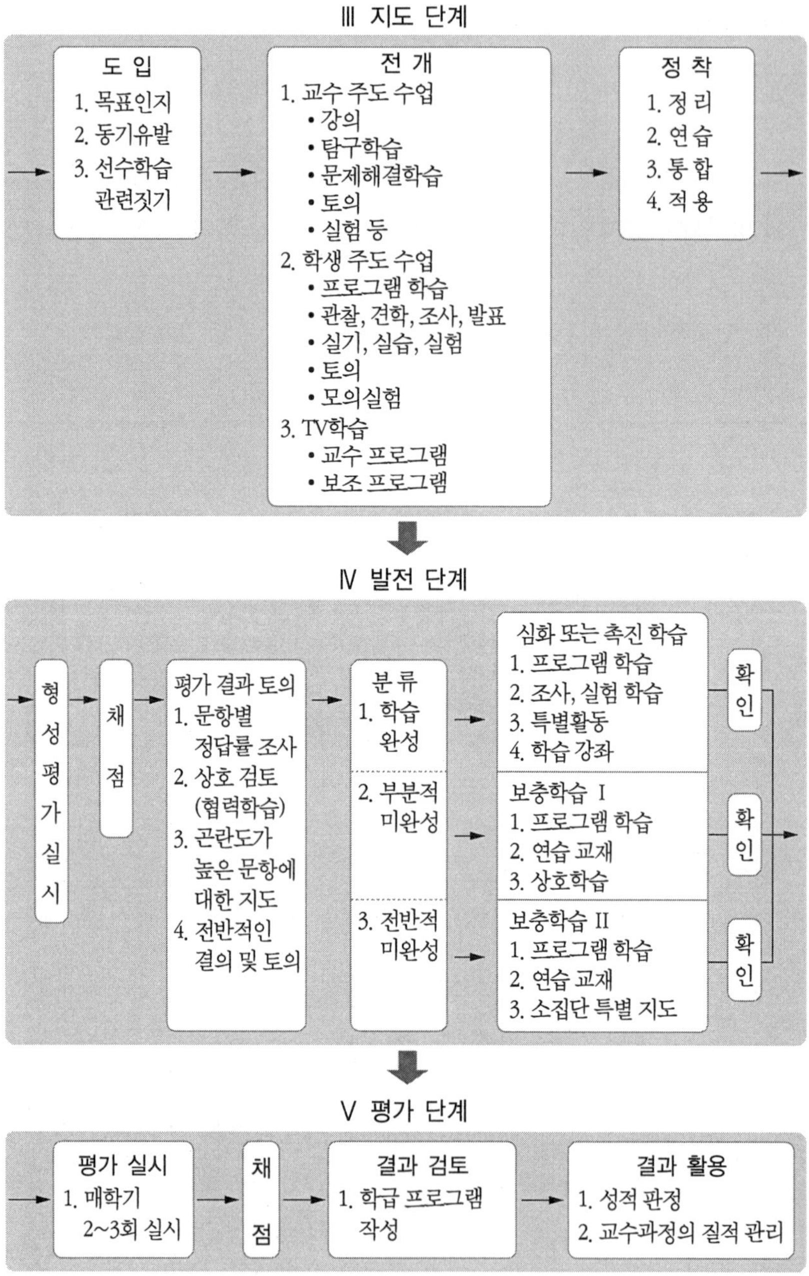

[그림 4-5] **한국교육개발원의 수업과정모형**

8) 켈러의 ARCS이론

학습자의 학습능력은 학습자의 특성과 교수 사태뿐만 아니라 학습자의 동기수준과 밀접한 관계가 있다. 학습자는 학습에 의미를 부여하고 보다 흥미를 느낄 때 더 높은 학업 성취도를 보일 수 있다. 켈러는 학습환경에서 학습자들의 동기를 유발시키고 유발된 동기를 계속 유지시키기 위한 전략을 ARCS이론으로 발전시켰다. 이 이론은 주의(attention), 관련성(relevance), 자신감(confidence), 만족감(satisfaction)이라는 네 가지 구성 요소로 이루어지며, 각 단어의 첫 글자를 따서 ARCS이론이라고 한다. 켈러(Keller)의 ARCS이론은 다음과 같은 특성이 있다.

- ARCS이론은 인간의 동기를 결정지을 수 있는 다양한 변인과 그에 관련된 구체적 개념을 통합한 네 개의 개념적 범주, 즉 주의, 관련성, 자신감, 만족감을 포함한다.
- ARCS이론은 교수-학습 상황에서 동기를 유발하고 유지하기 위한 구체적이고 처방적인 전략을 제시한다.
- ARCS이론은 교수설계모형과 병행하여 활용할 수 있는 동기설계의 체제적 과정을 보여 준다.

ARCS이론은 학업수행과 학습을 위한 노력을 구분한다. 수행이란 실제적인 학업 성취를 의미하며, 노력이란 개인이 주어진 과제를 달성하기 위한 활동에 참여하는지의 여부를 지칭하는 개념이다. 따라서 수행보다는 노력이 동기의 직접적인 지표가 된다. 수행은 동기뿐만 아니라 학습자의 능력 및 학습의 기회나 환경에도 영향을 받는 것으로, 동기를 측정하는 데 간접적으로 관련된다. 또한 켈러는 수행과 노력을 분리하여 동기를 설명하는 동시에 수행과 결과도 구분하여 설명하고 있다. 수행은 외적으로 나타나는

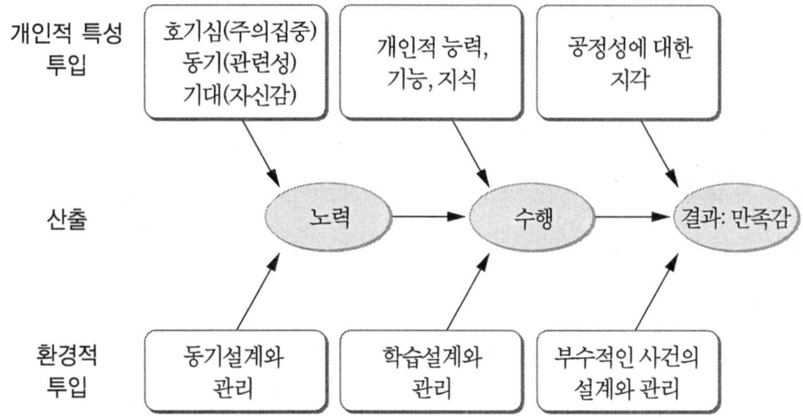

[그림 4-6] **수행요인모형**

실제적인 성취인 반면, 결과는 개인에게 귀속되는 내적인 산물과 외적인 산물을 모두 포함한다. 수행요인모형(Keller, 1999)은 [그림 4-6]에서 보는 바와 같이 개인적인 특성과 환경이 노력, 수행, 결과에 미치는 영향을 설명한다.

(1) ARCS이론의 요소

ARCS이론은 주의, 관련성, 자신감, 만족감의 네 가지 구성 요소로 이루어지며, 각 동기 요소를 유발하고 유지하는 데 필요한 구체적인 전략을 제시하고 있다.

① 주의

학습동기에 있어서 첫 번째 요소는 주의(attention)이다. 거의 모든 학습이론들이 학습에 있어서 주의의 중요성을 가정하고 있다. 학습이 일어나기 위해서는 적어도 학습자가 학습자극에 흥미를 가지고 주의를 기울여야 한다. 학습동기가 유발 · 유지되기 위한 필수조건으로서 학습자의 주의는 주어진 학습자극에 기울어져야 하고 일단 기울어진 주의는 유지되어야 한다. ARCS이론은 동기의 유발과 계속적인 유지를 위해 어떻게 학습자의 주의를 유발시키고 유지시키는가에 관심을 두고 있다.

주의에는 지각적 주의 환기, 탐구적 주의 환기, 다양성의 세 가지 하위 범주들이 들어 있다.

- 지각적 주의 환기의 전략: 새롭고 놀라우면서 기존의 것과 모순되거나 불확실한 사건 또는 정보를 교수상황에서 사용함으로써 학습자의 주의를 유발 · 유지시킨다는 전략이다.
- 탐구적 주의 환기의 전략: 인식적 호기심과 유사한 개념으로, 학습자에게 스스로 문제나 질문 등을 만들어 보도록 함으로써 정보 탐색 활동을 자극하는 것이다.
- 다양성의 전략: 교수의 요소들을 변화시킴으로써 학습자의 흥미를 유지시키기 위한 것이다. 그러나 다양성은 교수 사태의 전개 순서상의 변화를 의미하거나 정보가 조직되고 제시되는 방식의 또 다른 측면을 의미한다.

② 관련성

두 번째의 주요한 동기유발 요소는 관련성(relevance)이다. 일단 주의가 기울어지고 나면 학습자들은 '왜 이 과제를 공부해야 하는가?'에 의문을 갖게 되고, 학습상황에서 볼 수 있는 중요한 개인적 필요를 지각하려고 할 것이다. 개인적 필요, 즉 관련성이 지각되어야만 학습동기는 계속적으로 유지될 것이라는 것이 켈러의 가정이다.

관련성을 높이기 위한 전략으로 친밀성, 목적 지향성, 필요 또는 동기와의 부합성을 지적한다.

- 친밀성의 전략: 학습자의 경험과 가치에 연관되는 예문이나 구체적인 용어, 개념 등을 사용함으로써 얻어질 수 있는 전략이다.
- 목적 지향성의 전략: 결과 측면의 관련성을 높일 수 있는 구체적인 방법을 제시해 주기 위해서 교수의 목표나 실용성을 나타내는 진술이나 예문을 포함시킬 것을 강조한다. 또한 성취목적을 제시해 주거나 학습자 스스로에게 성취목적과 기준을 세우게 할 수도 있다.
- 필요 또는 동기와의 부합성 강조의 전략: 학습자의 필요나 동기와 부합되는 수업 전략을 사용할 것을 주장한다.

③ 자신감

동기 유발 및 유지를 위해서 학습자는 학습에 재미와 필요성을 느껴야 하는데 이에 덧붙여 성공의 기회가 있다는 것을 인식할 수 있어야 한다. 즉, 학습에 대한 자신감(confidence)을 가져야 한다. 항상 100%의 성공이 보장되지는 않더라도 적정 수준의 도전감을 주면서 노력에 따라 성공할 수 있다는 자신감을 심어 주는 것이 높은 동기 유발 및 유지의 요소가 된다.

켈러가 주장하는 자신감의 세 가지 전략은 학습 필요조건의 제시, 성공의 기회 제시, 개인적 조절감 증대이다.

- 학습 필요조건 제시의 전략: 학습자에게 수행의 필요조건과 평가기준을 제시해 줌으로써 학습자가 성공의 가능성 여부를 짐작하도록 도와주려는 것이다.
- 성공의 기회 제시의 전략: 만약 어떤 사람이 성공에 대해 일반적으로 낮은 기대감이나 주어진 영역에서 실패에 대한 특별한 전력을 갖고 있다면, 그 영역에서의 '일련의 유의미한 성공'은 성공에 대한 그 사람의 기대감을 개선시킬 수 있을 것이다.
- 개인적 조절감 증대의 전략: 학업에서의 성공이 개인의 노력이나 능력

에 기인한다는 피드백과 조절의 기회를 제공함으로써 얻어질 수 있는 것이 개인적 조절감이다.

④ 만족감

ARCS이론의 네 번째 요소는 만족감(satisfaction)이다. 동기의 한 요소로 만족감이 강조되는 이유는 학습자의 노력의 결과가 그의 기대와 일치하고 학습자가 그 결과에 대하여 만족한다면 학습동기는 계속 유지될 것이며, 이는 학습자의 학업수행에도 영향을 미치기 때문이다. 만족감은 학습의 초기에 학습자의 동기를 유발시키는 요소라기보다는 일단 유발된 동기를 계속 유지시키는 역할을 하는 것으로 지적되었다.

만족감에는 내재적 강화, 외재적 보상, 공정성이라는 세 가지 전략이 있다.

- 내재적 강화의 전략: 학습자의 내재적 동기를 유지시키려는 것으로 학습자가 새로 습득한 지식이나 기술을 실제 또는 모의 상황에 적용해 보는 기회를 제공하는 것을 말한다.
- 외재적 보상의 전략: 바람직한 행동을 계속 유지시키기 위하여 성공적인 학습결과에 대하여 긍정적 피드백이나 보상을 제공하는 것을 의미한다. 이 전략은 행동주의의 원리를 반영한 것으로 외적 보상을 강조하고 있다.
- 공정성의 전략: 학습자의 학업 성취에 대한 기준과 결과가 일관성 있게 유지되어야 한다는 것으로, 학습자의 학업수행에 대한 판단을 공정하게 함과 동시에 성공에 대한 보상이나 기타의 강화가 기대한 대로 주어져야 함을 암시한다. 만약 학습자가 공정성(equity)이 없다고 지각한다면 학습상황에 대한 만족도는 떨어질 것이다.

ARCS이론은 네 가지 동기 요소를 기초로 하여 처방적인 동기 전략들을 제시하고 있다. ARCS이론의 네 가지 요소와 각 요소 내의 하위 전략을 정리하면 〈표 4-1〉과 같다.

〈표 4-1〉 ARCS이론의 구성 요소

구성 요소	하위 요소	동기유발을 위한 주요 질문
주의 환기 및 집중을 위한 전략	지각적 주의 환기의 전략	흥미를 끌기 위해 무엇을 할 수 있을까?
	탐구적 주의 환기의 전략	탐구하는 태도를 어떻게 유발할 수 있을까?
	다양성의 전략	주의집중 유지를 위해 적절한 변화를 어떻게 줄 수 있을까?
관련성 증진을 위한 전략	친밀성의 전략	학습자의 요구를 어떻게 최적으로 충족시켜 줄 수 있을까?
	목적 지향성의 전략	최적의 선택, 책임감, 영향을 언제 어떻게 제공할 수 있을까?
	필요나 동기와의 부합성 강조의 전략	수업과 학습자의 경험을 어떻게 연결시킬까?
자신감 수립을 위한 전략	학습 필요조건 제시의 전략	성공에 대한 긍정적 기대감을 어떻게 키워 줄 수 있을까?
	성공의 기회 제시의 전략	자신감을 향상시킬 수 있는 학습 경험을 어떻게 제공할까?
	개인적 조절감 증대의 전략	자신의 성공이 스스로의 노력과 능력에 의한 것이라고 느끼게 할 수 있을까?
만족감 증대를 위한 전략	내재적 강화의 전략	학습한 지식, 기능을 사용할 기회를 어떻게 제공할까?
	외재적 보상의 전략	학습자의 성공에 대해 외적 강화를 어떻게 제공할까?
	공정성의 전략	자신의 성취에 대해 어떻게 긍정적인 느낌을 가지도록 할까?

출처: 박숙희, 염명숙(2001). 교수-학습과 교육공학. 학지사.

9) 라이거루스의 정교화교수이론

라이거루스(Reigeluth)의 정교화교수이론은 줌 렌즈(zoom lens)에 비유해 보면 쉽게 설명된다. 정교화 교수모형을 통해서 교과를 학습하는 것은 무비카메라의 줌 렌즈를 통해 영상을 바라보는 것과 유사하다. 처음에는 렌즈의 시야를 넓혀서 본다. 이렇게 하면 영상의 주요 부분들과 그러한 부분들 간의 관계(예컨대, 영상의 구성이나 균형)는 볼 수 있지만, 영상의 상세한 부분들은 볼 수가 없다.

그런 다음에 줌 렌즈를 영상의 특정 부분에 포착하여 확대해 본다. 영상의 특정 부분들을 단계적으로 확대해 감으로써 영상의 주요한 하위 부분들을 상세하게 볼 수 있다. 다시 줌 렌즈를 조절함으로써 영상의 전체 부분을 볼 수 있게 된다.

이와 유사한 방법으로, 정교화교수이론은 교과 내의 가장 기초적이고 간단한 아이디어에 대해 개관한 다음, 보다 복잡하거나 구체적인 학습으로 나아간다. 이러한 의미의 정교화교수이론은 다음 일곱 가지의 교수 방략(정교화 계열, 선행학습 요소의 계열화, 요약자, 종합자, 비유, 인지 방략 활성자, 학습자 통제)으로 구성되어 있다.

(1) 정교화 계열

정교화이론에서 가장 중용한 교수설계 지침의 하나는 교수-학습 과제의 조직에 있어서 단순한 내용으로부터 복잡한 내용으로의 계열이다. 이 계열화에 있어서, 일반적 아이디어들은 후속될 아이디어를 대요정리(epitome)함으로써 시작된다. 대요정리란 내용 전체를 정리하는 요약과 구분되는 개념으로, 다루어야 할 내용 중에 가장 기본적이고도 대표적인 개념 혹은 활동만을 발췌하는 것을 말한다. 대요정리가 이루어지고 나면 대요를 부분별로 세분화하여 좀 더 복합적이고 상세한 내용으로 점진적으로 정교화하여 제시한다. 정교화는 교과내용의 특성에 따라 개념적 정교화, 절차적 정교화, 이론적 정교화로 구분된다.

① 개념적 정교화

개념적 정교화는 가르쳐야 할 개념을 어떻게 유의미하게 인지구조에 동화시키는가 하는 과정과 관련된다.

② 절차적 정교화

절차적 정교화는 해당 과제를 가장 단순한 절차로 세분화하는 것이다. 이 단순한 절차의 계열화는 가장 중요하고 포괄적인 것을 먼저 도입하고, 점진적으로 복잡한 것을 포함시킨다.

③ 이론적 정교화

이론적 정교화의 과정은 원인-결과와 같은 자연현상에 대한 이해를 증진시킬 수 있는 심리적 과정에 부응하려는 것이다. 우선적으로 가르쳐야 할 원리들의 범위와 깊이를 구체화하고, 이들 원리들의 가르칠 순서를 정하여 교수계열을 결정한다.

(2) 선행학습 요소의 계열화

선행학습 요소의 계열은 학습 위계에 기초를 두고 있다. 선행학습 요소는 특정 과제를 학습하기 전에 학습해야 할 내용이다. 예컨대, 이차 방정식이라는 과제를 학습하기 위해서는 먼저 '2제곱'과 '미지수의 변인'을 학습해야 하는데, 2제곱과 미지수의 변인이 이차 방정식에 대한 선행학습 요소이다. 마찬가지로 질량, 가속도, 힘이라는 개념들을 학습하지 않고서는 '힘은 질량×가속도'라는 원리를 학습할 수 없다. 선행학습 요소는 '정수의 뺄셈'이라는 과제의 예를 통해 보다 쉽게 이해할 수 있다.

① 473	② 2,132	③ 953	④ 7,204
−342	−1,715	−676	−5,168

위의 예는 정수의 뺄셈 기능에 포함된 네 가지 선행학습 요소를 나타내고 있다. 가장 단순한 문제 ①에서는 빌려 옴이 없이 한 자리 숫자의 뺄셈을 하면 된다. ②에서는 인접해 있는 자리에서 빌려 오지 않으면 안 되는 경우의 뺄셈이다. ③에서는 인접되어 있는 자리에서 연속해서 빌려 와야 하는 뺄셈이다. ④는 인접한 자리를 뛰어넘어서 빌려 와야 하는 뺄셈이다. 결국 위의 예는 쉬운 것에서 어려운 것으로 학습과제가 계열화되어 있다. 다시 말하면, 문제 ④에 대한 선행학습 요소는 ③이 되고, ③의 선행학습 요소는 ②이며, ②의 선행학습 요소는 ①이 된다.

(3) 요약자

수업에서는 학습한 것을 망각하지 않도록 하기 위해서 체계적으로 복습하는 것이 중요하다. 요약자(summarizers)는 ① 가르친 각각의 아이디어와 사실에 대한 간결한 진술, ② 각 아이디어에 대하여 참조할 수 있는 사례(즉, 기억하기 쉬운 예), ③ 각 아이디어에 대하여 어느 정도 진단적이고 자기-평가적인 연습 문항 등을 제공해 주는 방략 요소이다.

정교화교수이론에는 두 가지 유형의 요약자가 활용된다. 요약자의 첫 번째 유형은 본시수업 요약자(internal summarizer)로서, 이것은 각 본시수업의 끝부분에 제시되며 그 수업에서 학습한 아이디어와 사실들만을 요약한다. 요약자의 두 번째 유형은 단원 요약자(within-set summarizer)로서, 학습자가 현재 학습하고 있는 수업 단원 전체에서 주요 아이디어와 사실들을 모두 요약한다.

(4) 종합자

수업에서는 다음과 같은 네 가지의 목적을 위하여 가르친 아이디어들을 주기적으로 상호 관련짓고 통합하는 것이 중요하다. ① 학생들에게 가치 있는 지식의 유형을 제공하기 위하여, ② 비교와 대조를 통하여 각각의 아이디어들에 대한 보다 깊은 이해를 촉진시키기 위하여, ③ 새로운 지식의 유의미성과 동기유발 효과를 증가시키기 위하여, ④ 새로운 지식들 간의 부가적인 관련을 이루도록 하고, 또한 새로운 지식과 학습자의 선행지식 중에서 관계있는 것끼리 연결을 이루도록 함으로써 파지를 증가시키기 위하여 등이 그 목적이다.

정교화교수이론에서, 종합자(synthesizer)는 단일 유형의 아이디어들을 관련짓고 통합하기 위한 방략 요소이다. 종합자는 다음과 같은 것을 제시함으로써 이루어진다. ① 앞에서 기술한 지식구조의 다양한 유형 중에서 한 자기(혹은 그 이상) 유형의 일반성을 제시하고, 만약 필요하다면 그것이 의미하는 바를 설명하는 것, ② 아이디어들 간의 관계를 예시해 주는 소수의 통합적이고 참조할 만한 사례들, ③ 소수의 통합적이고 진단적이며 자기-평가적인 연습 문항 등이 그것이다.

정교화교수이론에는 두 가지 유형의 종합자가 활용된다. 하나의 유형은 본시수업의 종합자로 본시수업에서 제시된 아이디어를 종합하는 것이고, 다른 하나는 단원 종합자로 단원에서 제시된 아이디어들과 이들 아이디어 간의 관계를 종합한다.

(5) 비유

비유(analogies)는 새로운 아이디어들을 친숙한 아이디어들과 관련시킴으로써 새로운 아이디어를 좀 더 쉽게 이해할 수 있도록 해 주기 때문에 수업에서 중요한 방략 요소이다.

비유는 당장 관심을 갖고 있는 내용 영역의 밖에 있는 친숙한 아이디어들과 새로운 아이디어들 간의 유사성을 기술한다. 비유는 학습시켜야 될 아이디어를 학습자에게 이해시키기 어렵고, 또한 학습시켜야 될 아이디어가 학습자에게 직접적인 유의미성을 결여하고 있을 때는 언제든지 도움이 된다. 이렇게 어렵고 친숙하지 않은 내용을 다른 내용 영역에 있는 친숙한 지식과 관련시킴으로써 새로운 내용은 의미를 지니게 되며 친숙해지게 된다.

(6) 인지 방략 활성자

수업은 학습자에게 의식적이든 무의식적이든 인지 방략을 적절하게 사용하도록 요구하는 정도만큼 효과적이다(Bruner, 1966). 왜냐하면 학습자가 수업에 투입되는 정보를 처리하는 방법은 학습과정에 있어서 주요한 관련성을 맺고 있기 때문이다. 인지 방략(cognitive strategy)은 심상(mental image)을 만들어 내는 것이나, 비유를 이해하는 것과 같은 다양한 내용 영역에 걸쳐 사용될 수 있는 학습기능과 사고능력을 포함한다.

인지 방략은 수업 도중에 활성화될 수 있고 또한 활성화되어야만 한다. 이러한 목적을 달성하기 위해서는 두 가지 방법이 제안되고 있다(Reigeluth, 1983).

첫 번째로 수업은 특정의 인지 방략을 사용할 수 있도록 설계되어야 한다.

수업에 내재된 방략 활성자(strategy activators)는 학습자가 특정한 방식으로 내용을 다루고 내용과 상호작용할 수 있게 해 주는 그림이나 도식, 기억술, 비유, 의역 및 다른 방안들의 교수적 활용을 포함한다.

두 번째로 형태의 인지 방략 활성자는 분리된 방략 활성자(detached-strategy activators)로서, 이것은 학습자에게 이전에 획득한 인지 방략을 사용하도록 지시한다. "여러분이 방금 학습한 과정에 대한 심상을 형성하도록" 하는 등과 같은 지시를 예로 들 수 있다.

(7) 학습자 통제

라이거루스와 메릴(Reigeluth & Merrill, 1979)에 따르면, 학습자 통제라는 개념은 넓은 의미에서 학습자가 다음과 같은 네 가지를 선택하고 계열화할 수 있는 자유를 말한다. ① 학습할 내용(내용 통제), ② 학습 속도(속도 통제), ③ 학습자가 선택하는 특정의 교수 방략 요소와 그 방략 요소가 사용되는 순서(제시 통제), ④ 학습자가 수업을 받을 때 사용하는 특정의 인지 방략(인지 통제) 등이 그것이다.

내용에 대한 학습자 통제에 있어, 학습자는 정교화된 계열화를 통하여 자신에게 가장 흥미 있는 개요정리나 다른 단원을 선택할 수 있게 되며 다음에 공부해야 할 것을 선택할 수 있게 된다. 단순에서 복잡으로의 계열이 학습자로 하여금 내용 선정에 관하여 분명한 의사결정을 할 수 있게 해 준다. 그후 학습자는 계속하여 그 영역에서 더욱 상세한 내용을 선택해 나가거나, 혹은 더욱더 정교화를 위하여 이전의 단원으로 되돌아와서 그 단원의 다른 측면을 선택할 수 있다.

학습자 통제는 또한 방략 요소의 선택과 계열화를 위해서도 제공될 수 있다. 방략 요소의 선택과 계열화에 대한 학습자 통제는 학습자에게 요약자, 종합자 혹은 비유를 볼 것인지 말 것인지, 본다면 언제 볼 것인지를 결정할 자유를 충분히 부여한다. 또한 학습자에게 수업의 특정 시점에서 그에게 가장 적절하고 유용한 인지 방략을 선택할 자유를 준다.

형성평가

1. 수업의 개념을 설명하시오.
2. 수업과정모형을 구성 요인별로 설명하시오.
3. 캐롤의 학교학습모형에 관해 설명하시오.
4. 발견학습의 의미와 브루너의 수업이론에 관해 설명하시오.

제5장

수업목표

> 교사는 영원토록 영향을 끼친다. 그 영향력이 어디에서 그치는지 교사 자신도 알지 못한다.
>
> – Henry Adams

1. 수업목표의 분석

1) 교육목표 분류의 기원

전통적으로 교육목표는 상당히 포괄적인 수준에서 표현되어 왔다. 교육목표가 포괄적으로 진술되는 경우, 학습과정 혹은 학습 경험을 통해서 학생에게 이루고자 하는 행동 변화가 구체적으로 어떠한 것인지를 분명히 알 수가 없다. 1960년대부터 행동적 목표, 구체적 목표, 조작적 목표 또는 명세적 목표라는 용어들과 함께 목표의 진술방법이 제시되었다. 교육목표의 구체적 진술을 위한 노력들은 몇 가지 흐름에 따라 그 분류가 가능하다. 첫째로, 교육과정 및 교육평가 측면에서의 교육목표의 구체화, 둘째로, 행동주의 학습이론에서의 학습자 행동의 명세화, 셋째로, 수업이론 및 교육공학에서의 수업목표의 명세화로 구분될 수 있다(진위교 외, 1999).

(1) 교육과정 및 교육평가 분야에서의 시도

최초로 구체적 교육목표에 대해 관심을 가진 사람은 보비트(Bobbit, 1918)라고 할 수 있다. 손다이크(Thorndike)의 학습전이이론에 많은 영향을 받은 것으로 간주되는 보비트는 학교의 교육과정은 구체적인 목표로 진술되어야 한다고 생각하였다. 이에 따라 그는 교육과정을 개발하기 위해서는 여러 가지 다양한 인간 생활을 주의 깊게 관찰하여 인간의 삶을 바람직하게 영위하는 데 필요한 능력들을 찾아, 이들 능력을 세분화하여 체계적으로 분류해 교육과정을 구성해야 된다고 주장하였다. 보비트는 여러 학습영역을 포괄적으로 분석하여 160개의 인간 생활을 위한 능력을 교육목표로 제시하였다. 보비트 이후 영어과, 초등학교 수학과, 사회과 등에서 구체적인 목표 추출작업이 시도되었다. 목표 세분화를 위한 시도들은 1950년대에 교육평가 영역에서 더욱 활성화되었다. 타일러(Tyler)는 교육을 수업이라는 매개를 통해 학습자의 행동에 변화를 일으킬 수 있도록 계획된 조직적 과정이라고 정의하면서, 학교에서 실시되는 교육평가는 교육목표의 달성 여부를 평가해야 하며, 또한 평가 영역은 인지적 영역뿐만 아니라 정의적 영역과 운동기능 영역까지도 포함해야 한다고 주장하였다.

타일러는 또 교육평가가 효과적으로 이루어지기 위해서는 교육목표가 타당하게 설정되고 구체적으로 진술되어야 한다고 주장하였다. 타일러는 구체적 목표가 교육내용만을 세분화해서 되는 것이 아니라 학습자에게 가르칠 행동의 준거를 내용과 행동의 이원적 차원에서 규정해야 한다고 함으로써, 최초로 교육목표에 행동 차원이 포함될 것을 주장하는 견해를 나타냈다. 이러한 타일러의 견해는 제자인 블룸(Bloom), 마시아(Masia) 등에 의해 구체화되어 교육목표분류학으로 발전하였다. 이들의 교육목표분류학은 내용과 행동의 이원분류에 의해 교육목표를 진술할 수 있도록 해 주는 행동 차원의 분류체계를 말하며, 특히 교육성과를 평가하기 위한 수단으로서의 가치를 인정받았다.

(2) 학습이론 분야에서의 시도

행동주의 학습심리학에서도 교육목표의 세분화 노력이 이루어졌다고 볼 수 있다. 스키너(Skinner)는 조작적 조건화(operant conditioning)이론에서 구체적 목표에 대한 견해를 나타냈다. 즉, 행동을 형성하기 위해서는 통제의 대상이 되는 행동의 출발점 행동과 종착점 행동을 설정하고, 이 과정에 놓여 있는 행위들을 세분화해, 학습자가 행위를 나타낼 때 강화해야 할 기준행동(criteria behavior)까지 명세화해야 한다고 주장하였다. 스키너의 기준행동은 종착점 행동을 성취하는 데 요구되는 하위목표이며, 종착점 행동은 곧 교육활동의 최종목표라고 할 수 있다. 스키너의 이와 같은 주장은 그의 프로그램 학습에서 실현되었다. 즉, 프로그램 학습에서 출발점 행동과 종착점 행동을 먼저 설정한 다음 이 과정을 완수하는 데 필요한 능력들을 세분화하여 이를 성취시킬 수 있는 하위목표를 설정하는 데 크게 활용되었다. 이는 행동목표의 획기적인 발전을 가져오게 된 계기가 되었다.

(3) 수업이론 분야에서의 시도

제2차 세계대전은 수업이론의 발달에 크게 공헌하였다. 군인들에게 군사 기능을 훈련시키기 위한 방법들이 교육학자들에 의해 연구되었고, 종전 이후 이들이 학문적 연구활동에 복귀하였기 때문이다. 이에 따라 수업과정을 효율화하기 위해 수업목표를 세분화하고 분류된 수업목표에 따라 수업활동 및 평가방안을 계획하는 방법에 관해 많은 연구가 이루어졌다.

메이거(Mager)는 행동적 수업목표의 진술방법을 구체적으로 제시하여 수업이론의 발전을 자극하였다. 메이거는 수업목표의 요소를 행위 동사,

조건, 기준의 세 가지로 구분하고 이 세 요소에 따라 수업목표가 명세적으로 진술되어야 한다고 주장함으로써, 수업활동의 계획 및 평가방안 마련의 기준을 정확하게 제공하는 데 공헌을 하였다.

가네(Gagné)는 학습의 성격 또는 조건에 따라 학습성과 영역과 학습의 유형을 분류함으로써 구체적인 수업목표 분류체계의 기초를 확립하였다.

2) 교육목표의 분류체계

교육목표가 교육내용의 선정 및 조직, 수업활동의 선정 등에 구체적인 시사를 줄 수 있기 위해서는 세분화되어야 한다. 블룸과 가네의 교육목표 분류체계에 대해 알아보고자 한다.

(1) 블룸의 분류체계

블룸과 동료들의 교육목표분류학은 수업목표를 정의하고 확인하는 데 크게 도움을 줄 수 있는 분류체계다. 이 교육목표분류학은 생물학에서 동식물을 분류하는 데에 활용되는 분류체계와 유사하다.

블룸은 수업의 결과로 기대할 수 있는 가능한 학습성과를 모두 망라하여 일련의 일반 범주와 특수 범주를 추출함으로써 교육목표 분류체계를 확립시켰다. 블룸(1956)은 인간 교육목표의 영역을 크게 인지적 영역, 정의적 영역, 심리운동기능 영역으로 나누었다. 그리고 인지적 영역의 행동을 인간 정신과정의 복잡성 원칙(principle of complexity)에 따라 지식, 이해력, 적용력, 분석력, 종합력, 평가력의 여섯 가지 행동수준으로 분류하고 이들 행동수준의 하위목표를 보다 구체적으로 밝혔다. 또 정의적 영역에서는 정의적 특성의 내면화의 원칙(principle of internalization)에 따라 감수, 반응, 가치화, 조직화, 인격화의 다섯 가지 수준으로 분류하였다(Krathwohl et al., 1964).

블룸과 동료들이 개발한 인지적 영역 및 정의적 영역의 교육목표분류학의 내용은 다음과 같다.

① 인지적 영역

1. 00 지식(knowledge): 이미 배운 내용, 즉 사실, 개념, 원리, 방법, 유형, 구조 등을 기억하는 행동을 의미한다.

   1. 10 특수사상에 관한 지식

   1. 20 특수사상을 다루는 방법과 수단에 관한 지식

   1. 30 보편적 및 추상적 사상에 관한 지식

2. 00 이해력(comprehension): 이미 배운 내용의 의미를 단순히 자료를 기억하는 수준을 초월하여 자료의 내용이 다소 치환되어도 그 의미를 파악하고 해석하고 추론하는 능력을 말한다.

   2. 10 번역

   2. 20 해석

   2. 30 추론

3. 00 적용력(application): 이미 배운 내용, 즉 개념, 규칙, 원리, 이론, 기술, 방법 등을 구체적인 장면 또는 새로운 장면에 활용하는 능력을 가리킨다.

4. 00 분석력(analysis): 조직, 구조 및 구성 요소의 상호관계를 이해하기 위하여 주어진 자료의 구성 및 내용을 분석하는 능력을 의미한다.

   4. 10 요소의 분석

   4. 20 관계의 분석

   4. 30 조직원칙의 분석

5. 00 종합력(synthesis): 비교적 새롭고 독창적인 형태, 원리, 관계, 구조 등을 만들어 내기 위하여 주어진 자료의 내용 및 요소를 정리하고 조직하는 능력을 뜻한다.

5. 10 독특한 전달내용의 산출

5. 20 계획 및 조작 절차의 산출

5. 30 추상적 관계의 도출

6. 00 평가력(evaluation): 어떤 특정한 목적과 의도를 근거로 하여 주어진 자료 또는 방법이 가지고 있는 가치를 판단하는 능력을 말한다.

6. 10 내적 증거에 의한 판단

6. 20 외적 기준에 의한 판단

② 정의적 영역

1. 00 수용(receiving): 어떤 자극이나 활동을 기꺼이 수용하고 자발적으로 주의를 기울이게 되는 것과 같은 민감성을 의미한다.

1. 10 감지

1. 20 자진감수

1. 30 주의집중

2. 00 반응(responding): 어떤 자극 또는 활동에 적극적으로 참여하고 자발적으로 반응하며 그러한 참여와 반응에서 만족감을 얻게 되는 행동을 말한다.

2. 10 묵종반응

2. 20 자진반응

2. 30 만족반응

3. 00 가치화(valuing): 특정한 대상, 활동 또는 행동에 대하여 의의와 가치를 직접 추구하고 행동으로 나타내는 정도를 가리킨다.
    - 3. 10 가치 수용
    - 3. 20 가치 선호
    - 3. 30 확신

4. 00 조직화(organization): 일관성 있는 가치체계를 내면화시키는 전단계로서 서로 다른 수준 또는 종류의 가치를 비교하고 관련시켜 통합하는 것을 뜻한다.
    - 4. 10 가치의 개념화
    - 4. 20 가치체계의 조직

5. 00 인격화(characterization): 가치관이 개인의 행동 및 생활의 기준이 되며, 지속적이고 일관성 있고 그의 행동을 예측할 수 있을 정도로 확고하게 그의 인격의 일부로 내면화된 정도를 의미한다.
    - 5. 10 일반화된 태세
    - 5. 20 인격화

블룸과 동료들의 교육목표분류학은 추상적 목표를 구체적 목표로 전환시킬 필요가 있다는 생각과 또 그러한 시도를 가능하게 해 주는 도구를 제시했다는 점에서 큰 가치를 가진다. 그러나 실제로 교실수업에 이를 적용하기가 어렵고 애매하다는 점 때문에, 교육현장의 수업을 위한 도구로 사용되기보다는 교육 연구의 도구로 더 많이 활용되고 있다.

(2) 가네의 분류체계

① 지적 기능의 유형

인간의 행동을 어떤 분류체계에 의해서 범주들로 분류했다는 점에서 블룸과 가네는 큰 차이가 없다. 최초로 가네(1965)는 신호학습, 자극반응학습, 운동 연쇄, 언어 연합, 변별학습, 개념학습, 규칙학습, 문제해결학습 등 여덟 가지 학습의 유형을 수준이 낮은 것부터 높은 것으로 배열되는 위계에 의해 제시하였다. 그러나 그 후 가네는 이 학습 위계에서 하위 네 가지 학습은 학교학습을 위한 기초 학습 유형으로서 유아기에 이미 자연적으로 습득된다고 설명하였다. 그리고 학습 위계의 상위 네 가지 학습 유형만이 인간이 지적 조작을 수행하는 데 필수적인 것이라고 하면서, 특히 이들 간의 위계성을 강조하고, 이를 지적 기능이라고 하였다.

② 학습성과 영역의 분류

전술된 바와 같이 가네는 『학습의 원리(*The Condition of Learnig*)』(1970)에서, 종전의 여덟 개 학습 유형은 지적 기능 영역의 과제를 학습하는 데 적용된다고 말하고, 이들 학습 유형을 지적 기능이라는 하나의 영역으로 묶었다. 그리고 인간의 학습된 능력을 언어 정보, 지적 기능, 인지 전략, 운동 기능, 태도의 다섯 가지 영역으로 분류하였다. 수많은 종류의 인간의 성취행동을 이 다섯 가지 학습된 능력의 범주 속에 포함시킬 수 있다는 것이 가네의 설명이다.

언어 정보(verbal information)란 구체적 정보를 재생하고 기억하는 행동을 말한다. 구체적 정보에는 명칭 및 기호, 사실, 지식체 등이 속한다. 사물의 이름, 단순한 사실과 원리, 일반화된 지식 등과 같이 학습과 사고에 필요한 일체의 지식은 모두 언어 정보에 해당된다.

지적 기능(intellectual skill)은 환경에 반응하거나 사고하기 위해 정보를 조작하는 행동을 말한다. 언어 정보 행동은 정보를 단순히 기억하면 되는 데 반해, 지적 기능은 정보를 실제로 적용할 것을 요구한다. 예컨대, 이차방정식의 근의 공식을 구하는 과정에서, 근의 공식을 외워 쓸 수 있는 것은 언어 정보에 속하고, 이차방정식에서 근의 공식을 도출하거나 또는 근의 공식을 이용하여 이차방정식의 해집합을 구하는 것은 지적 기능에 해당한다.

인지 전략(cognitive strategy)은 개인의 학습, 기억, 사고활동을 지배하는 내적 과정을 말한다. 인지 전략이란 용어는 브루너가 사용했던 말이지만, 가네는 이것을 하나의 독립적인 학습성과의 영역으로 설정하였다.

운동 기능(psychomotor skill)이란 신체의 부분적 또는 전체적 움직임을 요구하는 수행행동을 말한다. 학습자가 수행하는 운동 기능은 속도, 정확성, 강도 및 정교성에서 적절한 것이어야 한다. 직선 그리기, 글자 쓰기, 배구의 토스하기, 피아노 치기 등은 운동 기능에 속한다.

태도(attitude)란 특정 대상에 대한 개인의 행위 선택에 영향을 미치는 감정 및 신념 등의 내적 성향을 말한다. 성실성, 친절성, 이타심, 협동성 등과 같은 행동의 선택에 영향을 주는 개인의 내적 상태가 태도이다.

가네의 학습된 능력의 분류는 학습과제의 분류, 학습성과 영역의 분류 등으로도 불리며, 블룸의 교육목표분류학보다 수업현장에의 적용이 훨씬 용이하다는 점 때문에 교실수업의 계획에 널리 적용되고 있다.

2. 수업목표의 진술방법

행동목표를 사용해 수업목표를 진술하자는 생각을 가진 학자들은, 학습자들이 일련의 학습과정을 마쳤을 때 무엇을 할 수 있을 것인가, 어떤 행동양식을 학습자가 보이기를 바라는가에 진술의 초점을 두어야 한다고 주장한다. 행동목표는 초기에 그 가치에 대한 논란이 있었지만, 1960년대 이후 수십년간 학술 분야뿐만 아니라 교육실천을 지배해 왔다고 해도 과언이 아니다.

그러나 근래에 와서 행동목표는 인간의 고등정신능력이나 정의적 특성을 함양하기 위한 교육적 실천을 안내하는 데는 무리가 따른다는 인식이 새롭게 대두되었다. 열린교육, 자기주도적 학습 등과 같은 학습자 중심 교육을 실천하기 위해서는 행동목표가 부적합하다는 이유 때문이다. 최근 이러한 비판을 수용하여 고차적 정신기능도 포함시킬 수 있는 목표의 진술방법이 제안되었다.

여러 가지 수업목표 진술방법 중에서, 메이거의 행동적 수업목표 진술양식과 그론룬드(Gronlund)의 인지적 수업목표 진술양식에 관해 알아보고자 한다.

1) 메이거의 행동적 수업목표 진술양식

메이거(1962)는 수업목표를 행동 용어로 진술하는 방법을 제안함으로써 목표진술의 방법론 정립에 크게 공헌하였다. 메이거의 수업목표 진술양식은 다음 세 요소에 의해서 결정된다.

첫째, 종착점 행동의 종류를 행위 동사로 명시한다.

둘째, 행동의 수행이 이루어질 때의 중요한 조건을 기술한다.

셋째, 행동의 수락 가능한 수행기준을 구체화시킨다.

(1) 행위 동사로 표현된 행동

메이거는 목표진술에서, 행동을 표현하기 위해 사용되는 동사가 행위 동사여야 함을 강조한다. 행위 동사란 관찰 가능한 외현적 행동(overtbehavior)을 표현하는 동사를 말한다. 예컨대, '식별한다, 계산한다, 진술한다' 등은 행위 동사이다. 이런 행위 동사에 비해, '안다, 이해한다, 파악한다, 감상한다' 등과 같은 동사는 직접 관찰될 수 없는 동사로서 내현적 동사(covert behavior)라고 한다.

만약 내현적 동사를 사용해 목표를 진술한다면, 예컨대, '이조시대에 있었던 당쟁의 인과관계를 안다.'라고 진술된다(김호권 외, 1984). 이렇게 내현적으로 진술되어진 목표에 의해 수업을 하고자 한다면, 학생들에게 기대하는 것이 당쟁의 원인과 결과를 암기하는 것인지, 또는 학생들이 당쟁의 원인과 결과를 추론해야 하는 것인지가 분명하지 않다. 암기와 추론은 그 수준이 크게 상이한 인간 능력들이다.

(2) 행동의 발생조건

메이거식 목표진술 양식에서 또 다른 중요한 요인은 목표행동이 일어날 때의 상황 또는 조건의 규정이다. 행동이 발생될 때의 조건은 다음과 같은 질문에 대해 얻어진 답으로써 알 수 있다.

- 사용될 특정한 기구가 주어질 것인가?
- 책, 도표 또는 다른 형태의 참고물의 사용이 허용되는가?
- 시간 제한이 있는가?
- 기타 어떠한 구체적 요인들이 시험 칠 때의 조건으로 설정될 것인가?

이들 질문에 대한 답이 어떠한가에 따라 목표행동의 성격이나 수준이 상당히 달라진다. 예컨대, 두 번째 질문의 경우에서, 이들 자료의 사용이 허용되지 않는다면, 학생들은 그 자료에서 얻어질 수 있는 내용들을 모두 기억하고 있어야만 한다. 이들 자료의 사용이 허용된다면, 학생들은 자료들을 조직하거나 재구성 또는 해석해야 한다.

(3) 행동의 성취수준

메이거식 목표진술 방식에서 마지막 요인은 행동의 성취수준을 표현해야 한다는 것이다. 행동의 성취수준은 특정 행동이 성취되었다고 인정될 수 있기 위해 적용되는 최소 기준을 측정 가능한 용어로 표현하여야 하며, 다음과 같은 질문들에서 얻어진 답을 가지고 결정할 수 있다.

- 얼마나 잘 수행해야 하는가?
- 얼마나 많이 수행해야 하는가?
- 얼마나 정확하게 수행해야 하는가?
- 얼마나 완벽하게 수행해야 하는가?
- 얼마 동안 수행해야 하는가?

행동의 발생조건에 따라 요구되는 목표행동의 성격이나 수준이 달라지듯이 행동의 성취수준에 따라서도 행동의 수준이 달라지기 때문에, 행동의 성취수준 역시 목표진술에 포함되어야 한다는 것이다.

2) 그론룬드의 인지적 수업목표 진술양식

메이거식 행동적 목표진술 방법이 고차적 인지적 목표나 정의적 목표달성을 강조하는 구성주의적 학습자 중심 교육에서는 그 적용이 제한된다는 비판에 대한 대안으로, 그론룬드(1985, 1995)는 인지적 목표진술 방법을 제안하였다. 그론룬드는 수업목표를 진술할 때, 일반적 목표와 구체적 목표라는 두 단계의 과정을 사용함으로써 행동적 수업목표 진술의 제한점을 극복하고자 하였다.

그론룬드의 인지적 수업목표 진술을 위한 단계는 다음과 같이 진행된다.

첫 번째로, 포괄성을 가진 수준의 학습성과로서 일반목표를 진술한다. 일반목표는 학습자가 학습해야 할 학습의 범위를 포괄하는 일반성을 가진 용어로 진술해야 한다. 예컨대, '이해한다, 적용한다, 해석한다' 등과 같은 용어를 사용해 진술한다는 것이다.

일반목표의 예는 다음과 같다.

- 그래프를 해석한다.
- 효과적으로 회의를 주선한다.

두 번째로, 포괄성을 포함한 추상적 수준에서 진술된 일반목표별로, 학생들이 목표를 성취하였음을 보여 줄 수 있는 구체적인 수행 두 개 이상을 기술한다. 물론 메이거식 목표진술에서도 구체적인 수행을 표현하는 진술을 하고 있다. 그러나 메이거식 행동목표에서 목표는 수업의 결과이다. 이 점에서 바로 행동목표가 비판받아 왔던 문제점이 발생한다. 예컨대, 행동목표 진술방식에서는 '도표에서 가장 높은 막대가 어느 것인지를 확인할 수 있다.'라고 목표를 진술하게 된다. 이러한 행동적 목표진술은 그래프를 해석할 수 있는 능력이 아닌 그래프를 구성하고 있는 요인들을 찾는 행동에만 강조를 둔다. 따라서 그래프 해석능력의 함양이라는 수업의 의도를 낮은 수준의 행동으로 하락시켜 버린다는 것이다.

그론룬드식 인지적 수업목표는 이러한 수업의 의도를, 먼저 일반적 목표로서 '그래프를 해석한다.' 와 같이 진술함으로써 고차적 정신 기능의 함양이라는 목표를 살려둔 다음, 그 하위 단계의 구체적인 수행을 열거함으로써 수업이 의도하는 고차적인 능력을 학생들이 성취하였는지의 여부를 교사가 추론할 수 있게 해 주는 몇 가지 증거행동들을 표현한다는 것이다.

그론룬드식 수업목표 진술의 완전한 예를 들면 다음과 같다.

- 그래프를 해석한다.
  - 가장 많이 판매한 집단을 판단해 낼 수 있다.
  - 판매량이 평균 이하인 집단을 판단해 낼 수 있다.
  - 가장 많이 판매한 연도가 어느 연도인지를 판단해 낼 수 있다.

- 효과적인 회합을 주선한다.
  - 회합이 시작되기 전에 일정표를 준비할 수 있다.
  - 효과적인 의사소통에 도움이 되는 회의실을 마련할 수 있다.
  - 회합이 시작될 때 의도하고 있는 회합의 성과가 무엇인지를 설명할 수 있다.

이 예에서 볼 수 있듯이 그론룬드식 수업목표 진술의 하위 단계 목표에는 메이거식 수업목표 진술에서처럼 행위 동사의 사용이라는 점에 구애를 받지 않고, 학생의 수행을 정확하게 표현해 주면 된다는 것을 알 수 있다.

두 유형의 목표진술 방법은 각기 특징을 가지고 있다. 메이거식 행동적 수업목표는 완전학습이 요구되는 수업에 적합한 목표진술 방식이다. 즉, 기초적인 지식 및 기능의 완전습득을 목적으로 하는 수업의 목표진술에 적합하다는 것이다. 그론룬드식 인지적 수업목표는 고차적인 정신능력이나 정의적 특성 함양을 목적으로 하는 수업에 적합한 목표진술 방식이다. 따라서 그론룬드식 인지적 수업목표 진술방식은 구성주의에 입각한 교육 또는 열린교육에서 고차적 사고력이나 창의력 그리고 정의적 특성 등의 함양을 목적으로 할 때 유용하게 사용될 수 있을 것이다.

3. 수업목표 진술상의 유의점

수업목표 진술상의 유의점들을 살펴보면 다음과 같다.

첫째, 수업목표는 교사의 성취보다 학습자의 성취 관점에서 서술되어야 한다. 이는 수업목표 진술이 수업자의 행동을 기술하는 것이 아니라 학습자에게 기대하는 행동의 변화가 무엇인지를 기술해야 함을 의미한다.

• 학생들에게 현미경을 통해 미생물을 관찰시킨다.

이와 같은 진술문은 교사의 행동을 설명하는 것으로서 학습자의 행동 특성에 대한 방향 제시도 없고, 따라서 평가기준 역시 없기 때문에 진술문으로서는 적당하지 못하다. 위의 진술문에 의한 학습자의 성취행동은 다음과 같이 진술될 수 있다.

• 관찰된 미생물의 종류를 열거할 수 있다.
• 미생물의 그림을 보고 그 이름을 찾아낼 수 있다.
• 현미경을 조작하는 단계를 열거할 수 있다.
• 미생물과 고등생물의 차이점을 지적할 수 있다.

위의 예처럼 수업목표가 분명할 때, 교사가 무엇을 가르치고 무엇을 평가해야 되는지 명료해지기 때문에 수업목표는 학습자의 관점에서 진술되어야 한다.

둘째, 가르칠 교과목의 내용이나 주 제목을 수업목표로 열거해서는 안 된다.

• 뉴턴의 법칙
• 공해문제와 자연보호
• 삼일운동이 일어난 원인
• 식생활과 건강관리

이와 같은 경우는 단순한 교과의 주제에 불과하다.

셋째, 하나의 목표 속에 두 가지 이상의 학습결과를 포함시키지 않는다.

- 과학적 방법을 이해하고 이를 효과적으로 적용한다.

위의 진술문은 '이해한다' '적용한다' 라는 두 가지 학습결과를 포함하고 있다. 이때 학습자는 이해는 하지만 그 적용은 하지 못하는 경우가 있을 수 있으므로 학습된 결과를 확인하기도 어렵고, 수업매체의 선정과 수업활동을 제공할 경우 어느 것에 초점을 맞추어야 할지 모호하게 된다.

넷째, 학습의 과정을 수업목표로 진술하지 않는다.

- 교통 표지판을 배우게 한다.

이와 같은 진술문은 학습자가 배워야 할 것은 제시되어 있으나, 수업 후 무엇을 할 수 있을지의 학습결과인 행동 특성이 진술되어 있지 않다.

다섯째, 수업목표를 지나치게 세분화하여 한 시간의 수업목표가 너무 많은 경우(4~5개) 단위 시간 내에 어느 한 가지도 성취하지 못할 수 있다. 일반적으로 한 시간의 수업목표는 1~2개 정도가 적당하다.

형성평가

1. 수업목표 분류를 시도한 학문 분야별 노력에 관해 설명하시오.
2. 블룸과 가네의 목표 분류체계에 대해 설명하시오.
3. 메이거의 행동적 목표진술 양식과 그론룬드의 인지적 목표진술 양식에 관해 설명하시오.

제6장

교수-학습방법의 유형

> 아이에게 의지를 주어라. …… 그러면 어떤 방법이든 적절할 것이다.
>
> -Jean-Jacques Rousseau

1. 집단규모에 따른 수업의 조직형태

수업은 교사와 학습자의 상호작용으로 이루어지며, 양자의 인간관계는 수업 전체의 중요한 요소가 된다. 수업이 집단으로서의 학생을 대상으로 전개되는 이상 교사 대 학생의 관계뿐만 아니라 학생 대 학생 상호 간의 인간관계도 일어나게 된다. 이와 같은 인간관계에 대하여 착안할 경우 수업은 일정한 의사소통의 구조를 가지게 되는 것이다.

수업의 과정에서 일어나는 인간관계와 의사전달 또는 소통의 구조를 기초로 하여 학급 내 교수-학습활동의 조직을 집단규모에 따라 분류하면 대집단활동, 소집단활동, 개별활동의 세 가지 기본 형태로 나누어 볼 수 있다.

1) 대집단활동

대집단활동은 한 사람의 교사에 의해 학급의 학생 전체가 일제히 학습활동을 하게 되는 것을 말한다. 이는 전통적인 교육의 장면에서 널리 사용되어 왔으며, 지금도 초 · 중등을 막론하고 여전히 유효하게 활용되고 있다.

대집단활동의 수업은 교사가 일정한 질문, 과제 또는 문제를 학급 전체에 제시하여 교사의 지도하에서 학급의 모든 학생이 교수-학습활동에 참가하게 된다. 따라서 이 활동은 교사의 설명, 제시, 해석 등에 의하여 전체적으로 수업이 진행될 수 있으므로 시간과 노력의 낭비가 적어서 매우 합리적인 형태라고 할 수 있으며, 학생들이 비교적 단시간 내에 지식 또는 기능을 습득하게 되는 장점을 지닌다.

그러나 대집단활동은 교사를 중심으로 하여 조직되는 것이므로 자연히 교사 활동 위주의 수업이 된다. 따라서 학생들의 자기 활동면에 있어서는 타율적이고 수동적 입장이 되기 쉽고 주입식 교수에 빠지기 쉬운 결점을 가지고 있다. 이러한 대집단활동의 결점을 보완하기 위해 교사는 교수과정에서 다음 사항을 유의해야 한다.

첫째, 정확한 언어로 내용을 전달한다. 교사가 발성을 할 때 목소리의 질, 크기, 음조, 속도 등에 변화를 주어 적절히 조절한다. 말의 속도가 빠르면 음조가 올라가게 되고, 교사나 학생 모두 쉽게 피곤해지며, 말의 속도가 느리면 수업이 지루해 질 수 있다. 때에 따라서는 말을 멈추고 침묵함으로써 학생들이 생각을 정리할 수 있도록 해 주는 것도 필요하다.

둘째, 풍부한 화술을 활용한다. 내용의 전달은 말에 의해서도 이루어지지만 얼굴 표정이나 눈빛, 몸동작을 통해서 많은 메시지가 전달된다는 것을 유의할 필요가 있다.

셋째, 교사에게 주의집중하도록 유도한다. 적절한 시청각 자료를 활용하거나 질문이나 발표를 유도함으로써 학생들의 호기심을 유발하고 지속적으로 주의집중할 수 있게 한다.

2) 소집단활동

소집단활동은 학생들이 자유롭고 민주적인 분위기 안에서 발표하고 상호 토의하면서 학습하는 것을 말한다. 오늘날 많은 학교에서 활용되고 있는 소집단학습, 분단학습 등은 소집단활동의 기본 형태라고 할 수 있다.

소집단활동은 집단활동을 통하여 학생들의 민주적인 학습활동과 태도를 신장시킬 수 있으며, 더불어 학생들의 집단의식과 집단의 소속감을 발달시킬 수 있다. 또한 지식이나 능력을 적극적, 의식적 그리고 생산적으로 체험시키기 위한 학생 참여 중심의 학습형태로서, 권위적인 교사 중심의 수업에 대한 비판적 견해로서 나타나게 된 것이다.

그러나 수업의 과정이 교사와 학생 간의 역동적 상호작용의 과정이라고 할 때, 학생들의 자주성, 적극성과 교사의 지도성 간에는 균형이 취해져야 한다. 소집단활동에서는 교사의 지도가 간접적인 성격을 가짐으로써 그 양이 감소되는 것으로 인식하기 쉬우나 지도방법의 질적 전환으로 이해해야 한다. 따라서 수업과정에서 교사의 지도적 역할의 원리와 학습자의 학습활동에 대한 자주적이고 적극적인 참가 원리는 결코 모순되는 것이 아니다.

소집단활동 수업을 성공적으로 진행하기 위해서 교사는 한 단원 또는 한 시간의 교수과정에서 소집단활동의 가치를 바르게 인식하고 그에 대한 면밀한 사전 계획과 학습결과에 대한 예측을 통하여 학습성과를 향상시키는 데 주력해야 한다. 또 학생들에게는 집단활동을 행할 수 있는 힘을 길러 주어야 하며, 집단 속에서 구성원들 간에 효과적인 상호작용을 통해 주어진 수업목표를 달성할 수 있도록 격려해야 한다.

3) 개별활동

개별활동은 교사가 제시한 과제를 학생 개개인이 스스로 해결해 가도록 하는 학습 조직 또는 형태를 말한다. 개별활동은 학생 개인의 능력을 배양하는 데 좋은 방법이며, 교사가 개별적으로 학생과 접촉함으로써 성취의 정도를 가늠하고 학습의 지체와 사고의 오류를 발견하여 이를 보완하고 교정하도록 도와줄 수 있는 중요한 측면을 지니고 있다.

수업은 어떤 조직형태이든 간에 현실적으로 일정한 집단과정이며 집단활동이지만 궁극적으로는 학생 개개인의 교육적 성과로 나타나야 하는 것이므로 이러한 측면에서 개별활동학습은 중요한 의미를 지니게 된다.

개별활동학습의 핵심은 개인차이다. 학생 간의 개인차가 존재한다는 것은 수업의 자료와 방법에 있어서 다양화와 학습 기회의 확대를 요구한다. 김호권(1970)은 학생의 개인차는 다음과 같은 영역에서 나타난다고 하였다.

① 학생들은 서로 다른 학습진도를 보인다.
② 학생들은 공부하는 기술(skill)에 있어서 서로 다르다.
③ 학생들은 서로 똑같은 방법으로 문제를 해결하지 않는다.
④ 학생들은 서로 다른 흥미를 가지고 있다.
⑤ 학생들은 서로 다른 학습동기를 가지고 있다.
⑥ 학생들은 특정 시점에서 학습준비도가 다르다.
⑦ 학생들은 특정 시점에서 학습능력이 서로 다르다.

이와 같이 학생들이 나타내는 개인차에 따라 개별활동은 교수-학습과정을 개별화함으로써 학생 개개인의 능력의 다양성을 고려할 수 있으며, 학생들의 사고나 인식을 개성적이며 주체적으로 적절하게 발달시킬 수 있는 학습형태이다. 그러나 학생들의 사고활동은 집단 내에서의 대립, 보충,

확인 등을 통해서 질적으로 한층 더 향상될 수 있다. 그러므로 개별활동과 집단활동은 서로 분리 · 대립되는 것이 아니라 교사의 일정한 계획과 통찰에 따라 적절히 관련시켜서 지도할 필요가 있다.

2. 교수-학습방법의 유형

1) 강의법

강의법(lecture method)이란 라틴어 'lectore'(큰 소리로 읽다)에서 그 어원을 찾아볼 수 있으며, 해설(exposition)에 의해 교육내용을 전달하는 방법으로, 중등학교 이상의 교육기관에서 가장 보편적으로 사용되어 왔던 교수방법 중의 하나이다. 강의법의 구체적 수단으로 서술(narration) 또는 기술(description) 및 설화(telling)가 사용된다.

강의법의 특색은 어떤 것을 설명하기 위하여 사용되는 해설의 기술이라는 것이고, 따라서 사실의 단순한 제시가 아니라 사실의 관계 및 그 논리적 구조를 추구하는 것이다.

강의법의 장점을 정리하면 다음과 같다.

① 새로운 단원의 도입에 유효하다.
② 학습동기를 유발하는 데 유효한 수단이다.
③ 전체적 내용을 조망하는 데 적합한 방법이다.
④ 교과서의 내용을 재조직하고 보충하여 제시할 수 있다.
⑤ 학습자가 사용하는 교과서, 참고서에 기재되어 있지 않는 사실을 전달하거나, 난해한 내용을 설명하는 데 유용하다.

강의법의 단점은 다음과 같다.

① 교과서의 단순한 설명에 그쳐 시간을 낭비할 우려가 있다.
② 학습과제의 주제에서 유리되어 학습의 지엽적이고 말단적인 문제에 얽매일 염려가 있다.
③ 수업 진행 중에 과도한 받아쓰기(dictation) 연습에 빠지기 쉽다.
④ 어휘력이 부족한 하급학교 학생에게는 부적당하다.
⑤ 학습자가 강의 내용을 분석할 수 없고 강의 내용의 중점을 요약하지 못하는 경우가 생길 수 있다.
⑥ 학습자의 능동적인 활동의 기회를 빼앗고 수동적인 학습형태로 이끄는 경향이 있다.
⑦ 문제해결의 능력을 연마하는 데 필요한 기회를 충분히 줄 수 없다.

이상의 강의법의 장단점을 고려하여 강의법으로 수업을 진행할 때에는 다음의 사항을 유의해야 한다.

① 오랜 시간 강의가 계속될 때는 미리 강의 개요를 제시함으로써 학습자가 강의 내용을 종합적으로 정리할 수 있게 한다.
② 강의시간에는 도표, 도해 및 기타 시청각 교구를 병용하는 것이 필요하다.
③ 학습자에게 문제를 제시하는 형식을 취해 의문적, 기대적 태도를 가지도록 하여 진행한다.
④ 강의의 속도에 유의하고 생각할 여유시간을 준다.
⑤ 수시로 토의를 삽입하고 필요시 유머를 사용하여 주의를 환기시킨다.
⑥ 학습자의 반응을 포착하면서 강의 내용이나 형식을 자연스럽게 전환한다.

⑦ 학생들이 질문할 수 있는 기회를 주고 요점을 요약해 주는 등 그들의 이해 정도를 살피면서 진행한다.

2) 발문법

발문법(question and answer method)은 질문법 또는 문답법이라고도 하며, 교사와 학생 간의 질의응답의 계속적 과정을 통하여 학습을 전개시키는 방법이다. 일반적인 수업은 주로 구두활동으로 진행되기 때문에 구두활동의 대부분을 차지하는 질문은 효과적인 교수-학습법의 하나로서 널리 사용되고 있다. 발문법은 예로부터 교육의 중요한 방법이었다. 소크라테스(Socrates)는 이것을 산파법이라 하여 이것만을 사용한 것으로 유명하며, 플라톤(Platon)은 대화법을 강조하였으며, 공자는 발문을 통하여 개인에게 맞는 교육을 시켰다. 따라서 교사는 질문을 잘할 수 있는 능력을 갖출 필요가 있다.

(1) 발문의 기능

발문은 사실, 개념, 원리 등의 상기, 비교, 가치판단, 선택, 설명, 개괄, 분석, 종합, 관계의 해설, 원인-결과의 설명, 예증의 제시, 분류, 비판, 주제에 대한 논술 등을 요구할 때 사용되며 이에 대한 해답이 요구된다. 요컨대, 학습자로부터 생생한 보고(vital report)를 도출하고자 할 때 사용할 수 있는 유용한 방법이다.

또한 발문은 학습자에게 학습동기와 참여를 고무시키는 효과적인 방법이다. 발문은 모든 학생들이 수업에 직접 참여할 수 있게 하며 나아가서 학생의 주의를 집중시키고 관심과 호기심을 불러일으키게 한다. 발문법을 효과적으로 사용하면 학생들에게 자기 의견을 발표할 수 있는 기회와 학습자료로 사용되었던 지식을 소화할 수 있는 기회를 주게 되며 수업을 수월하게 이끌어 나갈 수 있다. 체계적으로 잘 짜여진 질문은 논리적이며 비판적인 사고를 고취시킬 수 있고, 추리력을 향상시킬 수도 있다. 또 풍부한 지식을 유도하는 질문은 학생들의 훌륭한 사고를 끌어낼 수 있다.

발문법은 다양한 목적으로 사용될 수 있는데 수업의 도입, 요약, 복습 등에 아주 유용하다. 수업의 도입 단계에서 하는 질문은 학생들의 지식수준에 대한 사전 평가가 될 수 있고, 수업시간 중의 질문은 학생들의 학습 진도 및 성과에 대한 즉각적인 피드백을 얻을 수 있게 하며, 수업 요약과 복습 단계에서의 종합적인 질문은 수업목표에 대한 학생들의 성취 정도를 부분적으로 평가할 수 있게 해 준다.

(2) 발문의 방법

교사가 발문을 할 때에는 학급의 모든 학생들에게 골고루 질문하여 모든 학생이 응답하는 데 참여할 수 있는 기회를 주어야 한다. 교사의 질문에 대해 대답하기를 어려워하는 학생들을 참여시키는 방법 중의 하나는 그 학생의 학습 경험을 근거로 하여 질문하는 것이다. 교사의 질문은 모든 학생들이 알아들을 수 있는 큰 목소리와 정상적인 회화체로 하며, 정확한 대답에 대해서는 그것에 합당한 반응을 해 주고, 불완전한 대답에 대해서도 비판해서는 안 된다. 또한 학생들이 맨 처음 대답한 것에서 점차 심도 있는 답변으로 진행할 수 있도록 격려하고 하나의 아이디어를 확대시켜 나갈 수 있도록 하고, 또 사실과 예증으로 그것을 뒷받침할 수 있도록 한다. 발문을 할 때 고려해야 할 몇 가지 사항은 다음과 같다.

① 학급 전체에 대하여 명료하고 정확하게 발문한다.
② 한 번에 한 가지의 질문을 원칙으로 한다.
③ 개방적이고 사고활동을 요구하는 질문이어야 한다.
④ 학생의 경험과 지식의 범위 내에서 질문한다.

⑤ 해답을 요하는 시간을 고려한다.

발문법의 목적을 달성하기 위해서는 질문 그 자체의 문법성, 질문 후 기다리는 시간, 질문의 양과 배분 등을 고려해야 하며, 특히 유의할 사항은 발문 후 기다리는 시간이다. 발문의 목적이 사고 촉진, 지적 활동의 각성 등임에도 불구하고, 교사들은 발문 후 충분한 시간을 학생들에게 주지 않는 경향이 있다. 로위(Rowe)의 연구와 레이크(Lake)의 연구들을 종합해 보면 교사들은 일반적으로 학생들이 1초 안에 응답을 시작하지 않으면, 질문을 으레 반복하거나, 또는 다른 학생을 지명하는 것으로 나타났다고 한다. 이렇게 해서는 발문의 목적을 달성하기 어려울 것이다. 교사가 발문 후 기다리는 시간을 3~5초만 증대시키면 학생들의 응답 길이가 증대되고, 자발적으로 응답하는 학생들이 많아지며, 응답에 실패하는 학생은 감소한다는 결과가 딜론(Dillon)의 연구, 토빈(Tobin)과 카피(Capie)의 연구, 스위프트(Swift)와 구딩(Gooding)의 연구 등에서 공통적으로 나타났다(이성호, 1986).

3) 토의법

토의법은 공동학습의 한 가지 형태로서 학급을 일정한 조직으로 고정시키지 않고 비형식적인 토의집단으로 재조직하여 여러 가지 학습자료를 가지고 사회화된 학습형태로 수업을 진행하는 방법이다. 이 방법은 공동학습에서 가장 많이 채택되고 있는 학습형태인데, 이것은 1915년 파커(Parker)가 제창한 회화법(conversation method)으로부터 시작되었다.

교수방법에서 토의법(discussion)은 다른 방법으로는 해결하기 힘든 논쟁이나 문제를 쉽게 해결할 수 있는 한 방법이다. 특히 토의의 기본이 되는 아이디어의 상호 교환은 정의적 영역(인식, 태도, 가치관)의 학습목표 달성에 도움을 준다. 일반적으로 토의의 주제는 교실 내외의 학급활동 중에서 선정하는 것이 바람직하다.

토의에 의해 수업을 진행할 때 교사는 학생들이 각자의 의견과 아이디어를 상호 교환하여 집단의 이해와 합의를 증진시킬 수 있도록 지도해야 한다. 토의의 목적은 사고와 분석에 대한 흥미를 불러일으키고 사실에 대한 판단력을 기르며, 새로운 태도를 개발하거나 혹은 구태의연한 태도를 변화시키는 데 목적이 있기 때문이다.

수업의 과정에서 활용할 수 있는 토의의 기법에는 다음과 같은 것들이 있다.

(1) 원탁식 토의

원탁식 토의(round table discussion)는 가장 보편적으로 사용되는 방법으로 10명 내지 15명의 구성원이 원탁 주위에 둘러앉고 사회자는 토의의 진행을 지도하며, 구성원은 좌담 형식으로 자유로이 발언할 수 있다. 토의 방법은 학급의 전체 학생들이 특정한 주제에 대한 정보를 서로 교환하고, 그 정보를 분석 · 평가하여 결론에 도달하는 것으로 토의를 통해 집단의 의사를 명확하게 결정할 수 있다.

그러나 원탁식 토의의 궁극적인 목적은 의사결정이나 목적설정이라기보다는 활발한 아이디어의 상호 교환에 있다. 모든 학생들이 능동적으로 참여하고, 상호 협력적 태도로서 충분한 의견의 발표 및 청취와 자유로운 분위기가 전제될 때 이상적인 토의가 이루어질 수 있다. 원탁식 토의는 몇 개의 소집단으로 나누어 실시되며, 일반적으로 교사가 지도한다.

(2) 배심토의

배심토의(panel discussion)는 집단 구성원이 많아서 각 학생에게 발언시키는 것이 곤란하여 토의 참가의 의욕이 약화될 때 몇 명의 대표자를 뽑아 다른 학생들 앞에서 공개적으로 토론하도록 하는 것이다. 즉, 선발된 소집단이 토의를 하는 것을 청중이 방청하는 형식이다. 배심토의 발표자들은 서로 이야기를 나누기에 편리하고, 청중이 쉽게 보고 들을 수 있도록 교실의 한가운데에 자리한다. 의장은 토의를 진행하며 균등한 참여가 이루어질 수 있도록 해야 한다. 진행방식은 한 주제에 대해 찬반의 대표자 4~6명을 선정하고, 사회자는 문제를 소개하고 대립 의견을 설명한 후 선정된 토론자들이 활발하게 토론할 수 있도록 격려하고 토론의 과정을 중재한다. 또 적당한 시점에 청중을 토의에 참가시키거나 질문을 허용하고, 그 질문에 대하여 토론자들의 설명을 구하기도 한다.

(3) 공개토의

공개토의(forum discussion)는 고대 로마의 포럼(forum) 형식에서 유래된 것으로, 당시에는 시장과 같이 많은 군중이 모인 곳에서 이루어졌다. 1~2명의 연사가 공중회의소에서 연설을 하고 나면 이에 대한 질문을 하기 위하여 회의를 열고 의장의 사회로 회의가 진행되는 방식이다. 이러한 방법은 학급의 집회나 전교의 집회 등에 적용할 수 있는 방법이며, 전문가가 참가하면 한층 토론의 질이 높아질 수 있다.

공개토의에서는 토의의 전 과정에 청중이 참여할 수 있으며, 다음과 같은 경우에 효과적으로 활용할 수 있다.

① 명료하게 탐구할 문제가 제기되었을 때
② 청중들이 의견과 견해를 제공할 수 있을 때
③ 질문하고 답하는 시간보다는 논의를 더 많이 할 때

(4) 강연식 토의

강연식 토의(symposium)는 배심토의보다는 좀 더 형식적이고 자유로움이 억제되는 방식으로, 준비된 회의장에서 동일한 문제에 대하여 2명 또는 그 이상의 강연자가 논점이나 문제점에 대하여 여러 측면에서 의견을 발표한다. 강연자가 결론을 내리면 사회자 또는 청중이 이에 대해 질문하고 강연자는 답변을 하는 형식이다. 사회자는 강연, 질문, 답변이 적당히 진행되도록 한다. 사전에 강연의 개요 또는 필요한 통계 등을 인쇄하여 청중에게 배부함으로써 토의의 효과를 높일 수 있다.

이 외에도 어떤 문제에 대하여 그 방면의 권위자나 전문가를 학교나 학급에 초청하거나 또는 현장에 가서 면접을 통하여 그 문제에 대한 의견이나 질의응답의 형식을 취하는 대화식 토의(dialogue discussion)를 비롯하여 피시보울(fish bowl), 교호적 집단토의, 장기 분단편성 등의 토의법들이 있다.

(5) 브레인스토밍

브레인스토밍(brain storming)이란 특정한 주제나 문제점에 대하여 학생들이 자기의 의견이나 아이디어를 자유롭게 제시하도록 하는 방법으로, 학생의 창조력을 촉진시키고 학습 참여도를 높여 주는 토론법이다.

브레인스토밍을 하는 짧은 시간(예를 들어, 10~15분) 동안 집단의 모든 인원이 충분히 반응하고 참여할 수 있어야 하므로 브레인스토밍의 참여 인원은 대개 10명 내외가 적당하다. 브레인스토밍 과정에는 진행자가 있어야 하며, 진행자는 교사 또는 학생들이나 교사가 선정한 학생이 될 수 있다. 또한 학생들이 제안한 의견을 기록할 사람도 선정한다. 브레인스토밍의 주제는 학생들이 이해하기 쉽고 흥미를 가질 수 있는 수준에서 구체적인 사안을 선정한다.

브레인스토밍을 시작하기 전에 교사는 학생들에게 선정된 주제에 대하여 자세하게 설명해 주어야 한다. 브레인스토밍 진행 도중에 학생들이 제안하는 의견에 대해서 평가하거나 비판하지 않는다. 여러 가지 다양한 제안들은 효과적인 학습활동의 계획 수립에 도움을 주므로 주제와 관련된 의

견은 모두 받아들이는 것이 좋다. 따라서 학생들은 자기가 생각한 제안이나 의견을 거리낌 없이 생각나는 대로 발표하도록 한다. 토론의 종결 부분에서는 토론과정에서 제안된 의견들을 통합함으로써 새로운 아이디어를 구상하거나 생성할 수 있도록 유도한다.

(6) 버즈그룹

버즈그룹(buzz group)은 원래 필립스(Philips)에 의해 개발되었으며 '필립스 66'이라는 명칭으로 불리기도 한다. 여기서의 66은 6명(혹은 그보다 적은 수)으로 구성된 학생들이 6분 동안 토론한다는 것을 의미한다.

먼저 교사는 각 그룹의 학생들에게 토론할 특정 주제에 관해 설명해 주고 토론할 주제에 대해 충분히 이해했는가를 확인한다. 토론할 주제가 무엇인가를 확실히 모르는 학생이 있으면 토론 도중에 많은 문제가 생기므로 반드시 확인을 해 두어야 한다. 또한 토론에서 다루어질 주제는 여러 국면을 고려하여 주의 깊게 선정되어야 한다.

토론의 주제는 6분 동안 토론하기에 알맞은 것이어야 한다. 각 그룹의 리더와 기록자는 교사나 학생들이 선정한다. 학생들 스스로 능력 있는 리더나 기록자를 선정하는 과정은 좋은 학습 경험이 될 수 있다. 그러나 교사가 특별히 선정하고 싶은 학생이 있을 경우에는 교사가 정하도록 한다. 예를 들면, 발표력과 지도력이 부족한 학생을 지도자로 선정하여 자신의 잠재력을 개발할 수 있는 기회를 갖도록 한다.

토론과정에서 교사는 각 그룹을 돌아다니면서 토론 전개 상황을 살펴본다. 필요한 경우 교사는 각 버즈그룹의 리더에게 토론이 주제를 벗어나지 않도록 이야기해 주거나 모든 그룹 인원을 토론에 참가시켜야 한다는 점을 지적해 준다. 토론이 끝나면 교사는 각 그룹의 기록자에게 토론을 요약시키고 학급의 전 학생들에게 발표하게 한다. 버즈그룹은 모든 학생들을 수업과정에 참여시키고, 독창적인 사고를 개발하게 하고, 학생들의 협동심을 향상시키기 위한 효과적인 교수법이다.

4) 자기주도적 학습

자기주도적 학습(self-directed learning)은 다른 사람의 강제에 의해서가 아니라 학습자 스스로의 뜻에 따라 행하는 학습이다. 따라서 자기주도적 학습은 학습자 스스로에 의한 학습의 흥미, 관심 그리고 요구가 원동력이 된다. 왜냐하면 지식이란 교사에 의해 이미 정해진 것이 아니라 학습자가 스스로 구성하는 것이며, 학습은 학습자가 능동적으로 지식을 해석하고 구성하는 과정, 즉 자기주도적 학습에 의해서 이루어지는 것이기 때문이다.

자기주도적 학습은 학습에 대한 동기유발뿐만 아니라 가르치려는 의도를 통해서 학습하는 능력을 발달시키려는 목적을 가지고 있다. 학교학습에서 자기주도적 학습은 학습자의 선택을 강조하고 지식의 심층구조에 대한 안목을 강조하는 통합적 수업과 일치한다고 볼 수 있다. 또한 자기주도적 학습은 학습자가 자신의 학습에 대해 상당한 책임감을 부여할 수 있다(Meister, 1973). 학습자는 자기 학습목표를 자신의 학습 경험과 이해력을 바탕으로 자신의 능력에 알맞게 결정할 수 있으며, 자신이 설정한 학습목표의 달성을 위한 학습과정에 대해서 학습자 자신이 책임을 지게 된다.

학습자가 자기주도적 학습에 익숙하도록 하기 위해서는 교사의 적극적 지원이 필요하다. 브랜슨(Branson, 1990)은 앞으로의 교수과정 패러다임은 종래의 교사-학습자 축으로 설명되던 상호작용의 양식과는 달리, 학습자가 교사의 통제 없이 직접적으로 지식 기반과 지능적 교수체제의 도움을 받아 학습을 하게 되는 상호작용의 양식으로 변화될 것이라고 예측하고 있다.

그에 따라 학습에 있어서의 상호작용 양식은 기존의 '교사-교재-학습자'의 단편적이고 교사 중심적인 상호작용 양식으로부터 '지능적 교수체제-학습자-지식 기반'의 상호작용 양식으로 보다 총체적이고 학습자 중심의 상호작용 양식으로 전개될 것이라고 예견하고 있다.

따라서 우선 교사는 학습자로 하여금 학습의욕을 갖도록 격려해야 한다. 학습의욕은 정의적 특성으로서 가르쳐지는 것이 아니라 불러일으키는 것이다. 학습의욕을 불러일으키는 것으로는 자기 활동을 제약하지 않는 것, 인정해 주는 것, 지적 범위의 확대를 도모하는 것, 경쟁심에 호소하는 것, 학습자 능력에 알맞는 교재를 선택하는 것, 질문의 단계를 생각하는 것, 무엇이나 말할 수 있는 분위기를 만들어 주는 것, 습득한 지식을 사용할 수 있는 기회를 제공하는 것, 과거의 지식과 경험을 발휘하는 것 등을 들 수 있으며, 제약과 금지는 의욕을 감소 또는 위축시키는 것이라 할 수 있다(김실광, 1995).

또한 교사는 학습자가 주체적인 학습과정을 익히도록 자극해야 한다. 학습의 주체로서 학습자는 스스로 학습하는 방법을 익혀야 한다. 그리하여 학습자에게 무엇을 가르쳐 주기보다는 학습자가 능동적으로 새로운 지식을 자신의 인지구조 내에 구성할 수 있도록 도와주어야 한다. 지식과 정보가 양적인 측면에서 폭발적으로 증가하고 있는 오늘날 학교가 낱낱의 지식을 학습자에게 제공하는 데에는 한계가 있다. 그러므로 학교교육에서 학습자가 기초적이고 기본적인 지식과 기술을 습득하고 동시에 자신의 문제를 스스로 해결하기 위한 다양한 방법을 동원하는 학습 능력과 태도를 길러주는 것이 학습하는 방법의 학습이라 할 수 있다.

5) 탐구학습

탐구란 현재 당면한 중요한 가치와 문제에 대한 반성적 검토에서 시작된다. 또한 탐구는 탐구 대상이나 영역에 따라 상당히 융통성을 가지며, 창의력 발달이나 발견학습이론 등과 같은 좁은 의미를 가졌다기보다는 주어진 문제상황을 올바르게 인식하고 추리, 논증, 관찰, 실험을 통해 타당성 있고 진실성 있는 일반화된 개념으로 결론을 내리기 위한 논리적 사고방법 또는 사고과정이라고 할 수 있다(송진홍, 1990). 탐구를 수업과정에서 경험하게 하는 탐구학습(inquiry learning)은 지식의 구조를 이루는 기본 개념과 그 관계를 이해하고 미지의 세계를 탐구하고 문제해결을 위한 지적인 탐구방법 및 탐구능력 그리고 판단력과 창의력 배양을 강조하고 있다.

이러한 탐구학습은 학습자가 그를 통하여 자발적인 학습방법을 익혀서 지식을 얻고, 스스로 문제를 해결할 수 있는 능력을 기르는 데 그 목적이 있다. 또한 학습자로 하여금 스스로 생각하여 자신의 의사를 결정하고, 학교에서 배운 내용을 사회에서 접하는 문제들에 전이시켜 해결할 수 있는 새로운 문제해결력을 길러 다양한 변화에 적응할 수 있도록 하는 데 있다.

학습자가 사회 속에서 접하게 되는 문제들은 어느 특정 분야에 국한되어 있는 문제가 아니라 다양한 문제들이 서로 복잡하게 얽혀 있는 것이므로, 합리적으로 사고하고 추리할 수 있는 능력뿐 아니라 문제를 통합적 관점에서 명확하게 인식하고 이전에 습득한 지식이나 정보를 문제상황과 연결시킴으로써 합당한 해결책을 모색해야 하는 것이다. 나아가 학교는 21세기의 정보화, 세계화 시대에 대비하여 급속히 변화하는 사회 속에서 발생하는 예기치 못한 문제들에 대해 능동적이며 융통성 있게 대처하고 해결할 수 있는 사람으로 기르기 위하여 학생들에게 보다 더 의미 있는 학습 경험을 제공해야 하며(Wilson & Cole, 1991), 고차원적인 사고를 촉진하고 미래의 삶의 현장에서 그 내용을 효과적으로 전이시킬 수 있는 능력을 길러 주어야 한다.

따라서 탐구학습에서는 학습자인 학생이 중심이 되어야 하고, 교사는 안내자로서의 역할을 수행해야 한다. 학습자가 탐구학습의 목표를 달성하도록 하기 위하여 안내자인 교사는 학습자의 지적인 수용 자세나 수용능력을 고려할 필요가 있다.

일반적인 탐구 교수-학습은 혼란 단계(puzzlement), 자아 이해(self-awareness), 방법(methodology), 반성(reflection)과 같은 절차를 거친다(Joyce et al., 1992). 먼저 혼란 단계에서 학습자는 당혹스러움을 느낀다. 즉, 교사로부터 제시되는 문제상황에서 당혹스러움을 느끼고, 그 속에서 자신의 개인적 의미를 탐색한다. 자아 이해의 단계는 진단적 과정으로서 자신이 느끼는 당혹스러움을 해결하기 위한 여러 가지 방략을 탐구하게 된다. 다음으로 방법이라는 직접적인 경험의 과정을 거치는데, 여기서 학습자는 실제적이고 구체적인 문제해결의 방략을 모색하게 된다. 마지막으로 반성의 단계는 검증의 과정으로서 자신이 탐구한 문제해결 방략을 종합하여 그 해결 방략의 가능성, 의미, 결과 등을 되짚어 보는 것이다.

6) 협동학습

최근에 협동적인 교수-학습방법에 관하여 새롭게 관심이 집중되고 있다. 전통적인 소집단학습의 단점을 해결하고 학습자 간에 협력적인 상호작용을 촉진하기 위해 집단 보상과 협동 기술을 강조한 것이 협동학습(cooperative learning)이다. 경쟁학습과 달리 동료 간에 서로 돕고 상호작용하도록 하는 협동학습은 교육현장에서 공동체적 삶을 위한 사회성 발달을 도모하는 데 필수적인 것이다.

최근의 협동학습에 대한 많은 연구들에 의해 협동적 과제와 보상구조가 전통적 학습방법인 개별학습이나 질의응답식 학습보다 훨씬 높은 학업 성취도를 나타낸다는 것이 밝혀지고 있다. 또한 경쟁학습에서는 일부 학습자만이 성공 경험을 갖게 되는 데 반하여 협동학습에서는 대부분의 학습자들이 성공 경험을 갖게 됨으로써 보다 바람직한 자아상을 지니게 되었고, 학습과제에 대하여 긍정적인 감정을 가지게 되어 학습태도 및 학습동기 유발에 기여한다는 점도 협동학습의 의의가 된다(Johnson & Johnson, 1991).

슬래빈(Slavin, 1990)에 의하면, 협동학습이란 학습능력이 각기 다른 학생들이 동일한 학습목표를 향하여 소집단 내에서 함께 활동하는 수업방법이다. 여기서 '전체는 개인을 위하여(all-for-one), 개인은 전체를 위하여(all-for-one)' 라는 태도를 갖게 되고, 집단 구성원들의 성공적 학습을 위하여 서로 격려하고 도움으로써 학습 부진을 개선할 수 있다.

따라서 학습자는 혼자서 학습하는 것보다 동료들과 협력하여 학습할 때 더 많은 이익을 얻게 된다(Johnson & Johnson, 1991). 즉, 학급 동료들로 구성된 협동학습집단 속에서는 한 개인이 설정된 목표를 성취하게 되면 다른 동료들도 동등한 수준의 목표를 성취하게 되며, 따라서 각 개인은 자신이 소속되어 있는 집단 구성원 모두에게 유익한 결과를 얻고자 상호 협동하여 학습을 전개하게 된다.

최근 비고츠키(Vygotsky, 1978)에 의해 제안된 근접발달영역이론은 수업에서 협동학습의 중요성을 뒷받침해 준다. 근접발달영역이란 학습자가 학습을 할 영역에 관한 전문적인 지식과 기술을 지닌 사람이 학습을 도와줄 경우 학습자 개인이 스스로 도달할 수 있는 인지적 발달수준보다 더 높은 수준에 이를 수 있다는 것이다(Perkins, 1991). 이때 학습자의 학습을 도와주는 사람은 경우에 따라 교사, 부모 그리고 동료 학습자가 된다. 이들에 의한 학습적 도움은 기존의 지식이나 기술의 전달방식처럼 일방적으로 그리고 직접적으로 지식을 전달하는 형태와는 달리 안내자, 조언자의 형태를 띤다(강인애, 1997).

지금까지 연구되고 또 교육현장에서 활용되고 있는 협동학습의 모형은 과제구조와 보상 수반성에 따라 Jigsaw 모형, 성취과제 분담학습모형, 팀 경쟁학습모형, 팀 보조 개별학습, 집단조사, 함께 학습하기 등 다양하다(변영계 외, 2007). 여기에서는 Jigsaw 모형, 성취과제 분담학습모형 그리고 팀 경쟁학습모형에 대해 살펴보기로 한다.

(1) Jigsaw 모형

Jigsaw 모형은 1978년 미국의 텍사스 대학에서 애런슨과 그의 동료들(Aronson et al., 1978)에 의해서 개발된 협동학습모형으로 기본적인 개념을 가르치는 데 이용되며, 특히 교재의 완전한 습득을 목적으로 한다. 학생들을 5~6개의 이질집단으로 나누고 학습할 단원을 집단 구성원의 수에 맞도록 나누어서 각 구성원에게 한 부분씩을 할당한다.

Jigsaw 협동학습모형은 집단 내의 동료로부터 배우고 동료를 가르치는 모형이다. 이 모형은 보상구조를 통해서가 아니라 학습과제의 분담, 즉 작업분담 구조를 통해서 집단 구성원 간의 상호의존성과 협동을 유발한다.

한 학급은 여러 Jigsaw 집단으로 나누어지므로 각 집단에서 같은 부분을 담당한 학생들이 따로 모여 전문가 집단을 형성하여 분담된 내용을 토의하고 학습한다. 그런 다음 제각기 소속한 집단으로 돌아와서 학습한 내용을 집단 구성원들에게 가르친다. 단원 학습이 끝난 후 학생들은 시험을 보고 개인의 성적대로 점수를 받게 된다(변영계 외, 2007).

(2) 성취과제 분담학습모형

성취과제 분담학습모형은 슬래빈(1990)에 의해 1978년에 개발된 협동학습모형으로서 초 · 중 · 고등학교 수학 과목을 지도하기 위해 개발되었지만 다른 과목에서도 폭넓게 이용할 수 있다. 한 집단은 4~5명으로 구성된 학습팀으로 조직하며, 학습능력이 서로 다른 이질적인 학습자들로 구성한다.

매주 교사는 강의나 토론으로 새 단원을 소개한다. 각 팀은 연습문제지를 짝을 지어 풀기도 하고, 서로 질문을 하기도 하고 토의도 하면서 그 단원을 학습한다. 연습문제에 대한 해답이 주어지므로 학생들은 단순히 문제지를 채우는 것이 아니라 개념을 이해하는 것이 목적임을 명백히 알게 된다. 구성원 모두가 학습내용을 완전히 이해할 때까지 팀 학습이 계속되고,

팀 학습이 끝나면 개별적으로 시험을 본다. 개인은 각자 자기 자신의 시험 점수를 받지만 자신의 이전까지 시험의 평균 점수를 초과한 점수만큼은 팀 점수에 기여하게 된다(변영계 외, 2007).

(3) 팀 경쟁학습모형

드브리스와 그의 동료들(DeVries et al., 1978)이 지난 1978년에 개발한 이 모형은 성취과제 분담학습모형과 동일한 팀, 수업방법, 연습문제지를 이용한 협동학습이며 우수한 팀의 인정 등을 포함한다. 그러나 성취과제 분담학습모형에서는 매주 집단 보상을 위해 시험을 실시하지만 팀 경쟁학습모형에서는 게임을 이용, 각 팀 간의 경쟁을 유도한다(Slavin, 1980).

집단 간의 토너먼트 게임은 개별학습 성취를 나타내는 게임이며 매주 최우수 팀이 선정된다. 팀 경쟁학습은 초등학교부터 고등학교까지 수학 과목에 적용되어 왔고, 성취과제 분담학습만큼 성공적인 실험결과들이 보고되었다. 이 모형은 공동작업 구조이고, 보상구조는 집단 내 협동-집단 외 경쟁구조이다. 팀 경쟁학습모형도 성취과제 분담학습모형처럼 전통적 수업에 비해 학업 성취면에서 매우 효과적이다(변영계 외, 2007).

7) 프로젝트 수업

프로젝트 수업이란 학습자 스스로 구성한 문제 혹은 주제에 대하여 다양한 참고 자료 및 현장 경험을 통해 학습자 스스로 깊이 있게 공부하는 학습 형태를 말한다. 교육현장에서 프로젝트 수업이 적용되기 시작한 것은 미국의 킬패트릭(Kilpatrick)과 듀이(Dewey)에 의해서라고 할 수 있다. 듀이의 철학에 많은 영향을 받은 킬패트릭이 지금까지 연구되어 온 프로젝트 수업을 체계화시켜 1919년에 「프로젝트 접근법(*The Project Method*)」이라는 논문을 발표한 이후 프로젝트 수업에 관한 관심이 증가하면서 대중화되었다.

유아교육에서 고등교육에 이르기까지 광범위하게 적용되어 온 프로젝트 수업의 효과를 알아보기 위한 많은 연구가 이루어졌다. 대부분의 연구들은 프로젝트 수업이 연령과 대상을 초월해서 적용될 수 있으며, 그 효과 또한 긍정적임을 지적하고 있다. 특히 고등교육에 프로젝트 수업을 적용할 경우 학생들을 학습과정에 적극적으로 참여시킴으로써 필요한 지식과 기술을 습득할 수 있게 한다. 이러한 수업태도는 학생들의 미래 직업환경에서도 수동적인 자세가 아닌 적극적이고 주도적인 자세로 임하게 하는 결과를 가져오게 할 수 있다. 또한 프로젝트 수업은 미래 정보 사회에서 활동할 학생들이 꼭 갖추어야 할 비판적이고 창의적인 사고능력과 문제해결 능력을 길러 줄 수 있는 하나의 대안적 학습방법으로도 제시될 수 있다.

(1) 프로젝트 수업의 의미

프로젝트 수업은 문제해결법의 한 형태로서 여기서 말하는 프로젝트란 '내던지다' '앞으로 내놓는다'는 뜻으로, 마음속에 생각하고 있는 것을 밖으로 내놓고 객관화시켜서 구체적으로 실현하려는 활동을 의미한다.

킬패트릭(1919)은 프로젝트의 본질을 '전심을 다하는 유목적적 활동'으로 규정하고, 목적설정과 프로젝트 진행과정에서 학습자 스스로가 주체적인 역할을 수행하고 스스로 내적 동기화되어 활동에 전념하게 된다는 점을 강조하였다(김대현 외, 1999).

카츠와 차드(Katz & Chard, 1989; 지옥정 역, 1995에서 재인용)는 프로젝트를 학습할 가치가 있는 주제에 대하여 보통은 집단별로 수행되나 때로는 학급 전체 혹은 개별 학습자에 의해 수행되는 심층 연구로 규정하였다.

이와 같이 프로젝트 수업은 학습자들이 보다 깊이 공부할 가치가 있는 내용, 특별히 관심 있는 내용에 대하여 스스로 자료를 찾고 의문을 해결하면서 학습을 하게 된다. 또한 이것을 수행함으로써 새로운 학습자료를 접할 기회를 갖게 되고, 학습에 대한 이해와 결과에서의 잘못을 수정할 수 있게 되며, 학습의 완성도를 평가할 수 있게 된다. 이 과정에서 학습자는 독립적인 학습자로 성장하게 되고 고차원적인 지식을 활용하게 된다. 따라서 프로젝트 수업은 교수-학습의 새로운 방법으로 이해될 뿐 아니라 고등교육의 수준에서 세미나, 실습, 실험연구 외에 목적을 보다 잘 실현시킬 수 있는 교수-학습방법으로 간주될 수 있다.

(2) 프로젝트 수업 과정 및 전략

일반적으로 언급되는 프로젝트의 수업 단계로는 ① 과제 또는 문제의 선정 및 목적의 설정, ② 과제의 계획, ③ 과제의 수행, ④ 평가의 단계가 있다. 각 단계에 대해 간단히 살펴보면, 첫 번째 단계에서는 학습자 자신이 문제를 발견하여 충분히 인식하도록 하고, 만약 교사가 제시할 때에는 충분히 설명하여 학습자가 그 문제를 파악하도록 한다. 과제의 선정방법은 세 가지가 있는데, 첫째는 교사, 교수가 학생에게 과제를 제시하는 방법, 둘째는 학생이 과제를 자유로이 선정하는 방법, 셋째는 교사가 학생들에게 여러 종류의 과제 목록을 제공하여 학생이 그중 하나를 택하게 하거나, 자신이 바람직하다고 인정하는 대체 과제를 스스로 선택할 수 있도록 하는 방법이다. 이런 방법을 통하여 학생들은 교사의 지도하에 과제를 선정하여 학습목표를 달성하게 된다.

두 번째 단계인 과제 계획은 학습 성패의 조건이 되는 것이기 때문에 프로젝트 수업에서는 계획 수립의 단계가 가장 어렵고 힘든 단계다. 학습자 대부분은 계획을 세우는 복잡한 절차를 생략하고, 즉시 실천 단계로 들어가려는 경향이 있기 때문에 교사는 세밀한 배려로서 학습자에게 계획 수립의 중요성을 인식시키고 세심한 주의를 기울여 이 과정을 통해서 일을 수행해 나가는 데 필요한 태도를 습득하도록 지도해야 한다. 또한 학생들은 계획한 것을 실천에 옮기기 전에 반드시 이를 비판하는 태도를 기르도록 힘써야 한다.

세 번째 수행 단계에서는 학생들이 자기 계획에 따라 학습에 흥미를 가지고 활동을 전개하므로 교사는 작업이 정확하게 진행되도록 지도한다. 이 단계에서 학습자들은 가장 흥미를 느끼고 또 가장 활발하게 활동한다. 가능한 한 교사는 학생들의 창의성을 존중하고 학습이 원활히 이루어지도록 환경을 정비하고 끝까지 끈기 있게 활동을 계속하도록 조력해야 한다. 그러나 가장 중요한 것은 작업이 정확하게 해결되도록 해야 하며, 또 문제해결이 다음 문제로 발전해 갈 수 있도록 지도해야 한다.

마지막 단계인 평가 단계는 완성된 일이나 작품의 가치를 비판하는 단계로 학생 자신, 학생 상호 간, 교사가 평가를 한다. 그러나 교사는 일방적으로 평가하는 태도를 버리고 적절한 조언을 통해서 학생이 자신의 작품을 객관적으로 평가할 수 있도록 지도해야 한다. 또 학생들은 교사보다도 다른 학습자들의 비판과 상호 간의 평가를 중요시하므로 완성된 일이나 작품의 가치를 집단적으로 평가하는 것도 효과적이다.

형성평가

1. 협동학습의 의의와 그 유용성에 대해 설명하시오.
2. 효과적인 자기주도적 학습을 위한 교사의 지원방안에 대해 설명하시오.
3. 집단규모에 따른 교수-학습의 세 가지 유형에 대해 설명하시오.

제7장

교수-학습의 계획

우리의 뇌는 생존을 위해 학습하도록 설계되어 있기 때문에 유용하고 실제적이며 사실적인 것으로 인식되는 것을 더 잘 학습한다.

- Jensen(1997)

1. 교수-학습 계획의 성격과 필요성

교육이란 인간 행동을 바람직한 방향으로 변화시키는 계획적이며 유목적적인 활동이다. 다시 말하면, 교육의 대상인 학습자의 다양한 욕구를 파악하여 여러 발달영역에 적합하게 내적, 외적 조건을 조작하는 작용이다. 따라서 교육의 궁극적인 목적인 학습자의 행동을 변화시키기 위해서는 분명한 목표를 가지고 목표에 적합한 전략과 도구를 적절하게 배열할 때 효과적이며 효율적이고 매력적인 학습결과를 가져올 수 있다. 실제 수업장면에서 학습자의 발달에 적합한 목표를 설정하고, 그 목표를 달성하는 데 적합한 내용을 선정·조직하고, 수업방법, 활동시간, 수업자료와 매체의 배열 그리고 최종적으로 목표달성의 정도를 확인하는 평가 작업이 필요하다.

이와 같이 최대의 학습효과를 달성하기 위하여 수업과정에 포함되는 여러 구성 요소들을 체계적으로 계획하고 조직해야 할 필요가 있는데, 이를 교수-학습 계획이라고 한다.

교수-학습 계획은 말 그대로 수업을 설계하는, 즉 계획하고 준비하는 활동을 의미한다. 학교에서 교사의 일차적 역할이 가르치는 일이라고 규정할 때, 교사의 교수-학습 계획 활동은 가르치는 일에 있어서 신중하고도 세밀하게 진행되어야 하는 활동이다. 왜냐하면 무엇을 어떻게 가르칠 것인가를 미리 심각하게 생각하고 의사결정을 함으로써 보다 질 좋은 교육을 실시할 수 있기 때문이다. 특히 초임교사나 교직실습을 하는 실습생에게 있어서 교수-학습 계획은 매우 중요한 작업이며, 교사의 의욕과 창의력과 희열을 요하는 작업이라 할 수 있다.

능률적이고 효과적이며 매력적인 수업이 되기 위해 교수-학습 계획의 과정에서 고려해야 할 점은 다음과 같다.

첫째, 수업을 통해 어떠한 목표가 달성되어야 하는가?

둘째, 수업을 통해 어떠한 구체적인 내용이 학습되어야 하는가?

셋째, 목표달성을 위한 학습자의 학습활동은 무엇인가?

넷째, 교사는 학습활동을 어떻게 조직하고 이끌어 갈 것인가?

다섯째, 목표를 달성하는 데 필요한 구체적인 방법은 무엇인가?

여섯째, 학습활동을 보다 의미 있게 하기 위해서 필요한 자료와 요구되는 지원은 무엇인가?

일곱째, 목표의 달성 정도를 확인하기 위한 평가도구로서는 어떠한 것이 적절한가?

교수-학습 계획안은 과목의 특성, 학교급별 또는 학습 목표나 내용에 따라서 다양하지만 대개의 교수-학습 계획안은 다음과 같은 몇 가지 원칙에 의해 작성된다.

① 단원의 지도계획(계열화)을 먼저 작성하고 그다음에 매 수업시간별 지도계획을 작성하게 된다.
② 매 수업시간별로 계획을 세운 교수-학습이 제대로 이루어지면 그 결과는 단원의 수업목표를 달성할 수 있도록 계획되어야 한다.
③ 교수-학습 계획안은 세안 또는 약안으로 작성하게 되는데, 초임교사나 특별한 경우(예: 수업연구나 연구발표)를 제외하고는 약안의 형식으로 작성해도 무방하다. 이때 약안으로 작성하더라도 교재연구는 세안을 작성할 때와 같은 사고와 탐색의 과정을 거쳐야 한다. 다만 문서상으로 작성하지 않을 따름이다(변영계 외, 2007).

2. 교수-학습 계획의 요소

1) 수업목표의 설정

수업목표는 학습자들이 최종적으로 습득해야 할 성취행동이자 평가의 항목이다. 즉, 한 단위의 수업이 끝났을 때 학습자에게서 나타나야 할 행동명세표인 것이다. 따라서 명확한 수업목표의 설정은 교육과정에 있어서 가장 우선적이고 중요하게 고려되어야 할 영역이다. 수업목표는 교육활동의 실질적인 내용을 결정해 주는 것이어야 하며, 필요에 따라서는 변경될 수도 있어야 한다. 설정된 목표가 달성되면 그 결과에 따라 새로운 목표가 다시 설정되어야 하고 또 이런 목표의 설정이 단계적으로 연계성을 지녀야 한다.

수업목표의 진술은 제5장에서 살펴본 바와 같이 교육현장에서 교수-학습과정의 구체적인 방향과 내용을 뚜렷하게 나타내 줄 수 있을 정도로 구체화되고 명문화된 것이어야 한다. 또한 수업목표는 추상적인 진술보다는 관찰할 수 있고 측정할 수 있는 구체적인 행동목표로 진술해야 하며, 수업 종료 시 학습자에게서 나타날 변화된 행동과 관련이 있어야 한다. 따라서 수업목표에는 대상 학습자, 수행 용어, 수행조건, 목표달성 기준 등이 명시되어야 하며, 목표의 유형이 인지적 영역, 정의적 영역, 운동 기능적 영역 등으로 분류되어야 하고 동시에 개인차를 고려하여 목표를 설정해야 한다.

2) 수업내용의 선정

수업내용은 설정된 수업목표를 달성하기 위하여 교육현장에서 학습자에게 학습시키고자 하는 구체적인 활동과 경험으로서 학습자가 학습할 내용을 의미한다. 수업내용을 선정하기 위해서는 무엇보다도 수업목표가 지식, 기능, 태도 등에서 어떤 유형인지에 따라 다양한 내용으로 선정될 수 있으므로 수업목표와의 일관성이 고려되어야 할 것이다. 이를 토대로 선정될 지식이 학습자에게 유용한지를 파악하고, 학습자의 관심, 흥미, 욕구 등을 고려하여 수업내용을 선정해야 한다. 또한 변화하는 교육적 패러다임을 적극적으로 수용하여 참신하고 검증된 최신 지식으로 구성하고, 학습자가 자기주도적 학습을 할 수 있게 하는 탐구와 발견에 의한 학습이 되도록 수업내용을 선정해야 한다.

3) 수업내용의 조직

수업목표를 달성하기 위해 선정된 수업내용은 학습자가 학습현장에서 학습활동을 구체적으로 전개할 수 있도록 조직해 놓아야 한다. 따라서 수업내용을 조직할 때에는 이미 선정한 여러 가지 수업내용을 어떻게 배열하고 그 범위를 어느 정도로 한정시킬 것인가를 고려해야 한다.

4) 학습지도안의 작성

(1) 학습지도안의 필요성 및 작성 원칙

학습지도안은 조직된 수업내용에 따라 단위시간 안에 효율적으로 지식을 전달할 수 있도록 하는 전반적인 수업계획으로, 학습의 내용과 이에 따른 교사의 전략들을 제시한 것이다. 이러한 학습지도안은 학습자로 하여금 학습내용을 효율적이며 효과적으로 습득하게 하여 교육의 목적인 보다 바람직한 행동으로 변화시키는 데 중요한 역할을 한다. 학습지도안을 작성하여 수업을 하게 되면 단위 수업시간의 낭비를 최소한으로 줄이고 효율적으로 시간을 활용할 수 있으며, 수업내용의 누락과 중복을 피할 수 있기 때문에 특히 초임교사나 교직실습생은 학습지도안 작성에 대한 실제적인 기법을 익히는 것이 필요하다.

학습지도안을 작성할 때에는 학습내용의 성질, 종류, 학습자 특성, 학습환경 등을 고려하여 언제든지 필요에 따라 변경할 수 있도록 융통성 있고 활동적으로 계획해야 하며, 특히 연구수업, 공개수업 또는 모의수업의 경우에는 세밀하고 실천 가능한 학습지도안이 필수적이다.

학습지도안을 작성하는 데 있어서 원칙이 될 만한 요소와 유의사항은 다음과 같다(이승익, 1991).

첫째, 지도안은 학습내용과 학습활동의 선택과 조직이 합리적으로 되어 있어야 한다.

둘째, 지도안에는 미리 예상했던 달성결과에 대한 설명이 되어 있어야 한다.

셋째, 지도안에는 학습에 합치하는 지도기술이 나타나 있어야 한다.

넷째, 지도안에는 목표 실현의 성공도에 대한 적절한 평가가 포함되어야 한다.

다섯째, 교사는 학급 전원에게 영향을 주는 환경에 대해서 파악하고 있어야 한다.

여섯째, 교사는 예상되는 교실조건과 학습의 법칙과의 관계를 이해하고 학습과정에 대한 심리학적 기초를 충분히 알고 있어야 한다.

(2) 학습지도안 작성의 실제

학습지도안을 작성함으로써 교사는 수업활동의 방향을 알 수 있으며, 학생들은 자신이 도달해야 할 목표가 무엇인지를 인식할 수 있다. 또한 교사와 학생 간의 의미 있는 학습활동을 예측할 수 있으며 수업의 극대화를 기대할 수 있다. 따라서 교사는 학습자가 무엇을 요구하는지를 우선적으로 파악함으로써 학습자 중심의 창의적인 학습지도안을 작성하여야 한다.

학습지도안이 너무 복잡하고 방대하면 수업에 임할 때 반영하기가 어렵고, 반면 너무 간단하면 지도안 없이 행하는 것과 다를 바가 없다. 따라서 학습지도안은 혼란을 야기하지 않는 범위 내에서 기본적 요건을 갖추고 있어야 하고, 정해진 수업시간 내에 다룰 수 있는 내용과 분량이 정해져야 한다. 여기서는 학습지도안 작성에 있어서 공통적으로 다루어야 할 항목들에 대해 살펴보고자 한다.

① 단원명

단원명은 학습자들이 학습해야 할 내용에 따라서 제목, 단원 등의 용어로도 쓰인다. 단원은 대단원, 중단원, 소단원 등으로 나누어질 수 있다. 단원명을 기재할 때에는 제목을 명사 그대로 기술한 제목식과 무엇을 한다는 식의 방법식 그리고 의문 또는 질문식으로 기술하는 문제식이 있다.

② 단원설정의 이유

단원설정의 이유는 주제 또는 단원을 학습함으로써 어떠한 변화를 유도할 것인가를 기술하는 항목으로서 단원의 성격이나 중요성 및 가치성을 밝히는 단계이다. 일반적으로 국가나 사회관, 학교관, 학습자관을 기초로 필요한 측면을 고려하여 기술한다.

③ 단원의 목표

단원의 목표는 수업 시 가르쳐야 할 대단원에 대한 목표를 의미한다. 목표는 일반목표와 특수목표로 구분되며 이해, 기능, 태도로 구체화하여 표현한다. 이해는 지식에 해당하는 내용, 기능은 기술적인 면을 의미하며, 태도는 목표 성취 시에 갖게 되는 학습태도를 말한다. 이때 진술되는 목표는 학습자의 변화가 기대되는 행동 용어로 진술되어야 하며 수업 종료 시 학습자가 변화되어야 할 행동과 관련 있어야 한다.

④ 지도상의 유의점

해당 단원 학습을 지도하기 위해서는 교사용 지도서에 기록되어 있는 지도상의 유의점을 살펴보고, 각 학습과제별 지도상의 유의점에 관심을 두어 지도계획을 세우고, 실제 수업에 임해야 한다. 그러나 교사용 지도서에 나타난 내용은 학생의 특성, 학교의 특성을 전부 고려하였다고 볼 수 없기 때문에 교사용 지도서를 참고로 하되 교사 자신이 본 단원 학습내용을 분석하여 지도상의 유의점을 찾아내야 한다. 특히 발견학습, 탐구학습, 토의식 학습이 강조되는 단원에서는 그 단원을 처음부터 어떻게 이끌어 나갈지에 관하여 수업 이론이나 모형을 참조하여 지도방법을 탐색하고 구체적 지도방법을 선택해서 진술한다(변영계 외, 2007).

⑤ 단원의 지도계획

단원의 지도계획에서는 대단원을 이루고 있는 중단원 및 소단원을 기술하고 학습내용이 전개될 전체 과정을 몇 개의 차시로 배분하여 학습내용과 관련된 교재와 준비해야 할 자료가 무엇인지를 밝히며, 전후 단원 간, 교과 간, 특별활동과의 관계도 명시한다. 또한 수업 전략을 결정하고, 내용을 전개할 때 활용할 수업매체를 선정하는 것도 여기에서 고려해야 할 일이다.

⑥ **단위시간의 학습지도안**

단위시간의 학습지도안은 단원에서 배분된 학습내용의 목표, 즉 이해, 기능, 태도에 따라서 단위 수업시간에 지도할 학습내용을 밝히는 것으로, 한 단원을 몇 개의 단위시간에 맞는 분량으로 나누어 각 단위시간별로 학습지도안을 작성한다.

⑦ **평가**

평가에서는 단원 전체에 대한 목표가 어느 정도 달성되었는지를 확인해야 하며, 구체적인 평가내용을 사전, 중간, 사후로 자세히 기술한다.

학습지도안은 수업목표, 학습내용, 학습 영역에 따라 다르게 작성될 수 있기 때문에 동일한 하나의 틀만으로 생각할 수 없다. 또한 학습자의 특성에 따라서도 다양한 상호작용이 나타날 수 있기 때문에 그 형식이 다소 다를 수 있는 것이다. 교육현장에서 널리 사용되고 있는 단위시간의 학습지도안 양식은 〈표 7-1〉과 같다.

〈표 7-1〉에서 보는 바와 같이 단위시간의 수업활동은 대체로 도입-전개-정착의 세 단계로 구분할 수 있다. 먼저 도입 단계는 한 시간 수업이 시작되는 단계이며, 5~10분 정도의 비교적 짧은 시간 내에 이루어진다. 이 단계에서 교사는 구체적인 학습목표를 제시하고 학습자의 동기를 유발해 주의를 집중시키게 한다. 오늘 학습할 내용이 전 시간에 학습한 내용과 관련이 있을 경우에는 이를 회상하도록 하여 학생들의 이해를 돕는다.

전개 단계는 학생들에게 학습내용을 제시하고, 교사와 학생 간의 상호작용을 통하여 교수-학습이 진행되는 단계이다. 이 단계는 수업의 중심활동으로, 본시수업의 대부분이 여기에서 이루어진다. 교사는 학생들이 학습목표에 잘 도달할 수 있도록 학생들의 특성과 학습과제의 성질을 고려하여 적합한 교수방법을 적용하고 교수 자료와 매체를 활용하여 수업을 전개한

〈표 7-1〉 단위시간의 학습지도안 양식

<table>
<tr><td colspan="6">○○○과 학습지도안
수업일시: 20 년 월 일 교시 교사 :</td></tr>
<tr><td>대단원</td><td></td><td>소단원</td><td></td><td>쪽</td><td></td></tr>
<tr><td>학습
목표</td><td colspan="5"></td></tr>
<tr><td colspan="6">교수-학습의 과정</td></tr>
<tr><td>수업의
흐름</td><td>학습내용</td><td colspan="2">교수-학습활동</td><td>시간</td><td>관련 자료 및
지도상 유의점</td></tr>
<tr><td>도 입</td><td></td><td colspan="2"></td><td></td><td></td></tr>
<tr><td>전 개</td><td></td><td colspan="2"></td><td></td><td></td></tr>
<tr><td>정 착</td><td></td><td colspan="2"></td><td></td><td></td></tr>
</table>

다. 또한 학생들이 적극적으로 수업에 참여할 수 있도록 유도하고 수시로 학생들의 이해의 정도를 확인한다.

정착 단계는 학습한 내용을 정리하고 종결하는 단계로 단위시간 교수-학습과정의 결론 부분이라 할 수 있다. 전개 단계에서 다룬 학습내용에 대해 간결하고 명료하게 요약 · 정리해 주고 연습의 기회를 제공하여 그 내용이 학생의 인지구조 속에 통합되고 일반화되어 실제에 적용될 수 있도록 한다. 그리고 수업시간 동안 충분히 다루지 못한 내용에 대한 보충자료와 심화자료를 소개하고, 다음 시간에 대한 예고를 해 줌으로써 학생들의 기대와 예습을 유도한다.

학습지도의 단계별 주요 활동을 살펴보면 〈표 7-2〉와 같다.

〈표 7-2〉 학습지도의 단계별 주요 활동

학습지도의 단계	주요 활동
도입 단계	• 학습목표의 제시 • 학생의 동기유발 • 선수학습에 대한 회상
전개 단계	• 학습내용의 제시 • 적합한 교수방법의 적용 • 교수 자료 및 매체의 활용 • 학습자 참여 유도
정착 단계	• 요약 및 정리 • 연습의 기회 제공 • 인지구조 내의 통합 및 적용 • 보충 및 차시 예고

형성평가

1. 교수-학습 계획의 필요성에 대해 설명하시오.
2. 학습지도안의 구성 요소에 대해 설명하시오.
3. 〈표 7-1〉에 제시된 학습지도안 양식에 따라 단위시간의 실제 학습지도안을 작성해 보시오.

제8장

교육공학의 기초

교육공학은 교육공학을 둘러싸고 있는 인문사회과학적 지식은 물론 자연과학적 이론을 접목시켜 교육현상, 특히 학습활동을 촉진시키는 과학적 방법에 대한 이론을 창출하고 이를 적용하여 학습효과성과 유의미성을 높이려는 학문적 노력이다.

– 유영만(2006)

1. 교육공학의 이해

오늘날 과학기술의 발달은 새로운 신조어를 많이 등장시켰으며 이러한 용어 중에 공학이라는 개념은 사회 전반적인 부분에서 다양하게 활용되고 있다. 그러나 공학이라는 용어를 하드웨어인 기계로서 이해하고 있는 탓에 교육현장에서도 기계적 장치로만 이해되고 있다. 원래 공학(technology)이라는 용어는 과학기술, 공예, 응용과학을 뜻하지만 사실 공학은 그 이상의 의미를 지니고 있다. 갤브레이스(Galbraith, 1967)는 공학이란 과학적 또는 조직화된 지식을 실제적인 과제의 해결에 체계적으로 적용하는 것이라고 정의하고 있다. 하인니히 등(Heinich et al., 1989)은 공학을 하드웨어나 소프트웨어를 포함할 수도 있고, 포함하지 않을 수도 있는 것으로서 특정 과제를 수행하는 데 필요한 실천적 기법을 의미하는 것이라고 하였다. 이러한 의미로 볼 때 공학은 산물로서의 기계장치 개념만이 아닌 과학적 방법에 의해 체계화된 지식을 공학적 원리와 기법을 활용하여 실제에 적용하는 응용과학적 의미까지 포함하는 과정으로서 이해해야 할 것이다(박숙희 외, 1997). 이러한 공학적 의미가 교육현상의 실제와 관련된 문제를 해결하기 위하여 적용된 학문 분야가 교육공학이다. 교육공학은 교육과 공학이 각기 발전해 오다 '교육적 요구'에 의해 공학(TV, 컴퓨터, 정보통신매체)이 채택되었다는 상호 독립체제로서의 시각과 이와는 달리 교육의 필요에 의해 공학이 수정 · 보완되어 발전하였다는 상호보완적 체제로서의 시각이 있다. 최근 교육환경에서 공학적인 접근과 고려는 더욱더 활성화되고 있는 추세이다. 이러한 공학적 접근과 변화는 교육환경에 많은 변화를 주고 있으며 긍정적인 방향으로 활용될 수 있을 것으로 기대하고 있다.

1) 교육과 공학의 개념적 이해

(1) 교육에서의 공학

교육에서의 공학은 지식을 전달하는 모든 기계적 도구들이 교수-학습의 의사소통을 위한 기술적 수단으로서 활용됨을 의미하며, 시청각교육 활용형태가 가장 일반적이라 할 수 있다. 즉, 교육의 목적을 보다 효율적으로 달성할 수 있도록 공학을 수단으로 사용하는 개념이다. 교수-학습의 의사소통을 위한 도구로서 OHP, 슬라이드, 오디오, TV, 컴퓨터 등 하드웨어적 도구와 TP, 슬라이드 필름, 오디오 테이프, 컴퓨터 프로그램 등 소프트웨어적 도구가 이에 속한다. 이처럼 교육에서의 공학은 인간적, 교육적인 요소보다는 기계적 요소의 의미를 강하게 내포하고 있음을 알 수 있다.

(2) 교육의 공학

교육의 공학은 학습을 위한 과정과 자원의 설계, 개발, 활용, 관리, 평가에 관한 이론과 실제이며, 교수-학습과 관련된 모든 요소들을 포괄적으로 내포하고 있기 때문에 광의의 정의로 볼 수 있다. 교육의 공학은 교육에서의 공학처럼 다양한 매체가 교수-학습과정에서 단편적으로 활용되는 것이 아니라 학습원리, 학습자의 특성을 분석하여 이를 근거로 매체를 선정하며, 하드웨어인 기술적 장치와 소프트웨어인 수업자료가 학습자 중심의 입장에서 적용되고 있다. 이처럼 교육의 공학은 교육적 요소와 공학적 요소가 서로 불완전하지만 공학적 요소에 교육적 원리들을 도입하여 활용하는 것을 의미한다.

(3) 인간의 교육공학

이 입장에서는 학습자를 과학적 통제와 측정의 개체로 보는 것이 아니라 주체적이고 자율적인 존재로서 자신의 문제를 적극적으로 탐색하고 해결하려는 주체적 인간으로 본다. 기존의 입장에서는 수업에 있어서 지식을 전달하는 데 필요한 도구로서 인간을 종속적인 입장으로 보고 있으나, 이 개념에서는 인간을 존재시키기 위해 도구들이 존재하는 것으로 이해할 수 있다. 최근에 발달하고 있는 센서 기능, 유니버셜 디자인, 유비쿼터스, 위성 DMB, 음성인식 기능 등은 인간의 교육공학을 잘 대변해 주는 예로 볼 수 있다. 교육과 공학의 관계를 불완전한 적응보다는 완전한 적응관계로 보고 있다.

2) 교육공학의 발달

역사적으로 볼 때 교육공학은 1632년 150여 장의 그림을 삽입하여 만든 코메니우스(Comenius)의 세계도회를 출발점으로 페스탈로치(Pestalozzi)

의 감각교육, 프뢰벨(Fröbel)의 은물, 몬테소리(Montessori)의 감각교구 등이 교육의 효율성을 극대화시키기 위한 대안으로 제시됨으로써 발전하였다. 20세기에 들어서면서 점차 전자매체가 활성화되면서 라디오, 영화, TV, 컴퓨터 등을 어떻게 교육에 활용할 수 있으며 그 효과성은 어떠한지를 알고자 하는 연구에서 하나의 학문 분야로서 성립되는 발판이 되었다.

(1) 시각교육

과학의 발달과 함께 교육현장에서의 사진, 영화 등의 매체가 활성화되면서 초기 교육공학은 언어 중심 교육에서 벗어나 학습자에게 구체적인 경험을 제공하는 시각교육(visual education)을 중심으로 이루어졌다. 시각교육은 그래픽, 차트, 모형, 영화 등과 같이 학습자의 시지각에 기반을 둔 모든 교육을 의미한다(이용환, 곽기상, 2005). 시각교육의 목적은 학습자에게 구체적인 학습 경험을 제공하고 다양한 시각 보조물을 교육현장에서 활용함으로써 학습자의 학습흥미를 자극하고 효과적인 학습을 성취할 수 있도록 하는 데 있다. 그러나 시각교육은 교사가 시각매체를 단순히 교수-학습과정의 보조물로 간주하는 단점이 있다.

(2) 시청각교육

1930년 말부터 음향 녹음, 축음기의 보급, 그리고 유성영화가 출현함에 따라 시각교육에 청각적인 요소가 가미되어 시청각교육으로 발전하였다. 이용환과 곽기상(2005)은 시청각교육에서는 인쇄매체를 제외한 시각 및 청각적인 보조자료를 시청각 매체라고 보며, 시청각 매체는 인쇄매체의 보완 내지는 보충적인 입장으로 설명하고 있다. 시청각교육(audio-visual education)은 영화, 슬라이드, 라디오, 텔레비전 등의 시청각 매체를 활용하여 학습이 효과적으로 이루어지도록 도모하는 방법으로 학습자에게 시각과 청각을 통한 구체적이고 실제적인 자료를 제시하여 학습의 효율성을 향상시키도록 하는 것이다. 그러나 시청각 매체 자체의 효과만을 중시하기 때문에 시청각 매체가 활용되는 교수–학습과정을 간과하였다는 제한점을 가지고 있다.

(3) 시청각 커뮤니케이션

제2차 세계대전 이후, 시청각교육은 교육을 양방향적인 커뮤니케이션 과정으로 보는 커뮤니케이션의 개념과 교수–학습과정을 일련의 요소로 구성된 완전한 체제로 간주하는 초기 체제개념이 도입되어 시청각 커뮤니케이션(audio-visual communication)이라는 새로운 분야로 발전하였다. 시청각 커뮤니케이션은 교수–학습과정을 송신자와 수신자 간의 통신과정으로 보려는 관점과 교수–학습과정에 학습내용, 교수매체, 수업방법 등을 통합적으로 고려하여 설계하는 교수체제의 관점이 결합되어 탄생된 것이다(Ely, 1963). 이 입장에서 보면 시청각 통신을 메시지의 고안과 활용이라는 분야에 초점을 맞추고, 메시지를 시각적 그리고 언어적 메시지를 모두 포함함으로써 언어와 비언어의 구별을 없이 하였다. 또한 교육환경 속에서 요원과 도구에 의하여 메시지를 구조화하고 시스템화하는 것을 시도함으로써 교수체제의 각 요소와 전체의 계획, 제작, 선택, 관리, 활용까지 포함하게 되었다. 그러나 시청각 커뮤니케이션 이론은 내용을 선정하거나 목표의 상세화, 피드백 분석 등의 요소가 시청각 커뮤니케이션 설계체제 밖에 위치하므로 모든 교육적 요소를 하나의 체제 안에 모두 포함시키지 못했다는 문제점을 가지고 있다.

(4) 교수공학

1970년대 지식과 인구의 폭발적 증가 그리고 과학 및 문화의 급속한 발달 등으로 인하여 교육현장에 테크놀로지가 도입되어야 할 필요성이 제기되면서 시청각 커뮤니케이션 이론에 스키너의 행동주의이론과 과정 중심의 체제접근이론이 가미된 교수공학이 대두되었다. 스키너의 행동주의이론인 행동적 수업목표와 준거지향평가가 교수공학(instructional technology)의 주요 요소로 간주되면서 교수공학은 방법적인 접근방식의 형태에서 과학의 수준으로 발전하게 되었다. 또한 일련의 절차나 과정 속에서 체제를 구성하고 있는 요소들이 상호 역동적으로 통합됨으로써 교수공학은 단지 어떤 특정한 매체나 고안물의 관점을 벗어나 특정한 학습목표에 따라 교수-학습의 전 과정을 설계하고 실행하며 평가 및 관리할 수 있게 되었다.

(5) 교육공학

교육공학은 수업과 학습을 연결하는 학문으로, 교육학 이론을 바탕으로 학습이 원활히 일어날 수 있도록 처방하는 기법과 심리학을 배경으로 행동수행이나 인지과정에서 일어나는 원리를 중심 내용으로 하고 있다(양용칠, 2000). 그러므로 교육공학은 수업과 학습, 두 과정의 최적의 환경을 찾는 것으로 설명될 수 있다. 때문에 교육공학의 연구 분야는 [그림 8-1]에서 보듯이 교육학의 여러 영역에 비하여 교육현장과 밀접하게 관련될 뿐 아니라 교실 수업과정에 미치는 직접적인 영향에 관심을 둔다. 즉, 교육공학은 교육의 핵심인 교수-학습과정의 혁신에 관심을 두고 학습 심리학 및 이론에 기초해 수업설계, 개발, 실행 및 평가의 문제를 다룬다. 예를 들면, 교수매체의 제작 및 활용, 교수 전략 및 기법, 교사와 학생의 상호작용, 수업 이론과 모형 개발, 수업체제 설계 등 구체적인 교육활동에 관한 연구가 중심이 된다.

교육공학에 대한 정의는 교육공학의 학문 영역이 수업지도안 개발 활동에서부터 교육체제 설계에 이르기까지 다양한 것에서 알 수 있듯이 개념 정립 또한 학자에 따라 다양하다. 미국교육공학회(AECT, 1994)는 교육공학을 "학습을 위한 절차와 자원을 설계, 개발, 활용, 관리, 평가하는 이론과 실제"라고 정의하였다. 권성호(1998)는 교육공학은 학습자의 창조적 사

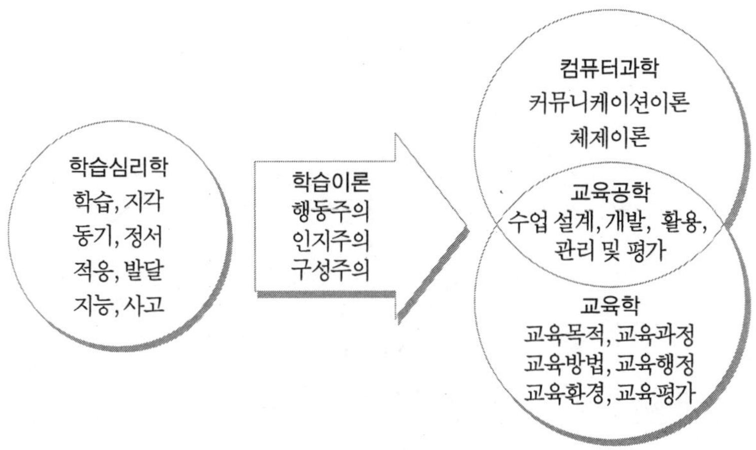

[그림 8-1] **교육공학의 접근**(심성경 외, 2007)

고와 학습효과의 극대화를 위해 공학의 원리와 기법이 교육/훈련 분야에 적용되는 모든 경우를 총칭하며, 문제해결을 위해 학습과정과 자원의 설계, 개발, 활용, 관리, 평가를 학문적 접근을 통해 총체적으로 연구·개발하는 실천적 응용학문으로 보고 있다. 이처럼 교육공학은 설계, 개발, 활용, 관리 및 평가의 다섯 가지 하위 요소로 구성되며 실제를 다루는 전문 분야이자 동시에 이론을 연구하는 학문 분야임을 알 수 있다.

2. 교육공학의 영역

교육공학의 영역은 [그림 8-2]에서 볼 수 있듯이 설계, 개발, 활용, 관리, 평가의 다섯 가지로 나눌 수 있고, 각 영역은 여러 개의 하위 요소들로 이루어진다. 하위 영역들은 서로 상호보완적이며 필요에 따라 다른 영역으로부터 이론과 실제를 도출하기도 하고, 각 분야의 이론을 공유하기도 하

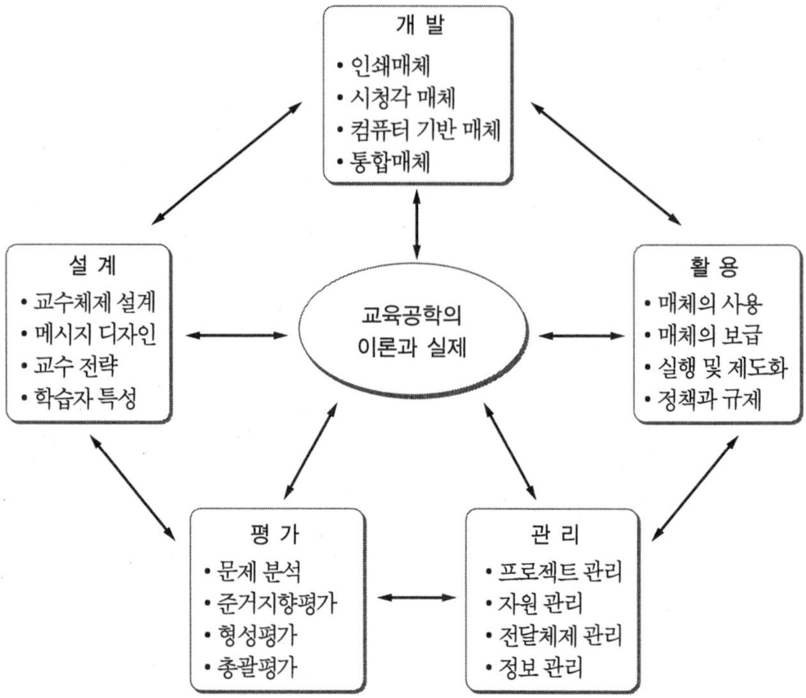

[그림 8-2] **교육공학의 영역과 하위 범주** (Seels & Richey, 1994)

며 피드백을 사용하여 다른 영역들을 지원하기도 하는 특징을 가지고 있다. 이들 하위 영역에 대해 보다 구체적으로 살펴보면 다음과 같다.

1) 설계 영역

설계 영역은 구체적인 교수목적을 달성하기 위해 학습의 조건들을 분석하여 다양한 방법과 전략을 기획하는 이론과 실제의 영역이다. 이 영역은 교수체제 설계, 메시지 디자인, 교수 전략, 학습자 특성의 하위 요소로 구성되어 있다. 교수체제 설계는 분석, 설계, 개발, 실행 그리고 평가의 단계가 포함된 조직적인 절차이다. 분석은 무엇을 배워야 하는지, 설계는 어떻게 배워야 하는지에 관한 과정이며, 개발은 분석과 설계를 통한 자료를 바탕으로 교수매체를 제작하는 과정이다. 실행은 교수상황 안에서 자료와 전략을 실제로 활용하는 것이며, 평가는 교수의 효과를 검증하는 과정이다. 메시지 디자인은 메시지의 실물화를 위한 계획을 포함하는 과정으로 교수-학습의 장에서 어떻게 메시지를 설계하는 것이 학습의 효과를 가져올 것인지를 연구한다. 주의집중, 지각, 기억 등 학습자의 인지과정에 관한 연구를 바탕으로 문자, 기호, 그림 등을 어떠한 형태와 순서로 제시할 것인가에 관해 설계한다. 교수 전략은 하나의 단위수업 안에서 교수-학습활동을 선택하고, 구체적으로 계열화를 하는 과정이다. 최근에는 상황학습을 위한 방법, 문제 중심 학습을 위한 방법 등 학습에 관한 구성주의적 관점에 기반한 교수-학습 환경 설계 전략이 학습상황과 학습 유형에 따라 적용되고 있다. 학습자 특성은 학습과정의 효과에 영향을 미치는 학습자의 연령, 지적 능력, 사회, 경제적 환경, 성취동기 등과 성취하기를 기대하는 학습과제와 관련된 선수학습 수준을 파악한다. 학습자 특성은 학습의 결과에 영향을 줄 수 있기 때문에 교수 전략뿐만 아니라 학습내용의 선정에 영향을 미치는 중요한 변인으로 간주되고 있다.

2) 개발 영역

개발 영역은 설계 영역을 통해서 산출된 항목을 근거로 실제로 활용이 가능한 형태인 매체를 제작하는 과정으로서 교수-학습과정에서 발생하는 의사소통 유형에 크게 영향을 받는다. 개발 영역은 교수에 적용되는 다양한 테크놀로지, 즉 영화, 방송, 컴퓨터, 멀티미디어 등을 포함한다. 개발 영역은 인쇄매체, 시청각 매체, 컴퓨터 기반 매체, 통합매체의 하위 요소로 구성되어 있다. 인쇄매체는 기계를 사용하거나 사진 인화 과정을 활용하여 책이나 정사진 자료를 제작하고 전달하는 방법으로 문자와 시각 자료로 나

된다. 매체의 개발은 시지각이론 및 정보처리 관련 이론과 학습이론에 바탕을 둔다. 시청각 매체는 음성과 시각 메시지로 결합된 자료를 제작하고 전달한다. 최근에는 상호작용 매체가 많이 개발되고 있다. 컴퓨터 기반 매체는 컴퓨터를 사용하여 자료를 제작하고 전달하는 방법이다. 컴퓨터로 자료를 제작할 때에는 행동주의, 인지주의 및 구성주의 학습원리에 기반하여 효과적인 프로그램을 개발하도록 해야 한다. 통합매체는 컴퓨터 제어하에 다양한 유형의 매체들을 도입하여 자료를 개발하고 전달하는 방법이다.

3) 활용 영역

활용 영역은 학습을 위해 절차나 자원을 사용하는 방법이다. 학습자를 특정 자료나 활동에 연결시키거나, 매체와 원활한 상호작용이 있도록 준비시키며, 학습수행 시 적절한 안내와 결과에 대한 평가 등을 제공함으로써 교육현장에서 유용하게 활용할 수 있도록 통합하는 것이다. 따라서 활용 영역은 체계적인 사용, 보급, 확산, 실행 및 제도화를 필요로 한다.

4) 관리 영역

관리 영역은 일반적으로 교수설계와 개발 프로젝트의 기획, 조직과 조정 및 감독을 통하여 교육공학의 과정과 결과를 운영·조절하는 기능이다. 교수매체센터의 관리, 교수자료 개발 프로젝트의 관리, 시청각 매체의 관리, 컴퓨터 네트워크의 관리 등이 그 대표적 예들이다. 관리 영역은 프로젝트 관리, 자원 관리, 전달체제 관리, 그리고 정보 관리의 하위 요소로 구성된다. 프로젝트 관리는 교수설계와 개발 프로젝트를 기획·조직하고 조정·감독하는 일련의 활동과 그에 관련된 원리들을 포함한다. 자원 관리는 설계, 개발, 활용, 평가와 관련된 인적 자원과 예산, 재료, 시간, 시설 등의 지원 체제와 서비스의 관리를 의미한다. 전달체제 관리란 교수자료를 학습자에게 보급 · 확산시키는 과정과 방법을 관리하는 기능이다. 정보 관리란 교수설계, 개발, 활용, 평가 영역의 정보를 저장 · 전달 · 처리하는 과정과 방법을 관리한다.

5) 평가 영역

평가 영역은 목표, 과제, 절차, 프로그램, 산출물인 교수매체의 효과 또는 가치를 결정하는 기능이다. 평가 영역의 하위 구성 요소로는 문제 분석과 준거지향평가, 형성평가 그리고 총괄평가가 있다. 문제 분석은 교수설계가 시작되기 이전에 문제의 성질과 변인이 제대로 파악되었는지를 평가한다. 준거지향평가는 이미 구체화된 목표에 학습자가 도달하였는가를 평가하는 것으로 목표와 관련하여 지식, 태도, 기술, 행동 등의 성취도를 파악한다. 형성평가는 개발과정에서 각종 정보를 수집하여 결과물의 질을 향상시키고자 하는 것이 목적이며, 총괄평가는 산출물인 교수매체의 유용성을 결정하기 위하여 각종 정보를 수집하는 것이다.

3. 교육방법과 교육공학의 관계

교육방법 및 교육공학이라는 교과목은 교육과학기술부의 교직과정운영지침에 나오는 교직과목의 한 영역이다. 학자들에 따라서는 교육공학과 교육방법을 분리하지 않고 통합적으로 사용하는 경우도 있고(김신자 외, 1999; 나일주, 정인성, 1996), 별도로 구분하여 정의하는 경우도 있다(변영계 외, 2007). 교육방법과 교육공학과의 관계를 몇 가지 관점에서 살펴보면 다음과 같다(변영계 외, 2007).

첫째, 교육공학이 과학적 지식과 그의 적용(실행)을 핵심 내용으로 하듯이 교육방법 역시 이론과 실행을 바탕으로 한다.

둘째, 교육공학의 한 요소인 첨단매체가 수업에 도입됨으로써 교육방법적 측면에서 다양한 전략이 도출된다. 멀티미디어, 인터넷 및 각종 첨단매체를 이용한 e-Learning, u-Learning 및 ICT 활용 교육 등이 좋은 예가 된다.

셋째, 교육공학의 과학적인 접근은 수업현장 및 교육현장에서 교육방법의 질적 개선을 위한 구체적이고 실제적인 지침을 제공해 준다. 예를 들어, 수업을 설계하기 위한 학습자 분석, 목표 분석, 매체 활용 분석 등을 통한 교수자료의 수집과 이해는 수업방법의 개선을 위한 자료를 제공해 준다.

넷째, 교육공학의 체제적 접근법은 교육방법의 실행과 관련된 제반 문제의 해결을 위한 구체적인 지침을 제공해 준다. 교육공학의 체제적 접근법은 환경적인 특성, 교사와 학습자 간에 형성된 관계, 사용할 수 있는 매체 그리고 수업방법에 영향을 주는 기타 제반 환경 등과의 복합적이며 체제적인 변인들에 대한 이해와 적응을 제공한다.

형성평가

1. 교육공학의 의미를 설명하시오.
2. 교육공학의 다섯 가지 영역을 제시하시오.
3. 교육방법과 교육공학의 관계를 설명하시오.

제9장

교육공학의 이론

교육공학에 관련된 테크놀로지는 과정 중심의 소프트테크놀로지와 산출물 중심의 하드테크놀로지로 나눌 수 있다. 교육공학의 하드테크노놀로지에는 컴퓨터, 멀티미디어, 인공위성과 같은 교수매체들(즉, 산출물)이 포함된다. 반면에 소프트테크놀로지에는 교수설계 또는 교수체제 개발, 교수방법, 교수-학습이론 등이 포함된다.

– Heinich et al. (2002)

1. 체제이론

1) 체제이론의 개념

체제이론은 커뮤니케이션이론과 함께 시청각 분야에 도입된 개념으로, 초기에는 과정(process)이 아닌 산물(product)로서 수업을 위해 통합된 조직형태로 보았다. 호반(Hoban, 1965)은 체제(system)를 '공통의 목적을 위해서 체제를 구성하는 각 요소들이 체계적으로 이루어진 조직체'로 보았다. 그는 체제를 설명함에 있어 요소나 부분들 간의 관계와 기능을 수행하는 조직체라는 두 가지의 의미로 해석하고 있다. 그러므로 체제의 효율성을 높이기 위해서는 각 요소들 간의 상호관련성과 이를 토대로 요소 간의 통합이 중요함을 알 수 있다. 핀(Finn) 등은 교육공학에 체제개념을 도입하면서 나타난 특징을 다음과 같이 설명하고 있다(AECT, 1977). 첫째, 기본 구성 요소 또는 산물로서의 체제는 교수자료가 아닌 완전한 수업체제로 보고 있다. 둘째, 개별적 자료들은 교사와 분리된 보조물이 아닌 수업체제의 제 구성 요소로서 간주하고 있다. 셋째, 수업체제를 구성하기 위하여 각 구성 요소들이 어떤 방법으로든 통합되고 있다. 이처럼 체제 접근(system approach)은 초기 교육공학에서 나타나는 수업 관련 문제들을 해결하기 위하여 도입된 보다 체계적인 접근방법이다. 초기 체제이론에서는 주로 교재 및 메시지와 같은 산물(product)을 중시한 데 반해 후기 체제 접근에서는 교육통신이론과 같은 과정(process)을 강조하고 있다. 한편 김종량(1995)은 체제 접근을 일련의 체계적 절차 및 과정 속에서 체제를 구성하는 요소들을 서로 구조적, 기능적으로 통합함으로써 체제의 효과성을 극대화시키려는 조직적인 문제해결 도구이자 합리적인 접근방법으로 정의하고 있다. 일반적으로 체제 접근의 절차 혹은 과정은 교수목표의 설정, 교재의 선택 및 개발, 교수방법 선택, 평가자료 개발의 단계를 거친다. 그리고 평가에 의한 학습결과는 교수목표와 비교 · 평가해야 하며 평가결과의 분석에 의하여 체제가 변형되기도 한다(Heinich, 1970).

2) 핀의 수업체제모형

핀(1964)은 교수-학습과정을 다양한 교수방법으로 조직되고 체계적으로 통합된 체제로서 간주하고 있으며, 교수체제의 구성 요소로서 다양한 교수방법을 제시하고 있다. 그가 교수체제의 구성 요소로 포함하고 있는 다양한 교수방법들은 집단수업을 비롯하여 개별화수업, 소집단수업, 티칭머신을 이용한 자동화 수업, 교사, 학생, 집단별 역할극을 통한 상호작용 수업, 자습, 문제해결 등을 통한 창의적 학습 등이다.

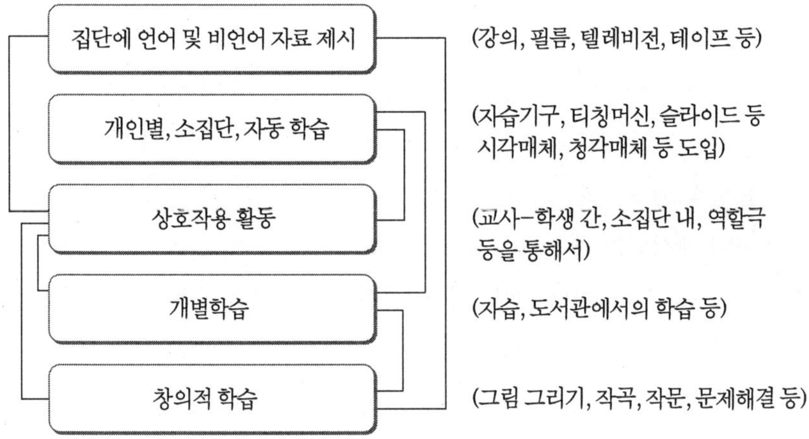

[그림 9-1] **핀의 수업체제모형**(Finn, 1964)

이러한 교수방법들은 교수-학습 상황에 따라 통합적으로 활용될 때 교수-학습체제 전체의 효율성이 증가한다고 하였다. 핀이 제시한 교수-학습과정의 통합체제를 살펴보면 [그림 9-1]과 같다.

핀은 수업체제모형을 검은 상자의 개념으로 설명하고 있는데, 이는 교수체제의 구성 요소에 대응되는 각각의 교수방법들이 검은 상자의 속처럼 서로 어떻게 관계하고 학습자에게 작용하고 있는지를 모른다는 것을 의미한다. 다시 말하면, 검은 상자는 교사가 수업상황에서 사용하는 교수방법으로서 수업에서 여러 가지 방법들이 통합적으로 활용되어 학습자의 학습 성취에 대한 반응을 얻게 되지만 그렇게 획득한 반응이 학습자의 내부의 어떠한 과정에 의해서 이루어지는지 확실하게 알지 못함을 말한다.

3) 엘리의 시청각교육통신모형

시청각 교육통신은 통신이론과 초기 체제개념의 통합으로 나타난 것으로 교수-학습과정을 통제하는 메시지의 고안 및 활용을 강조하고 있다. 이 모형은 교수-학습과정을 통신과정과 동일하게 보고 체제적 관점의 수업상황과 관련하여 메시지를 적절한 통신방법과 교수매체를 통해서 제공하려는 것이다(김종량, 1995). 시청각 교육통신은 교수-학습과정에서 사용되는 표상적 메시지의 특징과 장단점을 분석하고, 수업상황에서 교수매체에 의하여 제시되는 메시지를 체계적으로 구조화하며, 전반적인 수업체제와 관련된 모든 메시지의 고안, 제작, 선정, 관리, 이용 등을 계획적으로 실시한다는 특징을 가지고 있다.

엘리(Ely, 1963)는 이 모형을 [그림 9-2]와 같이 제시하고 있다.

[그림 9-2]를 보면 학습자가 핵심적인 부분임을 강조하고 있으며, 특히 학습자의 반응과 그 반응에 대한 평가라는 피드백 개념을 첨가함으로써 시청각 통신과정의 역동성을 강조하고 수업상황과 관련하여 시청각 통신계획 속에 포함되어야 할 구성 요소들, 즉 메시지, 요원, 매체-도구, 방법, 환경 등을 제시하고 있다. 이들 각 요소들의 기능을 보면, 메시지는 전달되는 정보(학습내용)이며, 매체는 메시지를 전달하는 도구로서 교재나 교구에 해당하며, 요원은 메시지의 제시, 매체 기기의 활용 등을 보조하는 인력을

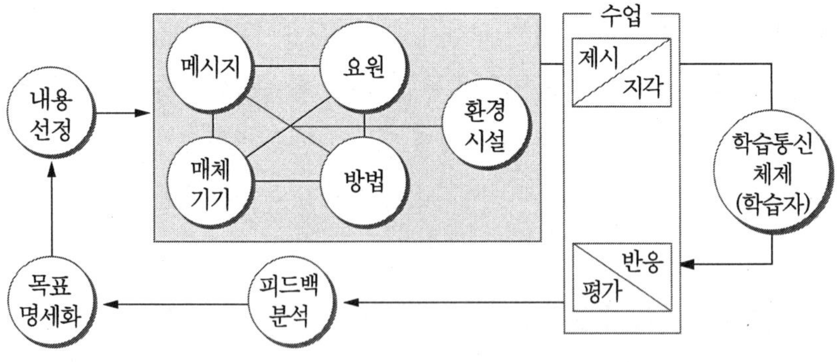

[그림 9-2] 엘리의 시청각과 교육통신 과정과의 관계 모형(Ely, 1963)

의미한다. 그리고 방법은 효과적인 수업이 실시되는 데 필요한 구체적인 전략을 의미하며, 환경은 수업이 효율적으로 수행될 수 있도록 제반 물리적인 상태 및 조건을 정비하는 것을 말한다.

시청각교육통신모형은 교육을 통신의 한 분야로 간주하고 전달한 메시지와 매체를 적절히 선택하고 조직하면 교수-학습에서의 최대한의 효과를 거둘 수 있다는 장점이 있으나 메시지의 전달과 수용에 있어서 기계적인 측면을 너무 강조하고, 학생과 교사 사이의 인간적인 접촉이 배제되어 있다는 단점이 있다(이용환, 곽기상, 2005).

2. 지각이론

1) 지각이론의 개념

교수-학습 목표의 달성을 위해 필요한 교수매체를 선정, 제작 및 활용하기 위해서는 학습자의 지각원리를 이해하는 것이 중요하다. 지각이란 우리의 감각기관을 통해 들어오는 정보를 해독하는 과정이다. 즉, 우리의 눈, 귀, 코 그리고 피부 속 신경 등의 감각적 기제를 통해 주변 사물에 대한 정보를 습득하는 과정이다. 따라서 지각은 주변환경을 이해하는 데 필요한 가장 기본적이며 중요한 요소인 것이다. 지각된 정보는 일차적으로 저장되었다가 이차적으로 지식체계로 전환된다. 이와 같이 지각은 의사소통에 선행되며, 지각한 것에 대한 의사소통의 결과로 학습이 이루어진다.

2) 지각의 일반원리

학습자의 지각과 관련한 일반적인 원리를 살펴보면 다음과 같다.

첫째, 학습자는 선택적인 지각을 한다. 즉, 학습자는 감각기관을 통해 들어오는 모든 자극을 다 지각하는 것이 아니라 자극의 특성 및 강도, 각자의 경험과 욕구 및 흥미 등에 따라 선택하여 지각한다. 따라서 교수매체로 제시되는 정보는 학습자의 욕구나 흥미, 경험에 적합한 것을 제시하여야 한다.

둘째, 학습자는 경제적으로 지각한다. 학습자는 자극을 처리할 때 단순하고 쉬운 내용을 더 빨리 지각하며, 자극의 내용이 복잡하고 산만할 때는 지각 도피 현상이 일어난다. 예를 들어, 한 그림에 두 가지 형태가 복합적으로 담겨 있을 때에는 학습자가 지각하기 쉬운 간단한 형태와 익숙한 형태가 먼저 지각된다.

셋째, 학습자는 형상과 배경으로 나누어 지각한다. 만약 거리나 깊이, 색깔, 형태 등의 단서가 모호한 장면에 접하게 되면 학습자는 형상과 배경의 분리가 어렵기 때문에 의미 있는 지각을 할 수 없다.

넷째, 학습자는 외부의 사물을 조직하여 지각한다. 만약 형태가 완전하지 않을 경우 학습자는 그것을 순서에 따라 ①, ②, ③ 등과 같이 번호를 붙이거나, 작은 것에서 큰 것의 순으로 전개하는 등의 방법을 사용하기도 한다.

다섯째, 학습자가 지각한 성질에 따라 매체가 달라진다. 개념이 공간적인 경우, 즉 산, 육면체, 인체 내부, 잎 모양 등은 시각매체가 적절하며 개념이 시간적일 경우, 즉 리듬, 시간, 계열, 빈도, 시, 음악, 연설 등은 청각매체가 적절하다.

3) 나일주의 인간시각지능이론

시각은 인간이 가진 감각기관 중 가장 편리하면서도 반복적으로 사용되는 정보 습득 기관이다. 인간은 시각을 통해 들어온 정보들을 다양한 방식으로 조직하게 된다. 이렇게 시각을 통해 습득된 정보는 인간의 두뇌에 의해 처리되어 해석, 정리, 저장, 재정리, 축적 등의 작용을 하게 된다(나일주, 2007). 그는 시각지능이 해석, 조작, 창조의 세 가지 차원에서 전개되는 것으로 보았다. 첫째, 해석의 차원은 인간의 뇌가 외부의 물리적 환경을 해석하는 데에 관련된 지적인 작용의 차원이다. 출생했을 때 인간의 뇌 속에 외부의 물리적 환경에 대한 어떠한 정보도 존재하지 않았다고 가정한다면 인간은 눈을 떠서 세상을 보게 되는 순간부터 시각적 정보를 가지기 시작한다고 볼 수 있다. 이때부터 형성되기 시작하는 외부세계에 대한 이해가 시각지능의 해석의 차원을 형성한다고 보는 것이다. 그리하여 인간은 눈으로 보는 것들에 대한 해석, 즉 높낮이를 판단하고, 거리를 재며, 실제로 존재하는 것과 거울 속에 비친 것을 구분함으로써 물리적 세계에 반응을 하게 된다. 둘째로 인간의 뇌 속에서 시각적 자료들을 조작하는 차원이 존재한다. 여기에는 물리적 사물들의 위치, 모양, 운동, 색깔, 방향 등을 조작하는 것, 눈에 보이지 않는 것을 보이는 것처럼 가정하여 조작하는 것 등이 포함된다. 나일주는 이러한 시각적 조작이 물리적 대상뿐만 아니라 개념적 대상에 대해서도 일어나고 물리적 대상과 개념적 대상이 복잡하게 얽혀 있는 상황에서도 일어난다고 보며 이러한 차원의 시각지능을 조작 차원의 시각지능으로 보았다. 셋째는 창조의 차원이다. 그는 인간이 보유한 시각적 능력에 의해 현재의 시점에서는 이해하기 어려운 무언가를 창조해 내거나, 아직 규명하지 않은 방식에 의해 시각적 창조가 일어나는 현상이 존재하며 그 현상이 존재하는 차원을 창조적 차원으로 보았다. 미래에 대한 시각화, 환상, 꿈과 같은 시각적 현상들이 여기에 포함된다. 현재 이 차원과 관련하여 인간의 꿈이나 공상을 영상으로 옮길 수 있는 기술이 일본에서 개발되었다(중앙일보, 2008). 교토의 국제전기통신 기초기술연구소(ATR) 연구팀은 인간의 뇌 혈류 패턴을 분석함으로써 머리로 인식하는 형태를 그대로 컴퓨터 화면에 재현하는 기술 개발에 성공하였다. 즉, 사람의 시각으로 본 다양한 글자와 그림을 그려 내는 기술이 개발된 것이다.

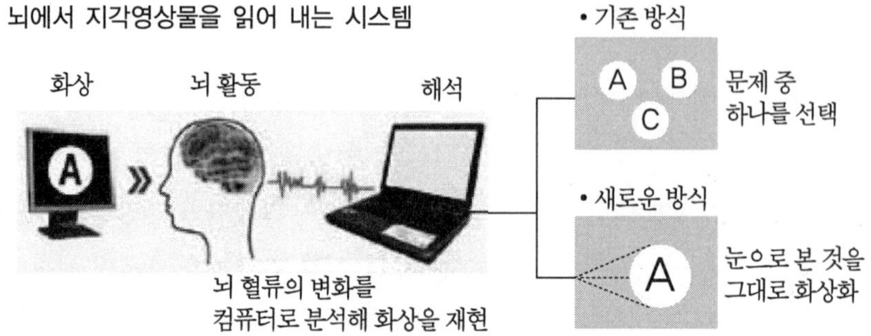

[그림 9-3] **뇌에서 지각영상물을 읽어 내는 시스템**(중앙일보, 2008)

현재 시각과 관련된 연구는 해부학, 뇌과학, 컴퓨터과학, 심리학 등의 발달에 힘입어 실증적이고 역동적인 형태로 이루어지고 있다. 특히 시각을 기계에게도 부여하고자 하는 로보틱스 과학은 시각의 세계를 디지털적인 수치와 연상의 형태로까지 변형시킬 수 있음을 보여 주고 있다.

3. 시청각이론

1) 호반의 교육과정 시각화이론

호반(1960)은 교육의 목적을 경험의 일반화에 두고, 이 일반화 과정에 있어서 학습 경험의 시각화가 필요하다고 보았다. 경험의 일반화를 위해서는 언어 또는 경험만으로는 불가능하며 경험과 언어의 결합만이 경험을 일반화할 수 있는 것으로 보았다. 즉, 추상(언어)을 구체(실제 경험)에 의하여 보완해야 한다는 것이다. 그러므로 효과적인 학습을 위해서는 보다 구체성이 많은 내용에서 점차 추상적인 것을 사용해야 한다고 주장하였다. 호반은 [그림 9-4]와 같이 추상적 단계와 구체적 단계 사이를 8개의 단계로 구분

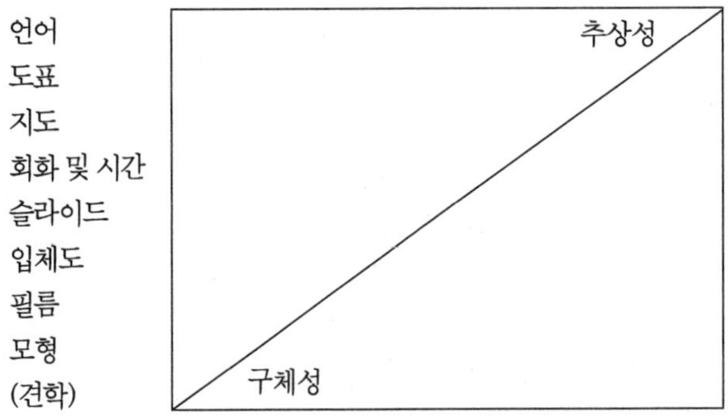

[그림 9-4] **호반의 시각교재의 사실성의 위계 모형**(Hoban, 1960)

하여 제시하고 있다.

호반은 가장 구체적인 교수형태로 견학과 같이 실제적 현상을 직접 관찰하는 경우를 제시하고 있으며 가장 추상적인 경우로는 언어에 전적으로 의존하는 형태를 제시하고 있다. 이는 수업에 있어 구체적인 교재로부터 시작해서 차례로 추상적인 교재를 사용해 갈 때 학습자의 효과적인 지식 획득이 이루어질 수 있음을 보여 준다. 또한 추상적인 교재를 사용하는 경우는 구체성이 높은 시각자료를 통합하여 추상적 개념을 구체적으로 경험하게 함으로써 경험을 통한 일반화된 지식을 획득할 수 있도록 지도해야 함을 강조하고 있다.

2) 데일의 경험의 원추이론

데일(Dale)도 호반과 같은 입장에서 『교수에서 시청각적인 방법(*Audio-visual methods in teaching*)』(1969)이라는 저서를 통해 시각교재의 체계를 한층 더 포괄적으로 분류하고 구체성, 추상성을 양극으로 하여 경험학습 자료를 원추형으로 설명하고 있다. 원추에서 위로 올라갈수록 추상성이

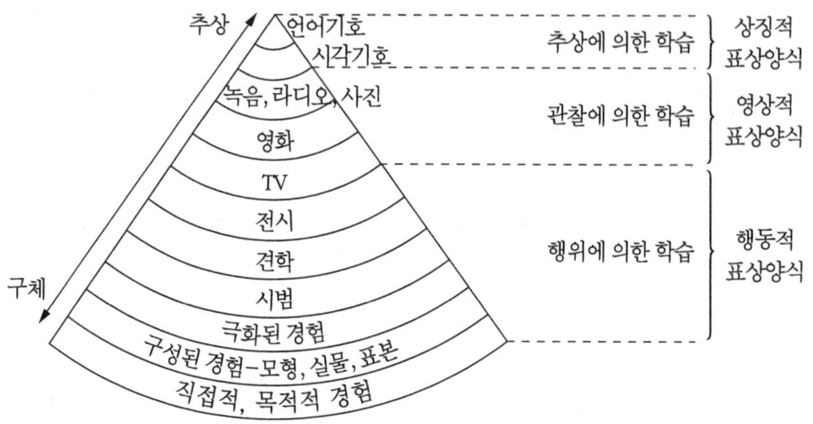

[그림 9-5] **데일의 경험의 원추** (Dale, 1969)

높아지고 아래로 내려올 수록 구체성이 높아진다고 보았다. 이를 구체적으로 살펴보면 [그림 9-5]와 같다.

데일은 경험의 원추모형에서 학습 경험을 크게 직접적 · 목적적 경험, 영상을 통한 경험, 상징적 경험의 세 유형으로 분류하고, 이에 따라 학습형태가 행위에 의한 학습, 영상을 통한 학습, 추상적 · 상징적 개념에 의한 학습으로 구분될 수 있음을 보여 주고 있다. 행위에 의한 학습은 생활의 실제 경험을 통해 정보를 축적하는 직접적 · 목적적 경험, 모형, 실물, 표본 등과 같은 구성된 경험, 연극과 같은 극화된 경험, 사실, 사고, 과정의 시각적 설명인 시범, 견학 및 사진, 그림, 책 등의 전시 등이 포함된다. TV나 영화, 녹음, 라디오 및 사진 등을 통한 경험은 영상을 통한 학습 영역에, 추상적 · 상징적 개념에 의한 학습은 지도, 도표, 차트 등과 같은 시각기호 및 언어기호에 의한 학습 경험을 통해 이루어진다고 보았다. 따라서 개념 형성 과정에 있어서 직접 경험과 언어적 경험을 연결시킬 수 있는 시청각적 경험의 중요성을 강조하고 있다. 한편 브루너(Bruner, 1966)는 인간의 지적 발달은 행위적 단계, 영상적 단계 그리고 상징적 단계의 세 과정을 거쳐 이루어진다고 보았다. 이에 따라 학습자가 개념에 대한 일반화를 갖기 위해서는 구체적, 직접적 경험으로부터 그림, 영화 등과 같이 영상을 통한 대리 경험의 단계를 거쳐 언어를 통한 상징적 표현의 순서대로 학습 경험이 제시되어야 한다고 주장하고 있다. [그림 9-5]에서 보듯이 브루너의 행위적 학습은 데일의 직접 경험에 의한 학습에 대응되며 영상적 학습은 그림에 의한 영상적 경험과 그리고 상징적 학습은 추상적 경험과 동일한 학습방식이 된다.

3) 킨더의 지적과정이론

킨더(Kinder, 1959)는 지적 활동의 과정을 구체적, 직접적 단계로 옮겨가는 데 감각, 지각, 기억, 상상, 비교, 개념, 추리 · 사고의 단계를 거쳐서 형성된다고 보았다. 그리고 각 단계의 활동은 하부의 활동과정을 기반으로 하고 있어, 복잡한 개념적 사고도 구체적 현실의 세계를 바탕으로 한다고 하였다. 이와 관련하여 킨더는 시청각 자료를 적절히 사용하였을 때의 효과를 다음과 같이 제시하고 있다.

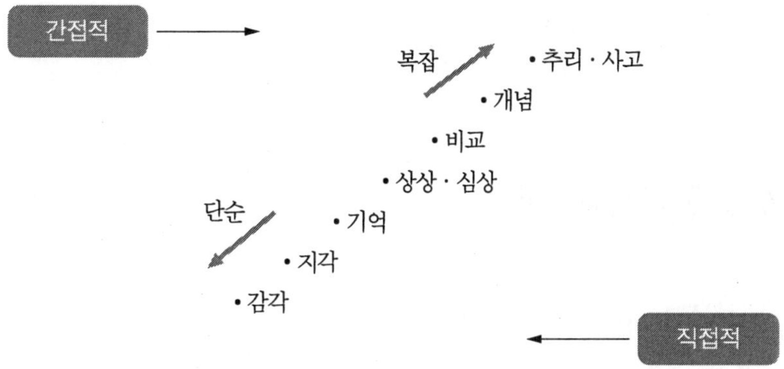

[그림 9-6] **킨더의 지적과정이론**(Kinder, 1959)

① 개념적 사고의 기초를 제공하며, 학습자의 무의미한 언어반응을 감소시킨다.
② 시청각 자료는 흥미를 유발시킨다.
③ 발전적 학습의 기초를 제공하며 영속적인 학습을 가능케 한다.
④ 학습자의 능동적인 활동을 자극하는 현실적인 경험을 준다.
⑤ 사고의 계속성을 발전시킨다.
⑥ 의미의 습득에 도움을 주며 어휘를 발달시킨다.
⑦ 교재에서 쉽게 얻을 수 없는 경험을 제공해서 수업의 다양성과 효율성을 높인다.

이와 같은 교육매체의 효과를 활용하기 위해 킨더는 시청각 자료 이용의 원칙을 다음과 같이 열거하고 있다.

① 수업계획과 관련하여 종합적으로 이용하도록 한다.
② 사전에 치밀한 준비와 사후 평가를 해야 한다.
③ 학습자의 적극적인 참여를 유도한다.
④ 전시나 연시는 적극적인 입장에서 사용한다.
⑤ 교사는 학습자의 반응을 유발하도록 한다.
⑥ 오락으로 사용하지 말고 수업목표에 통합시켜야 한다.

4. 커뮤니케이션이론

1) 섀넌과 위버의 의사소통모형

섀넌과 위버(Shannon & Weaver, 1949)는 의사소통을 송신자가 전달하고자 하는 메시지를 선택하면 이 메시지가 송신기에 의해 신호로 변환되고, 그 변환된 신호가 채널을 통해 수신기에서 다시 메시지로 변환되어 수신자에게 전달되는 선형적인 과정으로 설명하고 있다. 의사소통이란 지식을 전달하려는 송신자와 전달하려는 내용, 그리고 그것을 받아들이는 수신자가 말, 그림, 그래프 등과 같은 여러 매체를 사용하여 서로 역동적으로 영향을 주고받는 것을 말한다. 이러한 의미에서 지식을 전달하는 교사와 전달하려는 지식, 전달받는 학습자의 3요소를 내포하고 있는 수업은 의사소통 과정과 밀접한 관계가 있음을 알 수 있다. 섀넌과 위버의 의사소통모형은 교사와 학습자의 의사소통 채널에 있어서 매체의 활용이 매우 중요함을 제시하고 있다. 의사소통모형에서 제시하는 여러 요소들을 고려하여 제시하면 [그림 9-7]과 같다(장상호 역, 1990).

이 모형은 본질적으로 여러 부분들이 서로 연결되는 것으로 되어 있다. 여기서는 매체의 활용과 관련된 투입, 기호화, 의사소통의 채널 요소를 중심으로 살펴보기로 한다.

의사소통모형에서 투입 요소는 한 사회가 다음 세대에 전달하는 지식, 기술, 가치 및 표준으로 볼 수 있다. 기호화는 교사가 사실, 개념, 태도 등을 학습자들이 학습할 수 있는 형태, 즉 인쇄된 단어, 시각적 영상 혹은 소리로 기호화한다고 볼 수 있다. 이때 다양한 형태의 비언어적 메시지, 즉 교수 외적인 요소가 이들을 수정하고 변화시키고 강화하기도 한다. 교사는 그들의 관념을 말이나 글 혹은 그림과 같은 일련의 상징으로 기호화함으로

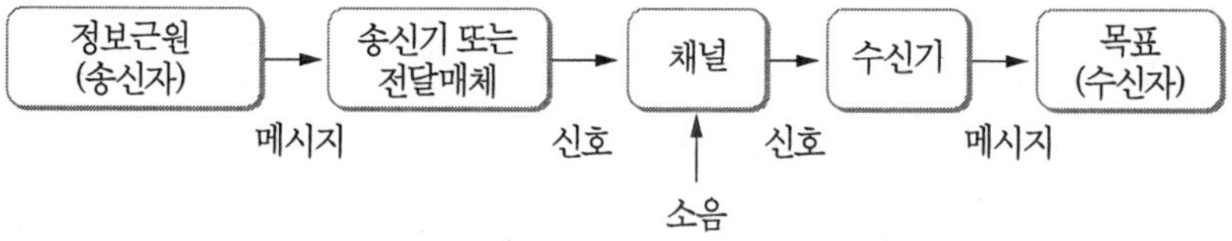

[그림 9-7] 섀넌과 위버의 의사소통모형(Shannon & Weaver, 1949)

써 가시화한다. 의사소통의 채널은 메시지를 학습자에게 정확하게 전달하는 부분이다. 만약 교사가 직접 관여되었다면, 교사는 다양한 시각적 방법과 더불어 자신의 음성을 의사소통의 채널로 이용할 수도 있다. 또한 현재 많이 활용되고 있는 다양한 시청각 매체를 활용하여 수업에 적용할 수 있다. 이것은 교사의 보조자료로 사용될 수도 있고, 교사가 없는 집단의 수업에 사용될 수도 있고 혹은 학습자 스스로의 개별학습에 사용될 수도 있다. 시각매체는 OHP와 슬라이드, 실물화상기와 같은 단순한 보조물에서 비디오 녹화기와 최근에 가장 활용도가 높은 컴퓨터에 이르기까지 그 종류가 다양하다. 청각매체로는 라디오, 카세트, 녹음기가 가장 많이 활용되며 이것은 많은 다른 형태의 시각적 전시방법과 연결시켜 사용될 수 있다. 또한 단순한 인쇄물도 함께 사용한다면 최대의 효과를 얻을 수 있다.

의사소통의 채널을 선택할 때 가장 중요한 것은 그 채널이 메시지를 학습자에게 분명하고 정확하게 전달해야 한다는 점이다. 선택된 의사소통의 채널에 의하여 전달된 메시지는 실제의 사건이 전달하는 똑같은 메시지를 전달할 수 없기 때문에 메시지는 교사가 어떤 상징을 선택하고 학습자가 어떤 방식으로 수신하느냐 하는 문제와 매체의 고유한 특성에 따라 다르게 받아들여진다. 예를 들어, 매우 선명한 35mm 컬러 슬라이드를 사용하여 한 사람의 영상을 투사해 본 것과 그것을 비교적 선명도가 낮은 텔레비전 영상으로 본 것과는 차이가 있을 수 있다는 것이다.

2) 벨로의 의사소통모형

벨로(Berlo)는 커뮤니케이션이 이루어지기 위해서 필요한 요소를 송신자(Sender: S), 메시지(Message: M), 경로(Channel: C), 수신자(Receiver: R)의 네 가지로 구분하고 있다. 그는 각 요소를 다시 5개의 하위 요소로 구성하여 그 요소들이 역동적으로 상호작용을 하면서 메시지를 전달하는 과정

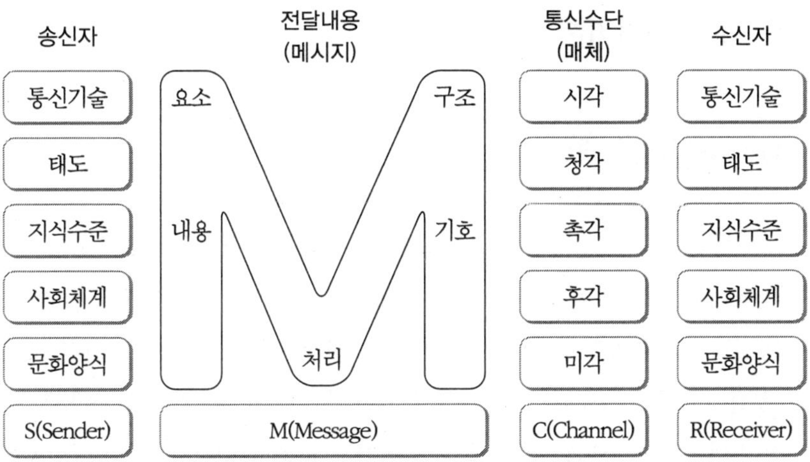

[그림 9-8] **벨로의 S-M-C-R 모형** (Berlo, 1960)

으로 모형을 제시하였다. S-M-C-R 모형은 송신자로부터 수신자에게로 메시지가 전달되는 의사소통 과정과 그 과정 속에 포함된 요소들 간의 상호관계를 [그림 9-8]과 같이 나타내고 있다. 즉, 효율적인 의사소통은 일방적인 것이 아니라 쌍방의 상호관계 속에서 이루어지는 것으로, 송신자와 수신자의 의사소통 기술과 태도, 지식수준 및 서로 이해 가능한 사회체계와 문화양식을 필요로 한다. 또한 메시지가 조직적이고 체계적으로 기호화되어야 하며, 의사소통 수단인 오감이 효과적으로 동원되어야 한다.

벨로 모형은 종래의 연구가 교수활동을 구체에서 추상에 이르는 매체를 중심으로 한 시청각 위주의 경험으로 한정한 데에서 벗어나 의사소통에 영향을 미치는 요소로서 교사와 학생의 특성을 분석하는 시청각 통신과정으로 확대시키는 계기를 마련하였다.

5. 교수설계이론

1) 교수설계의 개념

교수설계란 교육의 한 측면, 즉 교수의 과정을 이해하고 개선하려는 학문 영역이며, 교수설계자가 보다 잘 가르치고 보다 잘 배울 수 있도록 하기 위한 교수-학습과정에 대한 종합적이고 체계적인 이해를 의미한다(나일주, 정인성, 1996). 따라서 교수활동을 전개하고자 할 때, 계획의 수립은 필수적인 과정이며, 이때 '계획'이라는 용어는 교수활동의 관련 변인을 단편적이거나 개별적으로 접근하기보다는 종합적이고 총체적으로 고려한다는 의미를 내포하고 있다. 이러한 관점에서 교수활동을 계획하는 것을 '체제적 교수설계'라고 할 수 있다. 그러므로 교수설계는 교수과정의 이해 및 개선에 그 목적을 두고 있으며, 특히 학습자의 요구와 교수목표를 분석하고, 그러한 요구와 교수목적을 효율적, 효과적으로 성취시킬 수 있도록 수업 관련 변인 및 요소들을 체계적으로 조직·운영하는 체제적 접근과정이다(박성익, 1997).

2) 교수설계의 목적

교수설계는 학업 성취를 증진시키기 위하여 교수과정 또는 교수활동과 관련된 제반 변인들을 기술·설명·처방·예언하려는 데 관심을 두고 있다. 그러므로 수업과 관련된 제반 변인들을 얼마나 총체적으로 고려하고 있느냐에 따라서 교수설계의 목적은 달라질 수 있다. 교수설계의 목적은 첫째, 교수력과 학습력을 증진시키기 위하여 학습자들의 개인차를 최대한으로 고려한 수업을 제공하려는 데 있다. 둘째, 새롭게 연구·개발되고 있는 컴퓨터 매체, 통신매체의 발달로 말미암아 에듀테인먼트 소프트웨어, 코스웨어, 교수매체, 첨단 교수공학 매체 등을 교수-학습과정에 적극적으로 활용하는 틀을 마련해 준다. 그러므로 교수설계자는 최종 수업목표를 성취하기 위해 학습자의 특성에 적합한 전략을 개발하고자 한다면 반드시 교수설계의 과정을 거쳐야 할 것이다.

3) 교수설계의 모형과 절차

(1) 실즈와 리치의 정교화된 ADDIE 모형

실즈와 리치(Seels & Richey, 1994)가 제안하고 있는 체제적 교수설계 절차의 주요 단계들을 살펴보면 [그림 9-9]와 같이 분석(Analysis: A), 설계(Design: D), 개발(Development: D), 실행(Implementation: I), 평가(Evaluation: E)로 구분할 수 있다.

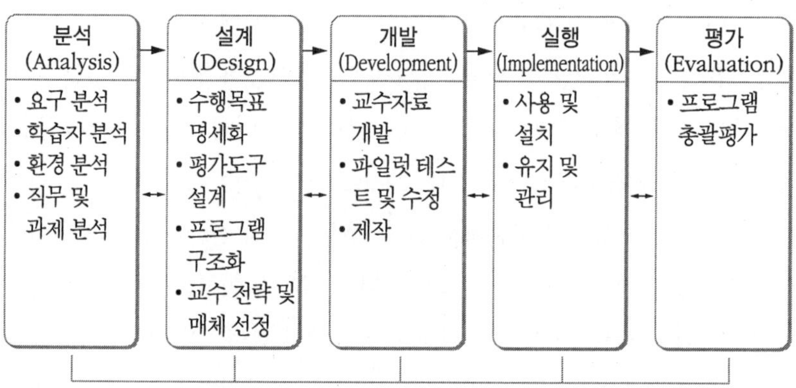

[그림 9-9] ISD 기본 모형: ADDIE(Seels & Richey, 1994)

① 분석과정

분석과정은 요구 분석, 학습자 분석, 환경 분석 그리고 직무 및 과제 분석의 하위 요소로 구성되어 있다. 요구 분석에서는 성취해야 할 바람직한 목표수준과 현재 학습자들이 지니고 있는 능력수준 간의 차이를 분석하고 그 결과에 기초하여 적절한 수업목표를 선정하게 된다. 학습자 분석에서는 학습자의 일반적 특성, 출발점 수준, 학습양식 등을 분석한다. 환경 분석에서는 새로운 지식, 기능, 태도를 획득하게 되는 학습환경을 분석하고 획득한 지식, 기능, 태도를 활용하게 되는 수행환경을 분석한다. 직무 및 과제 분석에서는 과제의 구성 요소, 즉 지식, 기능, 태도가 무엇인지를 파악하고, 그들 간의 관련성을 확인하는 과정이다.

② 설계과정

설계는 분석과정에서 나온 산출물을 설계명세서로 만드는 과정이다. 설계과정에는 수행목표의 명세화, 평가도구의 설계, 프로그램의 구조화, 교수 전략과 매체의 선정이 포함된다. 수행목표의 명세화는 학습 종료 후 학습자들이 습득하게 될 목표를 구체적이고 명세적인 행동목표로 진술한다. 학습목표의 영역은 인지적 영역, 정의적 영역, 심동적 영역으로 구분되며, 특히 인지적 영역에 관하여 블룸(Bloom)은 지식, 이해, 적용, 분석, 종합, 평가 등으로 세분화하고 있고 가네(Gagné)는 언어 정보, 지적 기능, 인지 전략, 태도, 기능 등으로 구분하고 있다. 행동목표의 진술은 블룸과 메이거식 방법이 있으며 메이거식으로 진술한다면 행동적 동사, 수행이 일어나는 조건, 수행의 판단준거 등을 포함하여 진술해야 한다. 평가도구의 설계에서는 평가도구로 지필검사, 관찰 및 실기검사, 역할연기 등 다양한 방법을 활용한다. 프로그램의 구조화에서는 학습내용의 논리적 관계에 따라서 학습효과를 극대화시킬 수 있도록 학습과제의 구성 요소들을 계열화한다. 교수 전략과 매체 선정에서는 학습목표, 학습집단의 특성, 교수–학습 통제의 주체자, 학습환경, 교수방법, 교수매체와 특정한 교수활동 간의 관련성 등을 검토한다.

③ 개발과정

개발과정에서는 수업에 사용될 교수자료를 실제로 제작한다. 먼저 교수자료의 초안 또는 시제품을 개발하여 형성평가를 실시하고 프로그램을 수정한 뒤에 마지막으로 최종 산출물, 즉 프로그램을 제작한다. 교수자료 개발에서는 학습목표와 주요 학습원리를 고려하여 교수자료를 제작하고, 파일럿 테스트 및 수정에서는 제작된 교수자료를 종합적으로 점검하여 문제점을 확인하고 난 후에 수정 · 보완한다. 제작에서는 계획 수립, 제작과정의 검토, 최종 프로그램의 검토를 한다.

④ 실행과정

실행과정에서는 개발된 프로그램을 실제의 현장에서 사용하고 이를 교육과정에 통합하여 지속적으로 유지하고 관리한다.

⑤ 평가과정

평가과정에서는 프로그램의 효과성에 대한 가치를 판단하는 총괄평가가 이루어지며 대체로 준거지향평가를 실시한다. 새롭게 개발된 교육 프로그램의 효과성을 확인하기 위해서 프로그램에 대한 만족도, 학습자의 지식, 기능, 태도 등의 변화 정도 등을 파악한다.

(2) 딕과 케리의 체제적 접근모형

딕과 케리(Dick & Carey) 모형은 교수설계의 과정을 교사, 학생, 교수자료, 학습환경 등의 각 요소들이 상호작용하게 되는 체제적 과정으로 설명하고 있다. 체제적 과정에 포함된 각 요소들은 투입변인인 동시에 산출변인으로서 서로 유기적 관계를 맺고 상호작용하며 설정된 목표가 성취될 때

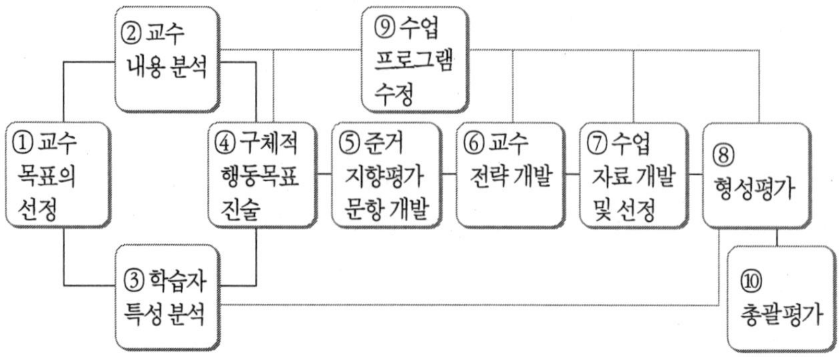

[그림 9-10] **딕과 케리 모형**(Dick, Carey & Carey, 2001)

까지 계속적인 피드백 과정을 거치게 된다. 딕과 케리의 교수설계를 위한 체제적 접근모형은 [그림 9-10]과 같으며 각 구성 요소들을 간략하게 설명하면 다음과 같다.

① 교수목표의 선정

수업 종료 후 학습자가 습득하게 될 최종 목적(goal)을 설정하는 단계이다. 교수목표의 선정은 기존의 교육목표, 특정한 교육과정과 관련된 요구분석, 학습자의 심리적 특성 분석, 새로운 수업을 위한 학습자의 요구조건 등을 토대로 이루어지게 된다.

② 교수내용 분석

세분화된 교수목표를 토대로 하위목표나 기능이 무엇인가를 확인하고 하위의 학습목표를 학습하는 데 있어서 분석해야 할 학습과제를 위계적으로 파악한다.

③ 학습자 특성 분석

선수학습 요소로서 학습자들이 미리 알고 있어야 할 지식 및 기능을 확인하는 동시에 학습효과에 영향을 미치게 될 학습자의 심리적 특성과 정의적 특성들을 고려한다.

④ 구체적 행동목표 진술

학습과제 분석의 결과와 학습자 특성의 분석결과를 기초하여 학습자들이 수업을 마친 후에 성취해야 할 명세적인 수업목표(objectives)를 구체적으로 진술한다.

⑤ 준거지향평가 문항 개발

설정된 학습목표들에 대응하는 평가 문항을 개발함으로써 학습자의 성취수준 또는 학습결과를 측정할 수 있도록 준비해야 한다.

⑥ 교수 전략 개발

수업을 전개할 방법과 절차를 개발하고 교수매체의 활용에 대한 계획을 세운다. 교수 전략에는 일반적으로 동기유발 전략, 학습내용으로서의 정보제시 전략, 심리적 기제 등이 고려된다.

⑦ 수업자료 개발 및 선정

개발한 교수 전략에 따라서 교수 프로그램을 실제로 만드는 단계이다. 목표별 학습 유형, 기존 관련 자료의 이용 가능성 등에 따라 학습자를 위한 사용지침, 교수자료, 평가도구, 교사용 지침서 등을 개발한다.

⑧ 형성평가

개발된 교수자료들이 효과적으로 실행되었는지에 대해 평가함으로써 교수자료를 개선하기 위한 방안을 모색하는 단계이다. 보통 세 종류의 평가가 이루어지는데, 즉 일대일 평가, 소집단 평가, 현장평가 등이 실시된다.

⑨ 수업 프로그램 수정

형성평가에서 얻어진 자료로부터 학습자들이 교수목표를 성취하는 데 있어서 어떠한 문제를 느꼈는지를 확인하고, 그러한 문제가 교수과정에서 어떠한 결손을 초래했는지를 확인한 후에 교수체제의 구성 요소 중에서 관련된 요소를 수정하게 된다.

⑩ 총괄평가

개발된 교수 프로그램의 효과를 검증하는 단계로서 앞의 모든 단계에서 적절한 처치가 이루어졌는지를 검토해 보고 체제적 설계의 각 단계를 수정 · 보완한다.

형성평가

1. 체제의 의미를 설명하시오.
2. 벨로의 모형을 설명하시오.
3. 딕과 케리 모형의 특징을 설명하시오.

제10장

교육공학에서의 교수매체

> 강의를 할 때 여러 매체를 사용하는 것은 단순히 보기 좋거나 듣기 좋은 것을 제시하기 위한 것이 아니다. 이는 학습자를 스스로 생각하게 하고 메시지를 세밀히 살펴보게 만들며 전달할 수 없는 느낌을 그림으로 제시하여 강력한 이미지를 통해 보다 효과적으로 내용을 기억할 수 있도록 하기 위한 것이다.
>
> – 한정선(2005)

1. 교수매체의 이해

1) 교수매체의 개념

매체(media)란 'between'의 의미를 지닌 라틴어의 'medius'에서 유래된 말로 정보의 원천과 수신자 간에 정보를 전달하는 자료와 장치를 뜻한다. 즉, 매체는 정보 전달을 위해 사용되는 교과서, 도표, 텔레비전, 컴퓨터, 교사 등과 같은 모든 형태의 의사소통 도구이다. 교육은 교사, 학생, 교육내용의 역동적인 상호작용에 의해 이루어진다. 이 과정에서 교사의 수업내용은 교사의 신호를 통하여 전달되고 학습자에 의해 신호의 해석이 이루어짐으로써 학습이 이루어진다. 이때 원활한 의사소통이 이루어질 수 있도록 교사는 학습자에게 인쇄된 문자, 그림이나 도표, 청각적 언어, 움직이는 화상, 컴퓨터 네트워크 등과 같이 다양한 매체를 활용하게 된다. 이처럼 교사와 학습자 간의 의사소통을 원활히 하기 위한 교수목적으로 사용되는 모든 매체를 교수매체라고 한다. 게를라흐와 엘리(Gerlach & Ely, 1971)는 교수매체를 교육공학의 하위 요소인 시청각적 또는 언어적 정보를 전달하는 시청각 기재와 시청각 교재만을 뜻하는 좁은 의미로도 볼 수 있고, 교수-학습과정에서 교수목표를 달성하기 위한 일체의 교육환경까지 포함된 교육공학의 전 영역을 뜻하는 광의의 개념으로도 해석할 수 있다고 하였다. 즉, 교수매체를 시청각 기재와 교수자료인 교재뿐만 아니라 인적 자원, 전달하는 메시지 내용, 학습환경, 시설 등 모두를 포함하는 포괄적이고 종합적인 개념으로 사용하고 있는 것이다. 교수설계에서는 수업체제 접근의 한 단계로서 매체의 선택과 활용이 학습목표 달성을 크게 좌우하는 광의의 개념으로 받아들여지고 있다. 즉, 교수매체의 개념은 수업목표 달성을 위해 필요한 모든 인적, 물적 자원을 포함한 이들의 계획, 활용의 방법론적인 것까지를 포함한 모든 자원을 의미한다.

2) 교수매체의 특성 및 기능

(1) 교수매체의 특성

교수매체의 특성은 학습하게 될 정보의 표현 특징과 결합하여 매체 선택의 기준이 된다. 교수매체는 교수-학습과정에서 다음과 같은 특성을 지니고 있다.

첫째, 교수매체는 학습의 속성을 가지고 있다. 학습이란 새로운 정보의 습득을 말하므로 정보의 전달은 곧 학습을 의미한다. 그러므로 매체를 접하는 학습자는 의식적으로든, 무의식적으로든 새로운 정보를 접하게 되고 이를 통하여 학습이 이루어진다.

둘째, 교수매체는 의사소통을 촉진하는 속성을 가지고 있다. 의사소통이란 정보를 가지고 있는 사람으로부터 정보가 필요한 사람에게 정보가 전달되는 것을 의미하는데 바로 수업과 학습에서의 정보의 습득은 의사소통을 통하여 이루어지고 있다. 따라서 의사소통이 어떻게 이루어지느냐에 따라 학습의 효과성, 효율성이 결정된다고 할 수 있다. 매체란 바로 이러한 의사소통을 촉진하는 것을 기본 목적으로 하고 있으므로 정보 습득과 깊은 관련성을 가지고 있다.

셋째, 교수매체는 흥미유발과 학습자의 적극적인 학습활동으로 기억에 오래 남는 학습을 가능하게 한다. 프레젠테이션, OHP 등에서 증대되고 있는 시각적 메시지는 학습의 동기를 부여하고 학습자 스스로의 힘으로 사고를 전개할 수 있도록 한다. 하인니히 등(Heinich et al., 1988)은 교수-학습에서의 시각적 메시지의 중요성을 설명하면서 학습자들은 들음으로써 약 10%를 배우고 80% 이상을 보는 것으로 배우며, 들은 것의 약 20%만을 기억하나 보고 들은 것은 약 50% 이상 기억한다고 하였다. 이와 같이 모든 정보를 시각적 메시지로 전달 가능하도록 만들고 있는 것이 바로 매체인 것이다.

넷째, 학습자에게 공통된 경험을 제공한다. 각 학습자의 경험의 배경은 각양각색이어서 이로 인해 개인차가 발생한다. 시청각적 학습은 이러한 조건에서 어느 정도 공통된 경험을 각 학습자에게 제공한다.

다섯째, 교수매체의 활용에 따라 다양한 수업기법이 개발될 수 있다. 학습내용은 학습매체에 담겨서 전달되며, 학습내용을 다양하게 표현할 수 있도록 해 주는 것은 매체이므로, 이 매체는 학습자의 능력수준에 따라 학습내용의 표현양식도 효과적으로 전달할 수 있다(박영태, 2004). 그러므로 교사는 매체의 활용을 통하여 정보의 효율적인 전달방법을 강구해야 하며 보다 다양한 수업기법을 개발하는 데 힘써야 한다.

(2) 교수매체의 기능

교수매체가 교수-학습의 과정에서 보편적으로 가지고 있는 기능을 권성호(1998)가 분류한 매개적 보조기능, 정보전달 기능, 학습 경험 구성기능, 교수기능으로 나누어 살펴보면 다음과 같다.

첫째, 매개적 보조기능으로서 교사가 학습자를 가르칠 때 수업의 보조수단으로 매체를 사용하는 것이다. 매체는 교육현장에서 사용됨으로써 명료한 메시지 제시, 수업시간 단축, 주의력 집중, 동기유발, 흥미유발 등 보다 능률적인 수업을 진행할 수 있도록 작용한다. 수업매체의 매개적 보조기능은 매체를 사용하는 사람의 기술이나 상황에 따라 크게 좌우될 수 있기 때문에 매체의 활용방법에 따라 학습효과가 다르게 나타날 수 있다 그리고 수업매체는 주의력을 끄는 특성이 있기 때문에 학습자가 즐겁게 학습할 수 있도록 도와준다. 또한 명료한 메시지, 생동감 있는 영상의 전개, 각 매체마다의 특수한 효과 등의 사용은 학습자의 동기를 유발시켜 적극적인 태도를 형성시켜 준다.

둘째, 정보전달 기능은 교사가 학습자에게 필요한 내용을 전달하기 위하여 매체를 사용하는 것으로 시공간을 초월하여 정보를 전달할 수 있고, 학습자의 감각채널을 자극하여 정보를 수용할 수 있도록 하는 기능이다. OHP, 슬라이드, 컴퓨터, 요점 정리된 투시물 자료, 비디오테이프 등은 정보전달 기능을 보다 원활하게 수행할 수 있도록 개발된 매체들이며, 공학의 발달에 따라 보다 효율적이고 생동감 있게 정보를 전달할 수 있게 된다.

셋째, 학습 경험 구성기능은 학습자가 매체를 활용함으로써 다양한 학습경험을 갖게 해 주는 기능이다. 이는 교수매체가 단순히 기계적인 지식 전달기능만 하는 것이 아니라 그 자체로 교육적인 경험을 제공하는 역할을 할 수 있음을 보여 준다. 즉, 매체는 학습할 내용인 동시에 경험을 구성하는 기능을 갖고 있다는 것이다.

넷째, 교수기능은 매체를 효과적으로 구성·활용하여 학습자의 지적 기

[그림 10-1] **교수매체의 교육적 기능**(권성호, 1998)

능을 개발시키는 것이다. 매체가 정보를 어떻게 전달하느냐에 따라 학습자의 인지, 지각, 표상능력을 증진시킬 수 있기 때문에 적절하게 사용한다면 효율적인 교수기능을 수행할 수 있게 된다. 즉, 학습자로 하여금 매체로부터 전달되는 정보를 지각하고, 자신의 인지구조에 적합하게 변형시켜 인식하도록 하며, 그 결과를 표현하도록 함으로써 학습자의 지적 기능을 계발시킬 수 있다.

이상에서 교수매체의 네 가지 기능을 살펴보았다. 교수매체의 네 가지 기능은 동일 자료라고 할지라도 그 자료 속에 담겨지는 내용이나 표상체계, 활용기술, 학습자의 특성에 따라 특정한 기능이 발휘될 수도 있고 그렇지 않을 수도 있기 때문에 실제로 자료의 종류별로 구별할 수 없으며, 복합적으로 여러 기능을 수행할 수도 있기 때문에, 특정한 매체를 특정한 기능에서의 유일한 매체라고 단정 지을 수 없다(이광균, 2003).

2. 교수매체의 유형

교수-학습활동에서 사용되는 교수매체는 각기 다양한 특성을 어떻게 분류하는가에 따라 구분될 수 있다. 교수매체를 감각기관에 따라 구분해 보면 시각매체, 청각매체, 시청각 매체, 상호작용 매체 등으로 분류할 수 있다(〈표 10-1〉 참조).

교수매체를 매체의 역동성에 따라 정적 매체, 청각매체, 동적 매체, 상호작용 매체 등 〈표 10-2〉와 같이 분류할 수 있다(홍사혁, 2001).

이 외에도 자료의 투사성 여부에 따라 비투사 매체(사진, 융판, 괘도, 모형, 실물 등)와 투사매체(슬라이드, OHP, 실물화상기)로 구분할 수 있고, 자료의 상징체계에 따라 시각매체(괘도, 실물, 도형, 칠판, 그림, 슬라이드, OHP), 청각매체(녹음기, 라디오, 콤팩트디스크 등), 시청각 매체(녹음기가 있는 슬라이드, 유성영화, 비디오 등)로 나눌 수 있으며, 학습자와의 상호작용성 여부에 따라 상호작용 매체(상호작용 비디오 시스템, 하이퍼텍스트 등), 비상호작용 매체(괘도, OHP, 비디오 등)로 나눌 수 있다. 탐색의 방법에 따라 계열적 탐색매체(비디오, 슬라이드 등), 비계열적 탐색매체(하이퍼텍스트)로 나눌 수 있다.

〈표 10-1〉 감각기관에 따른 매체의 분류

구 분	매체의 유형
시각매체	칠판, 융판, 괘도, 실물, 모형, 사진, 그림 자료(그림, 포스터, 차트, 그래프, 만화 등), 슬라이드, OHP, 실물화상기, 파워포인트 등
청각매체	카세트, 녹음기, 테이프, 레코드판(LP), 콤팩트디스크(CD), 라디오 및 오디오 장치 등
시청각 매체	VTR, TV, 멀티미디어 CD-ROM, DVD, 영화 등
상호작용 매체	컴퓨터 보조학습, 멀티미디어 시스템, 상호작용 비디오디스크, 쌍방향 TV 등

출처: 조규락, 김선연(2006). 교육방법 및 교육공학-교육공학의 3차원적 이해. 학지사.

〈표 10-2〉 매체의 역동성에 따른 분류

구 분	매체의 특징	매체의 유형
정적 매체	• 시각적인 자료 중심 • 정적, 수동적인 교수 · 학습 상황 • 가장 보편적으로 사용 • 비교적 적은 전달비용과 개발비용 • 광범위하고 다양한 교수 가능	– 비투사 매체: 인쇄자료, 사진, 그래픽 등 기계적인 투사 불필요 – 투사매체: OHP 자료, 슬라이드 등 투사 필요
청각매체	• 짧은 시간에 전달 가능 • 다양한 수준과 다양한 영역 적용 • 개념 형성과 인지적 자극의 역할	– 카세트 테이프 레코더, 오디오 카드 레코더, 오픈릴 테이프 레코더
동적 매체	• 주의력 집중, 학습자 동기유발 및 자극 제시에 효과적 • 순서를 동적으로 제시 가능 • 정보의 디지털 저장 및 저렴한 가격	– 필름, 비디오
상호작용 매체	• 컴퓨터 시스템을 통해 학습자와 상호작용 매체로 교수–학습방법의 과학화 • 학습활동의 자동관리 • 개인차를 고려한 개별수업 가능	– 문자 정보, 그래픽, 정사진, 비디오 정보와 음성 정보를 포함한 다양한 형태의 정보

여기서는 자료의 투사성과 자료의 상징체계에 따른 분류 그리고 컴퓨터 활용 매체 및 원격교육을 중심으로 살펴보기로 한다.

1) 비투사 매체

(1) 칠판

칠판은 여러 가지 시각적 자료를 간단하게 제시하는 시각매체로서 가장 기본적이고 친숙한 매체로 현장에서 많이 활용되고 있다. 칠판은 오늘날과 같은 전자공학의 시대에도 사라지지 않고 컴퓨터실이나 세미나실 등에서 매끄러운 흰 바탕에 특수펜으로 글씨를 쓸 수 있도록 만든 화이트보드로 변형되어 사용되고 있다. 또 자료의 뒷면에 자석을 붙인 후 칠판의 표면에 얇은 철판을 입혀 만든 자석칠판도 사용된다. 전자칠판은 칠판과 컴퓨터를 연결하여 칠판의 내용이 컴퓨터에 입력이 되기도 하고 칠판의 내용이 곧바로 컴퓨터와 연결된 프린터나 칠판 자체에 붙어 있는 프린터를 통하여 출력이 될 수도 있다.

칠판을 효과적으로 활용하기 위해서는 다음의 지식과 기술이 요구된다.

첫째, 칠판, 지우개, 분필 등을 청결하게 유지하고 정리해야 한다. 칠판이 청결해야 학생들이 수업에 열중할 수 있으며 수업이 산만해지는 것을 막을 수 있다.

둘째, 색상조절의 효과를 높이도록 색분필을 사용할 필요가 있다. 수업의 효과를 높이기 위해서 강조해야 할 학습내용은 단색보다는 여러 가지 색으로 표기하는 등 색상의 변화를 주는 것이 효과적이라 할 수 있다. 색분필을 사용할 경우 햇빛이나 전등의 빛이 칠판에 반사되는 것을 고려해야 한다.

셋째, 글씨와 그림은 알아볼 수 있는 적당한 크기여야 한다. 학생들의 눈의 긴장감을 줄이고 주의력을 유지하기 위해서 글자의 크기는 대개 4~8cm 정도가 적당하다. 강의할 내용이 많아 판서하는 데 시간이 너무 오래 걸릴 때는 인쇄물로 대체하는 것이 바람직하다.

넷째, 학생들을 응시하면서 판서한 내용을 설명하도록 한다. 교사는 칠판에 판서를 할 때 칠판과 45도 각도로 서서 판서를 하든지 또는 종종 학생들에게 돌아서서 주의를 집중시켜야 한다. 또한 판서한 내용을 설명할 때는 칠판을 향하지 않고 학생들을 응시하며, 집중시키는 것이 효과적이다.

다섯째, 자료를 효과적으로 배열하기 위하여 미리 계획을 세운다. 교사는 사전에 세밀한 계획을 수립하여 필요 없는 판서나 설명을 최대한 줄이고 충실한 강의 내용을 계획해야 한다.

여섯째, 긴 문장이나 복잡한 그림은 사전에 만들어 둔다. 시간을 절약하고 학생들의 주의가 산만해지는 것을 막기 위해서 교사는 칠판 위에 정밀도나 복잡한 그림은 미리 준비해 두는 것이 좋다.

일곱째, 때로 실물 환등기를 이용하여 칠판에 투사함으로써 교재나 다른 참고문헌으로부터 영상을 옮겨 놓을 수도 있는데 실물 환등기를 가까이 혹은 멀리 움직여서 원하는 대로 이용할 수 있다.

여덟째, 논리적인 연속성을 갖고 한 번에 일련의 절차나 순서를 밝히는 데 적당한 방법으로 커튼 기법을 이용한다. 미리 준비한 내용을 수업이 시작되기 전까지 커튼으로 가려 두었다가 수업이 진행되면 한 항목씩 커튼을 움직이면서 수업을 진행하면 학생들의 주의를 집중시키는 데 효과적이다.

아홉째, 경우에 따라 그래프, 차트, 그림 등 다양한 자료를 제시하여야 한다. 이러한 것을 제시하려면 칠판에 그리는 데 시간이 많이 걸리고 또 학생들이 필기하는 데 시간이 많이 걸린다. 그러므로 이러한 자료는 복사의 방법으로 학생들에게 자료를 나누어 주어 필기 시간을 절약하고 또 교사가 칠판에 그리는 시간을 절약하기 위하여 OHP의 TP자료를 만들거나 괘도를 만들어 제시하는 것이 이상적이다.

(2) 모형

모형은 실물을 입체적으로 묘사한 것으로 현장학습에서 활용될 수 없는 거대한 실물이나 관찰이 용이하지 않은 경우에 많이 활용된다. 모형에는 우주 전체나 도시 모형, 건물 모형, 비행기 모형, 플라스틱 모형 키트 등 실물의 전부 또는 일부를 축소하여 만들어진 축소화된 모형, 실물의 중요한 특징이나 구조 등을 알 수 있도록 중요한 부분을 강조하거나 중요하지 않은 부분을 삭제하여 만든 단순화된 모형, 실물의 내부구조를 알 수 있도록 또는 횡단한 면을 드러나게 한 단면 모형, 고고학의 유물이나 모조품과 같은 실물 모형, 실물의 전부 또는 일부를 몇 배로 확대하여 만들어진 확대 모형, 실물의 각 부분을 단순화시키고, 이들 각 부분을 조립 또는 분해해 나감으로써 전체와 각 부분의 상호관계를 알기 쉽게 만들어 놓은 조립 모형, 실물의 크기를 정확한 비율로 축소하거나 확대해서 만든 정밀 모형 등이 있다. 이와 같이 모형은 실물이 제공할 수 없는 학습 경험을 제공하고 조립하는 행위를 함으로써 탐구심과 발견학습에 적합하며, 학습자들이 분해 또는 조립할 수 있기 때문에 학생들의 참여도를 높일 수 있을 뿐만 아니라 개념에 대한 확실한 이해를 도울 수 있다.

위티치와 슐러(Wittich & Schuller)가 제시하고 있는 모형의 효과적인 활용원리를 살펴보면 다음과 같다(이용환, 곽기상, 2005).

첫째, 모든 학생들이 볼 수 있도록 확실하게 제시하여야 한다. 대부분의 모형은 크기가 작아서 모든 학생들이 보기가 어렵다. 크기가 작은 경우에는 모둠별로 보게 한다든지 한 사람씩 돌려 가며 볼 수 있게 하여야 한다.

둘째, 교재를 사용할 때에는 다른 교재도 함께 사용하여야 한다. 교육목표를 가장 잘 달성할 수 있도록 상호보완적인 교재들을 활용하여 교육목표를 달성하도록 해야 한다.

셋째, 교재를 학생들 앞에서 효과적으로 제시하여야 한다. 교재가 복잡하면 할수록 시연을 통해 미리 연습해 둘 필요가 있다.

넷째, 크기에 대한 정확한 개념을 갖도록 해 주어야 한다. 모형을 교재로 이용할 경우에, 학생들이 실물의 크기를 잘못 이해할 위험성이 높다. 그러므로 때로 실물을 보여 주거나 실제의 크기를 이해할 수 있는 사진을 보조적으로 활용하는 것이 좋다. 만약 그렇지 않은 환경에 있다면 사진 속에 크기를 잘 알 수 있는 물체를 대비시켜 활용하는 것도 좋다.

(3) 사진

사진은 잡지나 책의 그림 또는 교사가 그린 그림 등을 포함하는 평면적인 시각자료를 의미한다. 사진은 교사의 언어보다 사실성이 높아 학습의 개념을 높이는 좋은 시각적 매체이다. 또한 사진은 가장 구하기 쉬우므로 평상시에 많이 수집하여, 이용과 보존에 편리하도록 스크랩북으로 분류 · 정리해 두면 학습자료로 유용하게 활용할 수 있다. 종류에는 사진, 우편엽서, 책의 삽화, 카탈로그, 정기간행물, 학습 프린트(study prints) 등이 있다.

교수-학습활동에서 사진의 구체적인 활용도를 살펴보면 다음과 같다.

첫째, 현장견학의 정리단계로서 추후학습에 활용될 수 있다.

둘째, 학습자들에게 동기를 부여하는 목표에 활용하도록 해야 한다.

셋째, 사진에 나타난 내용을 보고 이야기식 말하기나 쓰기 혹은 시 짓기 등의 창조적 표현을 자극시키는 데 사용할 수 있다.

넷째, 지리학과 같이 공간의 한계로 인해 수업이 곤란한 경우 사진을 이용하여 표현하기 어려운 인간과 환경의 관계를 설명하는 데 활용한다.

(4) 게시판

게시판은 학습내용을 명확하고 간결하게 시각화하여 제시하는 판으로서 학교 내의 벽면 또는 기타 공간에 학습내용을 제시하여 학생들로 하여금 학습활동을 촉진하며 협동학습을 촉진시켜 줄 수 있다. 특히 게시판은 시각적인 통신수단으로서 학습자로 하여금 창의적이며 흥미와 태도의 변화를 유발할 수 있는 방법으로 많이 활용되고 있다.

게시판을 제작할 때에는 매력적이고 흥미를 끌 수 있는 주제를 선정하고, 주제에 맞는 각종 자료를 수집하여 간단하고 좋은 문장으로 작성하여 배치해야 한다. 또한 글씨는 간결하고 단정하며 보기 좋게 쓰고 중요한 글씨는 크게, 중요하지 않은 글씨는 작게 제시한다. 아이디어와 주제가 잘 드러났는지, 글씨는 눈에 잘 띄고 배치는 적절한지를 확인하고, 공간 분할 정도, 상상력, 창의력 및 동기유발성, 게시장소의 적합성 등을 고려하여 제시하는 것이 좋다.

(5) 융판

융판은 활용목적에 따라 적당한 크기의 합판이나 두꺼운 종이의 표면에 헝겊을 붙여 그 위에 여러 교수-학습 자료를 붙여 사용한다. 융판은 제작 과정이나 조작이 간단한 시각자료이고 다양한 색깔이나 모양을 낼 수 있으며 복잡한 이야기나 내용을 시각적으로 간략히 나타낼 수 있어 학습자의 주의를 집중하는 데 유용하게 사용된다. 특히, 융판자료는 학습내용의 진행을 교사가 융통성 있게 조절할 수가 있어 효과적이므로 초등학교 저학년이나 유치원 아동들의 흥미를 불러일으킬 수 있는 시각도구의 하나로서 널리 활용되고 있다.

융판을 사용할 때에 주의해야 할 점은 융판이 학생의 눈높이에 있어야 하며 윗부분을 뒤로 약간 기울여야 한다는 것이다. 또한 게시한 내용을 어디서나 잘 볼 수 있을 정도로 커야 하고, 게시 전에 그 자료를 순서대로 정돈해 두어야 하며 한꺼번에 많이 게시하는 것은 좋지 않다.

(6) 그래픽 자료

그래픽 자료는 학습자에게 메시지를 전달하기 위해 구체적으로 설계된 사진이 아닌 이차원적 자료이며, 게시판이나 융판과 더불어 사용된다. 특히 그래픽 자료는 언어적인 것뿐만 아니라 상징적인 시각 단서를 포함하기 때문에 학습자에게 사용될 때 세심한 주의가 요구된다. 이 유형에는 그림, 차트, 그래프, 포스터, 만화 등이 있다.

그림은 사람이나 장소, 사물, 개념 등을 선이나 도표식으로 배열하는 매체로서 스틸 사진의 활용과 유사하다. 그림은 주제에 대한 소개에서 평가까지 수업의 전 단계에 사용이 가능하고 수업 단위의 특정상황에 맞게 칠판과 이와 유사한 것에서 그릴 수 있다.

차트는 연대표, 수량이나 계층과 같은 추상적인 관계를 그래픽으로 제시한 것으로서 테이블 형식이나 순서도와 같은 형식을 취한다. 유형에는 조직 차트, 분류 차트, 연대표, 테이블, 순서도 등이 있다.

그래프는 수많은 자료를 막대, 선, 원, 그림 등 시각적인 표현으로 잘 묘사함으로써 자료의 명료성을 나타낼 뿐만 아니라 구체적인 자료를 학습하는 데 사용할 수 있다. 그래프는 특히 사회과 수업의 지리 분야와 경제 분야에서 많이 활용할 수 있으며, 과학과 수업에서는 강수량이나 적설량 등은 막대그래프로, 기상의 관측 등은 선그래프로 나타낼 수 있다.

포스터는 선, 색깔, 단어 등을 시각적 이미지로 조작하고 내용을 간단하게 표현하여 오랫동안 주의를 끌기 위하여 사용되는 학습도구로서, 학생들을 동기화하는 데 유용하며 다양한 곳에서 자료를 얻을 수 있다. 내용을 효과적으로 전달하기 위하여 색깔을 넣어야 하고 동적으로 표현되는 것이 가장 효과적이다. 그러나 너무 오랫동안 전시하면 의미 전달이 약화되는 경향이 있다.

만화는 실제 인물이나 사실을 강조하기 위하여 만화나 라인 드로잉(line drawings)으로 표현하는 학습도구이며, 희극적인 것에서 정치적인 견해까지 다양한 내용을 표현할 수 있다. 또한 재치와 위트를 겸비한 내용으로 구성할 수 있다. 그러나 시사적인 이슈들을 다루기 때문에 쉽게 퇴색해 버리는 경향이 있으며, 교육적인 목적으로 사용하기 위해서는 학생들의 경험과 이해수준에 알맞게 사용해야 한다.

그래픽 교재를 만드는 데 적용할 수 있는 원리를 살펴보면 다음과 같다 (Winn & Holliday, 1982).

첫째, 그래픽 속에 개념을 배치할 경우 그 속에 포함되는 개념들 간의 거리는 가르치고자 하는 내용상의 개념들 사이에 있는 어휘상의 거리와 일치되도록 해야 한다. 또한 개념 간에 있는 계열적 관계를 정확하게 반영할 수 있도록 배치해야 한다.

둘째, 개념들의 관계와 방향을 표현하기 위하여 화살표와 선을 적절하게 사용해야 한다. 학습자들이 개념들 간의 거리와 관계를 쉽게 분별할 수 있도록 사각형과 그래픽에서 사용하는 여러가지 그림이나 기호들을 적절하게 사용해야 한다.

셋째, 개념의 식별을 가르치기 위하여 사용하는 다이어그램에서는 단어와 함께 그림을 사용하는 것이 효과적이다.

넷째, 계열성을 띤 개념은 페이지의 왼편에서 오른편으로 배치하되, 위에서 아래로 또는 아래에서 위로 전개하는 것은 내용에 맞도록 적절히 배열하여야 한다.

다섯째, 다이어그램이나 차트의 중요한 부분에 학습자들이 주의를 집중할 수 있도록 학습해야 할 전 부분에 걸쳐서 질문을 사용해야 한다.

(7) 신문활용 교육

신문활용 교육(Newspaper In Education: NIE)은 누구나, 언제, 어디서나 쉽게 구할 수 있는 신문을 통해 사회적으로 문제화되고 있는 많은 정보 가운데서 필요한 것을 선택하여 학습에 유용한 보조교재와 교수방법으로 활용하여 학습효과를 높이는 교육 프로그램이다. 학습자들은 신문을 활용하여 찾고, 만들고, 붙이고, 꾸미고, 모으고, 생각하는 활동을 통해 교과 중심의 주입식 수업에서 벗어나 자율적이고 창의적인 학습을 수행할 수 있다. 또한 사회의 모습이 담긴 신문을 읽고, 자기 입장에서 재해석하여 글을 써 보고, 발표하고, 토론함으로써 작문력과 사고력 및 다양한 가치 인식을 통한 사회성 확립, 정보활용 능력 등을 향상시킬 수 있다.

신문을 활용한 올바른 교육방법을 살펴보면 다음과 같다.

첫째, 학생들에게 신문을 자세히 보고 특이한 주제에 관하여 숙지하도록 한다. 신문은 사진이나 광고, 만화, 그림, 그래프 등 여러 가지 요소들로 이루어져 있기 때문에 그림이나 사진 설명을 보고 학습자 스스로가 종합적으로 해석하는 자세와 습관을 가질 수 있도록 지도해야 한다.

둘째, 같은 사건에 대해서 여러 신문마다 다른 관점을 가지고 기술하고 있으므로 서로 비교해 볼 수 있도록 한다.

셋째, 신문을 보면서 모르는 내용이나 용어들은 학습과 관련된 참고서적들을 활용하여 그 내용을 깊이 있게 이해하도록 지도한다.

넷째, 학습내용과 관련된 주제나 정보가 담긴 기사는 오려 두어서 수업시간에 잘 활용할 수 있도록 한다.

다섯째, 오려 낸 기사나 주제로 조별 협동학습 또는 토의학습한 결과를 발표함으로써 다른 사람의 생각과 자신의 생각을 비교해 보도록 한다.

2) 투사매체

(1) OHP

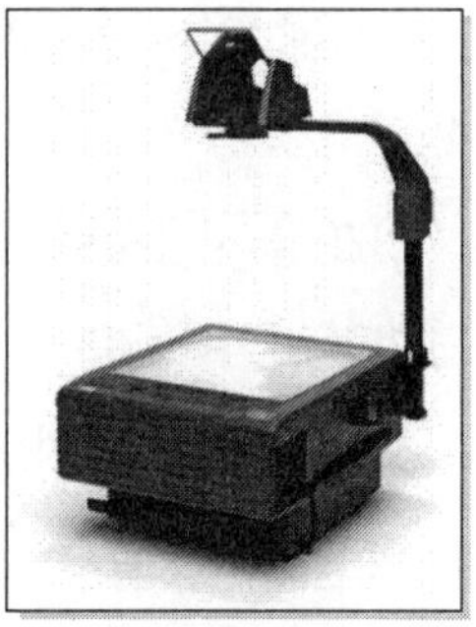

OHP(Overhead Projector)는 교육현장에서 가장 많이 쓰이고 있는 수업매체 중 하나로서 학습자의 머리 위를 넘어서 배후에 있는 스크린에 투시자료를 확대 투영하는 교수매체를 의미한다. OHP는 보통 25cm×25cm의 유리판에 TP자료에 쓰인 글씨나 그림을 스크린에 투사하여 칠판 대용으로 광범위하게 활용되고 있다. OHP에 사용되는 자료는 대부분 투사되어야만 효과를 얻을 수 있기 때문에 TP자료라고 한다. TP자료는 아세테이트지나 셀로판지 위에 유성펜, 수성펜, 유성색연필 등으로 글씨를 쓰고 그림을 그려서 색칠하거나 복사하여 만들 수 있다. 최근에는 컬러복사기로 복사하여 활용하기도 한다. OHP는 ON/OFF 스위치, 초점조절 장치, 영상 승강 장치 등의 세 가지만 조절하면 되므로 조작이 간단하며 교실에서 별도의 암막장치 없이 학생들과 교사가 마주 보고 앉아서 수업을 진행할 수 있다.

OHP를 활용하기 위한 TP자료의 제작원리를 살펴보면 다음과 같다.

첫째, 자료를 가로 형태로 제작할 것인지, 세로 형태로 제작할 것인지를 결정해야 하는데 일반적으로 가로 형태로 디자인하는 것이 보는 사람에게 더 편안한 느낌을 준다.

둘째, 문자보다는 도표, 그래프, 차트 등의 시각자료를 구체화하여 제시하는 편이 좋다. 만약 문자 정보가 많을 때는 칠판이나 프린트물을 함께 활용하는 것이 좋다.

셋째, 혼란스럽지 않도록 단순하게 표현해야 한다. 즉, 한 화면에 하나의 개념 표현이 바람직하다.

넷째, 주제 단어는 학습자의 기억을 돕도록 자료의 위쪽에 제목으로 이용하는 것이 효과적이다. 왜냐하면 자료의 윗부분은 시각주의력이 다른 쪽보다 높기 때문이다.

다섯째, 글자는 읽기에 명료해야 하므로 적어도 크기가 0.5cm 이상이어야 한다.

OHP를 사용하여 수업을 할 때는 다음과 같은 사항에 유념하여 진행하면 효과적이다.

첫째, 불필요한 자료가 투시되지 않도록 한다. 화면으로부터 계속 나오는 반사광선은 학생들의 주의를 분산시키므로 설명이 끝나면 OHP를 끄고 필요시에 다시 켜도록 해야 한다.

둘째, 너무 많은 자료를 연속적으로 제시하면 교사가 기계적으로 수업을 진행하게 되므로 바람직하지 못하다. 일반적으로 단위 수업시간에 6~7장의 투시자료를 제시하는 것이 적절하다.

셋째, 학생들의 시야를 확보하기 위해서는 교사가 OHP 앞에 앉아 수업을 진행하는 것이 좋다. 투시 내용을 지적할 때는 포인터나 필기도구를 활용하면 좋다.

넷째, 학생들이 제시된 학습내용을 충분히 읽고 숙지할 수 있도록 시간적인 여유를 허용해야 한다.

(2) 슬라이드

슬라이드는 움직이지 않는 화면을 확대 투영하여 여러 사람이 동시에 볼 수 있게 한 것으로서, 다양한 교수 요구를 충족시키기 위하여 배열하거나 재배열하기에 적합한 교수매체이다. 또한 슬라이드는 교사의 강의를 보충해 주기도 하고 다른 수업 매체와 연결하여 사용할 수 있어 매우 효과적이다.

제작된 슬라이드를 교육현장에서 활용하기 위해서는 다음의 사항을 유의해야 한다.

첫째, 하나의 슬라이드에 너무 많은 개념을 소개하거나 한 장면에 지나치게 긴 설명은 피하는 것이 좋다. 광범위하고 일반적인 이야기보다는 하나의 중심된 개념을 분명하게 제시하여 학습자들의 주의를 짧은 시간 안에 시각화시킬 수 있어야 한다.

둘째, 시작단계에서 무엇에 관한 슬라이드인가를 학습자들에게 알리고 잘 아는 사실로부터 점차 모르는 부분으로 조금씩 소개해 나가는 것이 좋다.

셋째, 학생들의 경험이나 관찰과 관련되는 질문을 제시함으로써 청중들의 적극적인 참여를 유도해야 한다.

넷째, 상자의 표면 뚜껑에 슬라이드 제목, 장면 수, 흑백/컬러, 과목명, 대상 학년, 녹음자료 동반 여부 및 투사시간 등을 써 놓으면 보다 쉽게 사용할 수 있다.

(3) 실물 화상기

실물 화상기는 투명한 물체뿐 아니라 책이나 실물과 같은 불투명한 물체도 투사시켜 스크린에 재생시키는 장치이다. 실물 화상기는 별도로 자료를

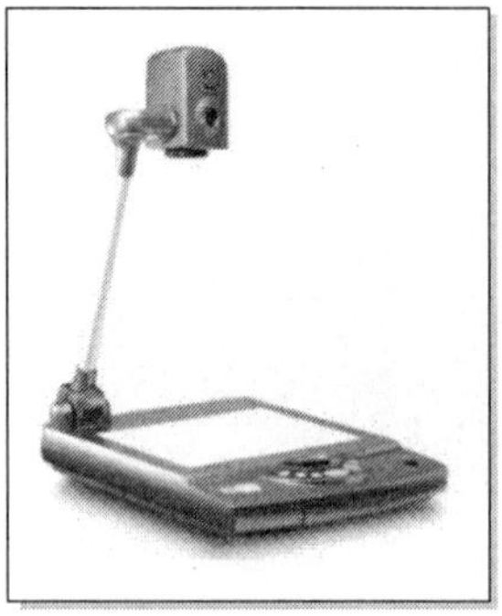

만들지 않아도 주위에 있는 사진이나 그림 등을 가공하지 않은 채 그대로 사용할 수가 있어 교사들의 교재 제작 부담이 없다. 또한 교과서의 내용이나 지도, 도표 등을 영사할 수 있고, 오디오와 연결할 수도 있어 멀티미디어 교육이 가능하기 때문에 다른 교수 기기에 비해 학습효과가 크다.

대부분의 기종이 고해상도 16배 전동 줌렌즈를 채용하고 있고, 자동 초점 조절 기능으로 확대와 축소가 용이하여 사용자의 부담도 적다. 또한 네거티브, 포지티브 반전 기능으로 슬라이드 필름과 OHP 필름의 투사도 가능하다. 음성 입출력도 가능하여 별도의 앰프 없이 TV 모니터를 통해 음성도 출력할 수 있다. 실물 화상기는 사용법과 기기 조작이 간단하며 제시되는 영상의 축소와 확대가 가능하여 작은 물체라도 큰 영상으로 확대하여 세밀하게 관찰이 가능하다. 특히 교사와 학습자가 마주 보고 앉아서 활동을 진행할 수 있으므로 학습자의 반응을 관찰하면서 학습의 속도를 융통성 있게 조절할 수 있다.

(4) 디지털 카메라

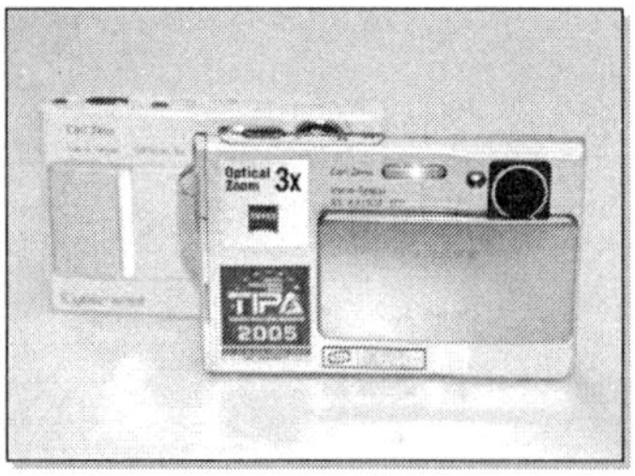

디지털 카메라는 필름 카메라와 구조는 비슷하나 CCD(Charged-Couple Device) 유닛이 추가되어 필름에 사진을 기록하는 대신에 CCD를 통해 이미지를 전기 신호로 바꾸어서 메모리 카드에 저장한다는 차이점이 있다. 디지털 카메라는 컴퓨터의 대중화와 컴퓨터를 기반으로 손쉽게 접근할 수 있다는 장점으로 빠르게 보급되어 활용되고 있다.

디지털 카메라로 교실에서 활동하는 학습자들의 모습을 찍은 다음 사진 이미지를 컴퓨터로 옮겨 간편히 정리해서 학급별 전자앨범을 만들 수 있고 동영상으로 전환하여 홈페이지에 올릴 수도 있다. 또한 디지털 카메라로 찍은 교육자료를 곧바로 TV나 빔 프로젝터와 연결하여 수업에 활용할 수 있으며 컴퓨터 파워포인트 프로그램을 이용하여 움직이는 생동감 있는 멀티미디어 교재로도 제작할 수 있는 장점이 있다.

(5) LCD 프로젝터

천장이나 바닥에 고정하여 사용하는 방식과 휴대가 가능한 이동식이 있다. 보통 비디오 이미지를 투사할 대형의 전동 스크린과 함께 사용한다. LCD 프로젝터는 VCR, TV 등과 연결하면 TV 모니터 없이도 영상을 대형 스크린에 투사하여 많은 학생이 멀리서도 잘 볼 수 있다. 또한 컴퓨터와 연결하여 사용하면 컴퓨터에서 이루어지는 모든 작업과정을 볼 수 있으므로 컴퓨터를 활용한 수업에 특히 유용하다. 반면 가격이 비싸고 화면이 잘 보이도록 하기 위해서는 실내를 어둡게 할 필요가 있다.

3) 청각매체

청각매체는 교수목적으로 육성과 기타 다른 소리를 녹음하여 전달하는 매체를 의미한다. 보통 녹음한 내용을 재생할 수 있는 반복성과 사건, 대화, 음악 또는 역사의 단면이나 흐름 등을 사실 그대로 기록해 두는 기록성과 보존성, 시간과 공간 등의 장애를 극복할 수 있는 시공간의 극복성 외에도 사실성, 편집의 용이성 등으로 인하여 교육현장에서 많이 활용되고 있다.

청각매체의 유형에는 녹음기, 라디오, 카세트 플레이어, CD 플레이어 등이 있다. 최근에는 디지털화된 MP3 플레이어, MP3CD 플레이어 등도 활용되고 있다.

교육현장에서 활용할 수 있는 청각매체의 용도를 살펴보면 다음과 같다.

첫째, 외국어 학습이나 새로운 어휘, 개념 학습을 위한 반복적인 학습에 활용될 수 있다. 학습자의 특성에 따라 학습내용을 생략하거나 보충할 수도 있고, 말의 진행속도를 빠르게 하거나 느리게 조절할 수 있다.

둘째, 역사 속 인물의 실제 목소리 재현, 초등학생의 언어 학습, 음악수업 등 폭넓은 영역에서 활용할 수 있다.

셋째, 견학 동안 녹음된 내용을 교실수업에서 추후 토론하는 자료로서 활용할 수 있다.

넷째, 청각자료는 시각적 반응을 배제하기 때문에 소리를 통한 확산적 사고를 자극하여 학습자들의 상상력과 창의성을 신장하는 수업에 활용할 수 있다.

다섯째, 시각자료의 보조자료로서도 효과적이다. 효과음이나 배경음악, 해설을 제공하여 시각 정보의 이해를 도울 수 있다.

4) 시청각 매체

(1) 텔레비전

텔레비전은 전신 혹은 공간을 통하여 음향과 더불어 정지하거나 움직이는 상을 전달하는 매체이다. 주로 교실학습에서 접하기 힘든 자연현상의 변화를 생동감 있게 전달하는 데 적합한 매체로서 학습자에게 교수-학습 과정에서 강한 동기유발 요소를 제공하고 있다. 언제 어떠한 상황의 수업에서 텔레비전을 활용하는 것이 효과적인지에 대하여 살펴보면 다음과 같다(김철주, 1999).

첫째, 동적인 학습내용의 전달에 우수하다. 물리적인 움직임과 추상적인 변화과정을 나타낼 때도 유용할 뿐만 아니라 변화과정을 짧은 시간에 특수촬영기법을 통하여 필요한 부분만을 발췌하여 보여 줄 수도 있다.

둘째, 수업의 내용에 따라 시간, 공간적으로 옮겨 다니며 수업할 필요가 있는 것들은 시공을 극복할 수 있는 텔레비전의 특성을 통하여 학습자들에게 효과적인 대리적 경험을 제공할 수 있다. 예를 들어, 원재료가 가공의 단계를 거쳐 상품으로 완성되고, 그것이 소비자의 손에 들어가기까지의 전 과정, 즉 생산부터 유통까지의 단계들을 설명할 때, 혹은 역사적 사실이나 국제적인 사건과 같은 것들을 학습자들에게 소개할 때에도 유용하다.

셋째, 텔레비전은 정서적인 분위기를 조장해야 할 필요가 있는 수업에서 효과적이다. 보통 교실에서는 이러한 정서적 분위기 조성이 쉽지 않다. 그러나 시각과 청각을 동시에 자극할 수 있는 텔레비전은 시 감상, 음악 감상, 미술 감상과 같은 수업에서 학생들의 정서적인 측면을 자극할 수 있으며, 도덕이나 윤리와 같은 수업에서도 활용할 수 있다.

이와 같은 특성을 지닌 텔레비전을 교수-학습에서 효과적으로 활용하기 위해서는 다음의 사항에 유의해야 한다.

첫째, 텔레비전 프로그램에서 제시되는 정보를 수용할 수 있도록 학습자들을 준비시킨다.

둘째, 텔레비전을 시청하기 시작하면 교사는 시청에 방해가 되는 행동을 하지 말아야 한다. 즉, 시청 중에 보충설명을 한다든지 판서 또는 다른 행동은 삼가해야 한다.

셋째, 시청 후에는 학습한 내용을 강화시킬 수 있는 기회를 제공한다. 학습자의 경험을 구체적인 생활장면과 연결시켜 주는 발전학습의 장을 마련해 주어야 한다.

넷째, 교사와 학생들의 사후 토론을 통해서, 학습자들이 프로그램을 이해했는가의 여부에 대한 교정 피드백을 학습자들에게 제공한다. 토의시간에는 시청 중에 중점적으로 관심을 갖도록 한 부분에 대해 질문을 통해 확인하고, 중요한 개념이나 원리를 스스로 정리해 보도록 하는 것도 필요하다.

다섯째, 학생들에게 시청 후의 감상이나 소감을 발표하도록 한다.

(2) 비디오

비디오 매체는 정보의 구체성이 뛰어나 강의나 교재 등 일반 교수매체에 비해 교육효과가 높고 실험, 실습 등의 교수방식보다 제작, 구현이 용이하여 많이 쓰이고 있는 매체이다. 교육현장에서 VTR의 활용이 보편화됨으로써 교사가 수업의 전개상 적절히 비디오테이프를 활용한다면 수업효과를 극대화할 수 있다. 텔레비전과 더불어 교실학습에서 접하기 힘든 자연현상의 변화를 생동감 있게 전달하는 등 그 활용의 범위가 점차 확대되고 있다. 현재 비디오 매체는 컴퓨터의 발전으로 다양한 형태로 통합되고 있다. 디지털 정보로 변환된 그림과 사진 그리고 영상자료는 디스크에 저장되어 손상이 가는 일 없이 반영구적인 형태로 제작되기도 한다. 또한 컴퓨터와 기존 매체가 통합되어 개발기간이 단축됨으로써 대집단교육뿐만 아니라 네트워크 교육에 있어서 교육의 효과성을 높이는 데 기여하고 있다. 비디오가 지니고 있는 특성과 교육적 활용도를 살펴보면 다음과 같다.

첫째, 학습자의 학습활동, 즉 기능 영역에서의 모습들을 기록 · 재생함으로써 학습자가 자신의 학습행동에 대한 피드백을 받게 되어 교정학습 및 심화학습을 통한 학습효과를 올릴 수 있다.

둘째, 교사와 학습자의 상호작용을 비디오로 녹화함으로써 수업 후 교수장면에서의 방법적 측면과 학습자의 반응을 살펴봄으로써 차시 수업의 개선책을 찾을 수 있다.

셋째, 학습자의 개인차에 적합한 학습방법을 도모할 수 있다.

넷째, 미리 녹화된 단원 학습의 실제적인 모습을 여러 번 반복함으로써 확실한 기능 숙달을 할 수 있다.

5) 컴퓨터 활용 매체

(1) 컴퓨터 시뮬레이션과 수업

컴퓨터 시뮬레이션은 시간적, 공간적, 경제적 제한으로 경험할 수 없는 상황을 실제 상황과 유사하게 컴퓨터로 모의하여 현실과 유사한 경험을 제공해 주는 프로그램이다. 컴퓨터 시뮬레이션은 일찍이 다양한 영역에서 연구되고 활용되어 왔는데, 특히 공학적인 부분에서는 물리적 변화량과 변화된 지수 변화를 통하여 이론적 모델이나 수학적 모델을 연구하는 데 활용되기도 하며, 재정적 측면에서의 비용-수익 분석을 통한 예측 프로그램의 개발, 가상공간에서의 훈련 및 학습에도 활용되어 왔다. 또 학습상황에서 원리학습 및 개념학습의 모형 개발 및 적용에도 활용되고 있다.

컴퓨터 시뮬레이션을 수업에 적용한다면 다음과 같은 효과적이고 효율적인 학습효과를 얻을 수 있다.

첫째, 학습자는 동기유발이 가능할 뿐만 아니라 실제 상황과 유사한 방식으로 대리 경험을 통하여 학습할 수 있기 때문에 학습에 쉽게 전이할 수 있어 학습의 효과를 높여 준다.

둘째로 주어진 문제에 대한 해결방법을 학습자 스스로 탐구해 들어가고, 문제해결에 필요한 요인들을 스스로 선택하여 개념을 구성할 수 있도록 함으로써 학습자에게 유의미한 학습을 제공할 수 있다.

셋째로 실제 상황을 학습자가 조작함으로써 특수한 상황에 대한 통찰력과 이해력을 높일 수 있다.

컴퓨터 시뮬레이션은 최근 교육현장에서 가상현실이라는 형태로 점차 그 활용도가 크게 확대되고 있다. 예를 들어 설명한다면, 운전실기를 교습할 때 학습자가 직접 차를 운전하지 않고 운전대가 있는 조그만 방에 들어가 도로의 상태를 화면으로 보면서 운전기술을 습득할 수가 있다. 또한 컴퓨터를 해체하는 실습을 할 경우, 실제로 공구를 이용한 실습을 하지 않고도 모니터를 보면서 가상적으로 실습을 할 수 있다.

(2) 프레젠테이션과 수업

프레젠테이션이란 주는 것, 소개하는 것, 자신의 생각이나 의견을 발표하거나 표현하는 것, 어떤 의견을 제시하거나 공개하는 것 등의 의미를 모두 포함하는 개념이다(이용환, 곽기상, 2005). 프레젠테이션 수업이란 단위수업에서 제시되어야 할 부분을 슬라이드 형식으로 내용을 입력하여 다양한 애니메이션 효과와 그림을 통하여 제시함으로써 학습자의 학습능률을 극대화시킬 수 있는 수업으로서, 컴퓨터의 여러 프로그램 중 파워포인트를 많이 활용한다. 예를 들어, 영어 회화에 관한 프로그램의 경우, 실제 원어민의 모습이 컴퓨터 화면에서 스크린에 투영되어 음성이 들리고, 대화하는 장면이 동영상으로 제시된다면 학습자는 일대일의 수업효과를 거둘 수 있다. 또한 초등학생이 한글 단어를 배울 때, '사자' 라는 글자와 함께 그림이 제시되고 사자의 울음소리와 동영상이 함께 여러 장면으로 순차적으로 제시되면 효과적인 수업이 될 수 있다. 프레젠테이션을 통해 효과적으로 수업내용을 전달하기 위해서는 다음의 사항에 유의해야 한다.

첫째, 프레젠테이션하는 목적을 분명히 밝혀야 한다. 목적에 따라 내용이 선정될 수 있기 때문이다.

둘째, 내용을 선정하되 핵심내용을 결정해야 한다. 핵심내용은 목적을 달성하기 위한 주된 내용이 되므로 핵심내용을 강조할 수 있는 보조자료를 활용하여 보다 더 오래 기억될 수 있도록 해야 한다. 그러므로 교사는 학습해야 할 학습내용을 미리 구조화하여 제시해야 하며, 따라서 이에 대한 충분한 자료의 준비가 요구된다.

셋째, 개요 및 요약을 제시하여야 한다. 개요는 프레젠테이션을 할 전체 내용을 미리 간단히 정리하여 제시하는 것이고 요약은 프레젠테이션이 끝날 무렵에 종합 정리하는 내용을 말한다(이용환, 곽기상, 2005).

프레젠테이션은 첨단매체인 디지털 카메라와 결합하여 실제 실기현장에서의 생동감 있는 현장의 이미지를 바로바로 전달할 수 있는 이점을 가지고 있다.

6) 원격교육

원격교육이란 교실 중심으로 전개되는 교사와 학습자 간의 강의와 질의 및 응답을 통한 교육을 통신수단을 활용하여 학습자 중심의 양방향 의사소통 형태로 구현하는 것이다. 원격교육의 기본적인 특성은 교수-학습이 일어나는 대부분의 기간 동안 가르치는 사람과 배우는 사람이 서로 떨어져 있다는 점이다. 이러한 특성은 시간과 장소에 구애됨이 없이 교육 행위가 일어날 수 있도록 하는 매체의 체계적 활용을 필요로 한다. 원격교육에서 매체는 단순한 교수도구가 아니라 교수-학습활동 자체를 구성하고 이해하는 데 중요한 체제라고 할 수 있다. 원격교육에서 활용해 온 매체는 인쇄물을 시작으로 하여 방송매체, 텔레컨퍼런싱 체제, 인터넷 등의 컴퓨터 매개 통신체제 등 다양하다. 미국, 캐나다, 서부 유럽, 일본과 같이 컴퓨터와 통신 분야에서 기술 개발에 앞선 산업 선진국들은 첨단 정보통신 매체를 활용한 3세대 원격교육을 주도하여 왔으며, 이에 비해 개발도상국의 교육기관에서는 아직도 우편제도를 통한 1세대 원격교육과 라디오, 텔레비전 강의, 음성과 영상을 지원하는 컴퓨터 프로그램을 이용하는 2세대의 원격교육을 실시하고 있다.

정인성과 나일주(2004)는 원격교육을 '학습공간의 확장(expansion of learning space)'이라는 개념을 토대로 한 새로운 원격교육의 이론화를 제안하면서 4개의 학습공간 확대 개념으로 설명하고 있다.

첫째는 정보 습득 공간의 확대이다. 기존 원격교육에서 학습자가 새로운 정보를 습득하는 공간은 원격교육의 인쇄교재나 오디오, 비디오 교재를 통해서였다. 즉, 제한된 공간에서 미리 확정된 정보를 얻게 되는 구조였다. 그러나 새로운 원격교육에서 학습자가 정보를 습득할 수 있는 공간은 무한정적으로 확대될 수 있다.

둘째는 정보 활용 공간의 확대이다. 기존 원격교육에서 학습자가 습득한 정보는 자신의 학습력 향상을 위해서 활용되는 것이 대부분이었다. 그러나 현재의 발달된 원격교육 환경에서는 습득된 정보는 보다 넓은 공간에서 활용될 수 있다.

셋째는 학습 대화 공간의 확대이다. 기존 원격교육에서 학습 관련 대화는 극히 제한적으로 이루어져 왔다. 특히 대화의 상대는 교수자에 국한되어 왔으며, 시간적, 공간적, 물리적 제약이 있었다. 그러나 새로운 원격교육 환경은 학습 대화의 공간을 무한정으로 확대한다.

넷째는 지식 구성 공간의 확대이다. 기존 원격교육에서는 습득된 정보를 이용하여 고차원의 지식을 구성하는 것이 매우 어려웠다. 그러나 새로운 원격교육 환경은 학습자가 지식 구성을 할 수 있는 공간을 확대시켜 주었다. 즉, 학습자는 다른 학습자와의 협동적 학습활동을 통하거나 개별적으로 현실적인 문제를 해결하기 위한 지식을 보다 손쉽게 구성해 나아갈 수 있게 되었다.

이처럼 컴퓨터의 웹기능과 정보통신공학의 발전으로 학습공간이 확장됨으로써 여러 형태의 수업 활용이 시도되고 있는데, 그 내용을 살펴보면 다음과 같다.

첫째, 교사와 학습자 간의 상호작용을 가능하게 하는 방법 중에서 컴퓨터의 웹기능을 활용한 웹기반학습(WBI)이 있다. 웹기반학습은 컴퓨터의 웹기능를 사용하여 게시판을 구현해 놓은 것으로서, 학습자료, 전달사항, 소식들을 호스트 컴퓨터에 올려놓아 학습자들과 교사가 비실시간으로 의사를 전달하며 학습이 가능하도록 하는 시스템이다. 웹을 이용하여 원격교육을 실시하는 방법에 따르면, 교사는 잘 정리된 하이퍼미디어 코스웨어를 지정된 웹 서버에 구축하면 된다. 웹 서버에 구축되는 하이퍼미디어 코스웨어는 독립된 컴퓨터 시스템 상에서 작동되는 코스웨어의 제작요건과 비슷하다. 즉, 일반적으로 학습자의 학습을 위해서 하이퍼미디어를 설계할 때에서는 정보 찾기, 지식 습득 등의 학습의 관점이 하이퍼미디어에 의해서 최대한 보장될 수 있도록 해야 한다. 따라서 하이퍼미디어와 상호작용적으로 활동하면서 학습자가 학습을 취하기 위하여 정보를 찾는 활동이 요구되도록 학습자료를 작성하여 인터넷을 통해 검색되도록 하면 된다.

둘째, 화상회의 방식이 있다. 화상회의를 이용하는 원격학습 시스템은 아날로그 또는 디지털 화상회의 시스템을 이용하여 교사와 학생들 간에 실시간(real time) 및 양방향으로 학습이 이루어지는 방식이다. 최근 종합정보통신망(ISDN)이나 초고속 정보통신망(B-ISDN)이 더욱 개선됨에 따라 고속의 데이터 전송이 가능해지고 있다. 따라서 그래픽, 동영상, 데이터 및 음성 등의 멀티미디어 정보를 전송하는 멀티미디어 통신이 가능하게 되었는데, 이러한 멀티미디어 통신망을 이용하여 원격교육을 하게 되면 웹 서비스가 가지는 장점을 최대한 활용할 수 있는 원격교육 시스템을 구성할 수 있다.

셋째, 최근 유비쿼터스 통신 기기로 불리는 모바일 기기들의 등장으로, 이동을 하면서도 학습할 수 있게 되었다. 이러한 모비일 기기가 갖는 이동성과 즉시성의 특성은 학습자가 알고 싶은 것을 궁금한 때에 바로 학습할 수 있고 실시간 설문조사를 통하여 다양한 자료를 수집할 수 있으며 교사들은 학생의 수행에 대하여 바로 수행평가를 실시할 수 있는 등 학습에서의 매체의 활용을 더욱 용이하게 만들어 가고 있다.

3. 교수매체의 제작 및 활용

교수매체를 제작하는 과정은 매체의 종류, 교과내용, 학습대상, 자료의 규모 등에 따라 각기 다르다. 그러나 어떤 매체든 효과적으로 제작하기 위해서는 체계적인 제작과정이 요구된다. 체계적인 제작과정 모형을 중심으로 제작의 기본 방향을 제시하면 다음과 같다.

1) 문제 및 요구의 발견

현실적으로 직면한 문제나 요구를 충족시키기 위해 어떠한 요건들이 매체 제작에 반영되어야 하는가? 효과적인 교수매체를 제작하기 위해서는 학습자 특성, 학습목표 진술 및 학습상황 분석이 충분히 이루어져야 한다.

2) 매체 종류의 선택

개별화, 소집단, 대집단 등의 집단 구성에 따라 매체의 종류를 결정하되 학습자들의 시각, 청각, 시청각, 촉각 등을 자극할 수 있도록 해야 한다. 이와 더불어 제작에 필요한 기술, 예산, 시간, 인원 등에 대한 측면도 고려해야 한다.

3) 제작목적의 결정

매체 제작의 목적은 교수-학습과정에 직접적으로 효과를 줄 수 있는 구체적인 기능들로 결정되어야 한다. 교과내용과 연결 지어 매체를 학습자의 요구와 발달수준에 어떻게 부합시킬 것인지, 또한 시각, 청각, 촉각 등의 여러 자극 중 어느 부분을 강조하여 제작할 것인지 등을 제작목적에 밝혀야 한다. 즉, 제작할 매체의 종류, 제작의 필요성 및 목적, 제작할 매체의 특성이나 기능의 개발 등을 분명히 밝혀 놓아야 한다.

4) 기초조사

매체 제작목적이 결정되면 다음 단계는 제작에 관련된 정보를 수집하는 기초조사를 해야 한다. 기초조사에는 이미 만들어진 기존 매체가 있는지의 여부와 매체 제작에 관련된 참고문헌 및 필요한 재료 등을 탐색하며 매체 제작과 관련한 자문인력을 확보해 놓아야 한다.

5) 이론 연구

이론 연구에서는 제작하고자 하는 매체의 구성 방향을 제시해 주기 때문에 이를 통해 도출된 여러 요소들을 교수-학습과정에 일치시켜 나갈 수 있도록 세심한 주의가 요구된다.

6) 구상과 설계

기초조사와 이론 연구 단계를 거치고 나면 다음은 이 결과를 토대로 매체를 구상 · 설계하고 동시에 제작 · 추진계획을 수립한다. 이때 교수안이나 매체에 대한 아이디어를 구체화하여 학습활동과 연결 지어야 하며, 보다 세분화된 목표 진술과 함께 학습대상자를 고려하여 설계가 이루어지도록 해야 한다.

7) 제작

매체 제작의 설계와 계획서가 작성되면, 다음은 이에 따라 실제로 제작해 가는 단계이다. 제작에 있어 유의할 점은 설계와 계획서에 따라 최대한으로 충실히 제작해야 한다는 것이다.

8) 적용과 수정

제작된 매체를 현장에 직접 활용하고 공개수업을 통하여 동료 교사 및 전문가의 의견을 듣고, 부족한 점을 수정해야 한다.

9) 지침서 작성

매체가 완성되면, 매체의 작품 소개와 활용을 위한 지침서를 작성해야 한다. 지침서에는 매체 제작일, 제작자 등을 명시하고, 매체의 특성과 활용 방법, 사용할 때 주의할 점 등을 자세히 밝혀야 한다. 특히 교수-학습과정에 어떻게 활용될 수 있는지 구체적인 실례를 그림과 함께 제시하며, 보관에 관한 사항도 제시하면 좋다.

4. 교수매체 선정기준 및 선택

교수-학습과정에서 설정된 학습목표에 적합한 교수매체를 적절히 선택하여 활용하는 것은 매우 신중하게 결정해야 할 문제이다. 왜냐하면 학습목표와 직접적인 관련이 없는 자료를 활용하거나 내용을 전달하는 것은 교수활동의 성패를 좌우하는 중요한 요소이기 때문이다.

교수매체를 선택할 때는 먼저 적절한 선택기준을 마련한 다음, 그 기준에 따라 하나하나의 매체를 검토하여 적합한 자료를 선정해야 할 것이다. 아래에 제시한 선정기준은 여러 학자들(Brown et al., 1972; Morris et al., 1992)의 의견을 종합하여 제시하였다.

첫째, 매체의 적절성, 즉 선정된 매체가 학습목표 달성에 적합한가를 살펴보아야 한다. 즉, 수업목표의 달성에 있어서 선정된 매체가 어휘수준, 개념 난이도, 전개방식, 흥미유도가 적절하게 고려된 최적의 매체인지를 파악해야 할 것이다.

둘째, 학습자의 이해수준을 확인해야 한다. 이것은 선정된 매체가 학생들의 이해수준에 적합한가의 문제이다. 매체 속에서 사용되고 있는 언어, 그림, 설명, 내용, 제시의 속도 등이 학생들의 개념 습득에 적합한가를 검토해야 할 것이다.

셋째, 매체의 경제성을 고려해야 한다. 매체를 이용하는 데 많은 비용이 든다고 해서 반드시 그 효과가 높게 나타나는 것은 아니다. 따라서 지나친 경제적 부담으로 인해 많은 학생들이 학습의 기회에 참여하지 못하는 경우가 생기지 않도록 해야 한다.

넷째, 매체 활용의 가능성을 살펴보아야 한다. 녹화 테이프가 가장 효율적이라고 판단했더라도 TV나 녹화할 테이프가 없다면 사용할 수 없을 것이다. 학교를 중심으로 각 학급에서 활용 가능한 자료인지를 조사할 필요가 있다.

다섯째, 기술적인 지원의 문제를 생각해야 한다. 화상의 질, 음의 선명도, 색채의 조화 등에 대한 지식 및 정확성이 보장되어야 한다.

한편 로미조브스키(Romiszowski, 1984)는 매체 선택에 관계된 요인을 종합적으로 고려하여 [그림 10-2]와 같이 제시하였다.

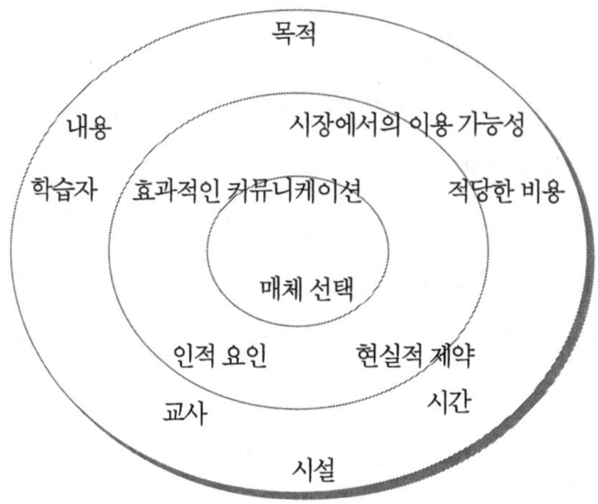

[그림 10-2] **매체 선택에 관계된 요인**(Romiszowski, 1984)

5. 교수매체의 교수-학습활동에의 통합 절차

교수-학습활동에 매체를 통합하는 절차는 9단계로 제시할 수 있고(백영균 외, 2006), 매체 통합 절차의 각 단계에서 고려할 항목과 구체적인 실행 내용을 제시하면 [그림 10-3]과 같다.

단계	점검 내용
교수-학습의 외적 환경 분석	• 학습자의 연령, 지적 수준, 적성, 태도, 흥미 등은 어떠한가? • 교사의 매체 사용능력은 어느 정도인가? • 매체 설치 환경은 어떠한가?
학습과제 분석	• 학습 목표와 내용이 잘 연계되고 있는가? • 학습의 활동은 어떤 활동으로 어떻게 구성되어야 하는가? • 매체를 사용하기 위한 과제내용의 분석이 효과적으로 이루어졌는가? • 학습내용과 활동에 맞는 어떤 매체의 활용이 가능한가?
매체 특성 분석	• 매체의 특성이 정확하게 파악되고 인식되었는가? • 학습과제를 해결하는 데 매체가 도움이 되는가? • 학습자의 개인차를 반영할 수 있는 매체인가? • 매체의 역할과 교사의 역할은 어떠해야 하는가? • 학습자는 매체와 함께 어떤 활동을 해야 하는가?
교수-학습의 내적 환경 분석	• 학습의 집단 구성이 대집단인가, 소집단인가? • 수업이 교사 중심인가, 학생 중심인가? • 수준별 수업을 실시하는 교과인가? • 매체를 활용할 구체적인 환경은 어떠한가?
학습방법 분석	• 학습과제 해결에 가장 효율적인 학습방법은 무엇인가? • 매체와 학습방법의 관련성은 높은가?
매체 결정	• 매체가 전달하고자 하는 아이디어를 잘 표현하고 있는가? • 학생의 사고력과 창의력 배양에 도움이 되는가? • 이용할 매체가 학습내용에 도움이 되는가? • 비용과 학습의 효과를 비교할 때 타당성이 있는가?
활용계획 수립	• 수업의 단계별로 사용할 매체가 적절히 배치되었는가? • 매체의 활용 시기 및 방법은 적절한가? • 수업 중 차지하는 매체 활용시간이 적당한가? • 매체와 자료가 효과적으로 연계되고 있는가?

매체 활용	• 의도했던 대로 매체가 효과적으로 사용되고 있는가? • 매체의 활용 환경이 좋지 않을 때 대안이 수립되어 있는가? • 학습자의 참여가 활발하게 이루어지고 있는가?
평가	• 학습방법의 효율화를 기하는 방향으로 사용되었는가? • 학업 성취를 달성하는 데 효율적인 도구였는가? • 매체가 가진 특성을 잘 살렸는가? • 목적 없이 매체를 사용하지 않았는가?

[그림 10-3] **교수-학습활동에서 매체 통합 절차**(백영균 외, 2007)

6. 교수매체의 체계적인 활용이론

교수매체를 활용하기 위한 체제적 교수설계모형의 대표적인 모델로 하인니히 등(1988)이 제안한 ASSURE 모형이 있다. ASSURE 모형은 학습상황에서 실제로 매체를 어떻게 활용하여 교수목표에 도달할 수 있도록 할 것인가에 관심을 두고 고안된 모형이다. ASSURE 모형은 학습자 분석(Analyze learners: A), 목표 진술(State objectives: S), 매체와 학습자료 선정(Select media and materials: S), 매체와 자료 활용(Utilize materials: U), 학습자 참여 요구(Require learner performance: R), 결과의 평가 및 수정(Evaluate/revise: E)으로 구성되어 있다. 이 모형에 따라 올바른 매체 선정을 위한 방안을 강구하는 과정을 살펴보도록 한다.

1) 학습자 분석

학습을 하는 주체는 학습자이므로 학습자가 어떠한 조건에 처해 있는지를 파악하는 것은 적합한 학습방법 및 매체 선택에 있어 필수적인 요소가 된다. 하인니히는 학습자 분석에서 분석해야 할 사항을 일반적인 학습자 특성, 출발점 특성, 특정 교과능력, 학습 스타일 등으로 제시하고 있다. 일반적인 학습자 특성은 학습자의 연령, 학력, 적성, 사회 · 경제적인 요인 등이 포함된다. 이들 요인은 학습내용과 직접적인 관련은 없지만 학습수준을 결정하거나 학습동기를 유발하기 위해 파악해야 할 중요한 요소로 보고 있다. 출발점 특성은 학습과제에 관하여 학습자가 지니고 있는 사전 지식, 기능, 태도를 의미하며 이는 교수매체의 선정이나 그 사용방법의 결정과 밀접한 관계를 맺고 있다. 특정 교과에 대한 능력은 학습하려는 내용과 직접적인 관련이 있는 능력으로서 이를 잘 파악하여 학습내용을 결정해야 한다. 학습 스타일은 학습자가 어떻게 학습환경을 인지하고 적용하고 반응하느냐에 관한 학습자의 심리적 특성을 의미한다. 예를 들어, 학습자 분석을 통해 학습자가 수업의 주제에 대해 흥미를 잃어버렸다는 진단이 나왔을 때는 학습자의 학습 동기 및 흥미를 일으킬 수 있도록 극적인 요소가 첨가된 영화나 시뮬레이션 게임 등을 이용해 볼 수 있으며, 구체적인 경험 제공이 필요한 학습자는 견학 또는 시범을 고려해 볼 수 있을 것이다.

2) 목표 진술

학습목표는 개별 학습자가 도달하도록 기대되는 최종 도착점이다. 즉, 학습 종료 시 학습자가 획득해야 할 목표다. 이러한 목표 진술은 교육내용, 교수-학습 전략 및 매체를 선정하는 지침을 제공한다. 따라서 학습목표를 진술하기 위해서는 목표의 유형이 인지적 영역인지, 정의적 영역인지, 운동 기능적 영역인지를 밝히고 학습자의 개인차를 고려해야 한다. 다음으로 학습목표 진술은 가능한 한 자세하고 명확하며 구체적이어야 한다. 구체적으로 목표를 진술하는 데에는 여러 가지 방법이 있지만, 특히 메이거

(Mager)의 교수목표 진술의 방법을 적용하면 좋다. 메이거는 목표 진술을 위해 대상(Audience: A), 행동 용어(Behavior: B)의 사용, 조건(Condition: C), 목표달성기준(Degree: D) 등의 네 가지 구성 요소를 제시하고 있다.

3) 매체와 학습자료 선정

이 단계는 목표를 달성할 수 있는 내용과 그 내용을 효과적으로 전달할 수 있는 매체를 결정하는 과정이다. 효과적인 매체를 결정하고자 할 때는 가르치고자 하는 학습 내용과 목표가 어떠한 학습환경하에서 제공될 것인지를 파악해야 한다. 대집단 또는 중집단의 경우에는 OHP, 슬라이드, 실물 화상기 등의 시각매체와 라디오, 녹음기 등의 청각매체를 활용하는 것이 적합하다.

4) 학습자료 및 매체의 활용

일단 바람직하다고 인정된 매체를 선정하였으면 실제로 활용해야 한다. 우선 제시할 자료들을 지정된 장소에서 미리 시연해 봄으로써 학습자들의 수준과 목표에 적합한지를 확인하고, 자료의 상태를 점검해야 한다. 다음으로 어떤 순서로 제시할 것인가를 정하고 수업의 목적과 진행 단계에 맞추어 자료의 제시 순서를 결정해야 한다. 그리고 필요한 온도와 밝기 및 암막 시설, 조명 조절 장치 등 주변환경을 정비해야 한다. 다음으로 학습자들의 주의를 집중시키기 위하여 제시할 내용의 소개, 학습할 주제와의 관련성, 또는 사용할 교수매체에 대한 정보나 특별한 용어에 대해 미리 설명해 줌으로써 동기유발을 제공해야 한다.

5) 학습자 참여 요구

어떠한 매체를 통하여 학습을 하더라도 학습의 주체는 항상 학습자가 되도록 하는 것이 바람직하다. 왜냐하면 수동적인 자세에서는 학습동기가 유발되기 어렵기 때문이다. 따라서 매체를 활용하기 전에 학습자에게 중점을 두어야 하는 내용이 무엇이며, 어떠한 관점으로 내용을 학습할 것인지를 알려 주는 것이 바람직하다. 또한 매체를 활용하는 도중에 내용에 대하여 질문을 하게 하거나 활용이 끝난 후 토의, 감상문 작성 등을 활용하여 적극적으로 학습에 참여할 수 있도록 유도해야 한다. 켐프(Kemp, 1985)는 학습과정에 학습자의 능동적 참여를 이끌 수 있는 방법으로 다음과 같이 소개하였다. 첫째, 즉각적인 필기나 구두의 반응을 요구하는 질문을 제시한다. 둘째, 필기활동을 지시한다. 셋째, 보거나 들은 것으로부터 선택, 판단, 결정을 하도록 요구한다. 넷째, 보거나 들은 활동이나 기술과 관련된 실행을 요구한다.

6) 학습결과의 평가 및 수정

학습이 끝난 후에는 모든 결과를 스스로 확인하여 잘 되었는지를 평가하고, 다음 의사결정을 위한 자료로 활용해야 한다. 평가의 형태는 학습자들이 학습목표를 어느 정도 달성했는지에 대한 평가, 선정된 매체가 학습목표의 달성에 도움을 주었는지에 대한 평가, 교수-학습과정의 평가 등이 있고, 평가 후 그 자료를 토대로 다음 수업을 위한 수정자료로서 활용해야 한다.

형성평가

1. 교수매체의 의미와 기능을 설명하시오.
2. 교수매체의 유형 중 최근의 첨단매체에는 어떠한 것이 있는지를 기술하시오.
3. 교수매체의 체계적인 활용을 위한 ASSURE 모형에 대해 설명하시오.

제11장

교육공학의 방법적 적용

> 디지털 시대가 요구하는 변화란 자그마한 변경이나 부분적인 변경으로 충족될 수 있는 것이 아니며, 근본적이고 대대적인 변화를 요구하고 있다.
>
> — Bates(2000)

1. CAI

1) CAI의 개념 및 특징

교수-학습 상황에 컴퓨터를 이용하는 방식은 크게 CAI(Computer Assisted Instruction)와 CMI(Computer Managed Instruction)로 대별된다. CAI는 컴퓨터를 직접 수업매체로 활용하여 지식, 태도, 기능의 교과내용을 학습자에게 가르치는 수업방법이다. CAI에서는 교수-학습용 프로그램인 코스웨어를 통해 학습내용을 제시하고 학습과정을 상호작용으로 지도하고 통제하며 학습결과를 평가한다. 컴퓨터의 교육적 활용의 또 다른 방법으로는 CMI가 있는데, CMI란 컴퓨터가 직접 수업매체로 사용되지는 않고 수업과 관련되는 제반 정보나 자료를 기록 · 분석 · 종합 · 평가하는 기능을 한다.

수업매체로서 활용되고 있는 CAI의 특징을 살펴보면 다음과 같다.

첫째, CAI는 상호작용적(interactive)이다. CAI에서는 교사와 학습자 사이에 정보를 교환하는 상호작용이 역동적으로 일어난다. 컴퓨터는 학습자의 반응에 따라 학습자의 특성과 능력을 평가 · 분석하여, 그 결과에 따라 학습자에게 적합한 과제를 선정하여 제시할 수 있다.

둘째, CAI는 개별화 학습이 가능하다. CAI는 학습자가 이해한 것을 즉각적으로 모니터하여 학습자의 요구에 기초하여 응답해 줄 수 있으며, 학습태도와 학습능력 수준이 같지 않은 개별 학습자를 동시에 기대하는 성취수준에 이르게 할 수 있다.

셋째, CAI는 흥미로운 학습 경험을 제공하여 줄 수 있다. CAI 코스웨어는 내용과 화면 제작에서 다양한 기법을 사용할 수 있다. 애니메이션(animation)이나 그래픽 등을 이용해서 학습자에게 중요한 내용을 재미있게 보여 줄 수 있다.

넷째, CAI는 운영상 편리하며 비용효과(cost-effectiveness)적이다. CAI는 운영적인 면에서 편리하고 능률적이기 때문에 다양한 수업환경에서 사용될 수 있다. CAI 프로그램은 개별화 수업이 가능함으로 교사가 없는 곳에서도 수업이 가능하다. 또한 CAI 프로그램은 필요한 수업내용을 저장매체를 통하여 원거리로도 발송할 수 있으므로 원격교육도 가능하기 때문에 경제적이면서도 안전하게 풍부한 내용을 가르칠 수 있다.

2) CAI의 유형

(1) 반복연습 유형

반복연습 유형(drill and practice mode)은 학습자가 이미 알고 있는 지식이나 기술을 숙달시키기 위해서 짜여진 프로그램을 말한다. 반복연습 유형은 보충, 심화 학습에 많이 활용되며 외국어 학습, 수학적 사실의 연습, 철자법, 기타 기초 기능의 변별을 요구하는 교과 영역에 유용하게 쓰일 수 있다.

반복연습 유형의 구조 및 절차는 다음과 같다(Alessi & Trollip, 1985). 개요 부분에서는 학습할 내용에 대한 안내가 제시되며, 연습할 문항이 선택되어 제시되고, 학습자가 선정된 질문 문항에 응답을 하게 되면, 컴퓨터는 학습자의 응답을 판단하고, 적합한 피드백을 제공한 후 수업을 마치게 된다. 이때 연습할 문항을 다 마칠때까지 문항 선정, 질문과 응답, 응답에 대한 판단, 피드백의 과정은 계속적으로 반복된다.

반복연습 유형을 더욱 효과적으로 사용하기 위해서는 다음과 같은 점에 유의해야 한다. 첫째, 학습자가 기능을 수행할 기회를 많이 제공해야 하고, 학습자의 반응에 대해 명확히 지도해 주어야 한다. 즉, 정확한 반응과 틀린 반응에 대해서는 분명한 피드백이 주어져야 한다. 둘째, 반응은 간단하고 즉각적이어야 하며, 여러 번 반응할 수 있어야 한다. 셋째, 애니메이션이나 음향 등의 다양한 기법을 사용하여 흥미를 유지할 수 있도록 제작해야 한다. 넷째, 학습자의 수행 정도에 관한 기록을 저장하고 분석하여 그 결과를 이용할 수 있도록 한다.

(2) 개인교수 유형

개인교수 유형(tutorial mode)은 교사가 학생을 개인 교수하는 것처럼 컴퓨터가 학생에게 새로운 기능, 정보, 지식 등을 제공하고, 학생은 이에 대해 반응하고 다시 컴퓨터는 학생의 반응을 판단하여 그에 적합한 피드백과 교정 학습을 제공하는 형태의 프로그램을 말한다. 개인교수 유형은 사실적 정보의 제공, 원리나 법칙 학습, 문제해결 전략 학습을 위해 적절히 사용할 수 있다.

개인교수 유형의 구조와 진행 절차는 다음과 같다(Alessi & Trollip, 1985).

개요 부문에서는 제목과 학습목표를 제시해 주고, 선수학습을 상기시켜 주며, 학습순서와 내용을 선택할 메뉴(menu)가 주어지며, 사전 검사를 받도록 한다. 정보를 제시하는 단계는 학습자의 수준과 특성에 맞도록 내용을 제시해야 하며 재미있는 그래픽이나 애니메이션을 사용하여 학습자의 주의를 유도하여야 한다. 질문과 응답 단계에서는 학습자의 독해 수준에 적합하게 다양한 내용으로 질문하며 학습자는 컴퓨터키(key)를 누르거나 라이트펜을 사용하거나, 감각터치(touch panel)를 사용하거나, 음성으로 입력하는 방법 등을 사용하여 응답하도록 한다. 학습자의 응답에 대해 판단할 때, 정답에 대해 '잘했습니다.' '맞았습니다.' 와 같은 피드백을 제공해 주며 오답에 대해서는 쉽고 재미있게 이해할 수 있도록 쉬운 예문이나 그래픽 등을 사용해 반복적으로 제시하는 것이 좋다.

(3) 시뮬레이션 유형

시뮬레이션 유형(simulation mode)이란 실제와 유사한 상황을 학습자에게 제시하여 학습자로 하여금 실제와 유사한 경험을 갖도록 하는 것이다. 시뮬레이션 유형은 실제로 실험하기에는 위험하거나 비용과 시간이 많이 들거나 현실에서는 복합 요인이 작용하여 중요 요인을 추출하기 어려운 경우에 많이 사용된다. 알레시와 트롤립(Alessi & Trollip, 1985)은 시뮬레이션의 구조와 절차를 다음과 같이 설명하였다. 개요 부문에서는 학습목표와 학습활동에 관한 명확한 지시사항이 제공되고, 시뮬레이션 상황이 전개되는 시나리오를 제시하며, 다양한 형태로 학습자가 반응을 입력하면 반응의 결과에 대해 피드백이 주어지며, 그런 다음 수정된 시나리오를 제시해 주고, 가능하고 적절한 때에 결과에 관해 요약해 준다.

(4) 수업게임 유형

수업게임 유형(instructional game mode)은 이미 습득한 개념, 지식, 기능 등을 게임을 통해 강화하는 고도의 동기유발적인 접근방법이다. 따라서 수업게임 유형은 사실과 원리, 과정, 문제해결 능력, 사회화 과정, 태도 형성 등을 가르치기에 적합하다. 알레시와 트롤립(1985)은 수업게임 유형의 구조와 진행 절차를 다음과 같이 설명하였다. 개요 부문에서 게임의 목적과 규칙을 소개하여 게임의 방향을 명확히 제시해 주며, 시나리오는 흥미를 유지할 수 있도록 재미있게 구성하여 제시한다. 학습자가 반응을 입력하면 경쟁을 하게 되고, 게임이 끝나면 게임의 승자를 알려 주고, 결과에 대해 조언해 준다. 수업게임 유형은 학습자가 부정적으로 받아들일 수 있는 수업과제에 '흥미'라는 요인을 첨가시킬 수 있고, 다른 접근법과는 달리 다양한 학습방법을 제공할 수 있다. 그러나 틀린 반응에 재미있는 결과를 제공하면 학습자는 틀린 반응에서 더 보상받게 되는 경우가 있으므로 주의해야 한다.

2. ICT 활용 교육

1) ICT 활용 교육의 개념 및 특징

ICT 활용 교육은 각 교과의 교수-학습 목표를 가장 효과적으로 달성하기 위하여 정보통신기술을 교과과정에 통합시켜, 교육적 매체(instructional media)로써 ICT를 활용하는 교육이다. 예를 들면, 교육용 CD-ROM 타이틀을 이용하여 수업을 하거나 혹은 인터넷 등을 통한 웹 자료를 활용하여 교수-학습을 하는 형태이다. 교수-학습과정에서 ICT 활용의 큰 목적은 학습자들의 창의적 사고와 다양한 학습활동을 촉진시켜 학습목표를 효과적으로 달성할 수 있도록 지원하는 데 있다. 이러한 교수-학습과정 속에서 ICT 소양교육이 자연스럽게 달성될 수 있다. 따라서 정보통신기술 활용 교육은 그 교과의 특성과 정보통신기술의 특성이 적절하게 조화를 이룰 때에 교육적인 효과가 가장 크다고 할 수 있다.

ICT 활용 교육의 특징은 다음과 같다.

첫째, 학습의 자율성 및 유연한 학습활동을 제공한다. 지식 전달 위주의 교육방법과 교실 중심의 제한된 교육환경에서 탈피하여 학습자의 자율과 특성을 존중하며, 다양하고 유연한 학습활동을 수행할 수 있게 한다.

둘째, 자기주도적 학습환경을 제공한다. ICT를 활용한 정보 검색 및 의견 교환을 통해 학습 목표와 전략 수립, 결과 평가 등 일련의 학습과정에서 학습자의 주도적인 역할을 지원함으로써 자기주도적 학습환경을 제공할 수 있다.

셋째, 창의력 및 문제해결력을 향상시킨다. 다양한 ICT를 활용하여 정보 검색 및 수집, 분석, 종합 등 새로운 정보창출 과정에 직접 참여함으로써, 창의력과 문제해결력을 신장시킨다.

넷째, 다양한 교수학습 활동을 촉진한다. 문제해결학습, 프로젝트 학습, 상황학습, 협동학습 등 다양한 수업활동을 지원함으로써 교수-학습의 질적, 양적 향상이 이루어질 수 있다.

다섯째, 교육의 장을 확대한다. 시공간의 제약성을 극복할 수 있는 다양한 ICT의 활용을 통해 교육의 장을 더욱 확대함으로써 보다 사고의 폭을 넓히고 고차적인 사고능력을 신장킬 수 있다.

2) ICT 활용 수업의 유형

(1) 정보 탐색하기

정보 탐색하기는 웹 사이트, CD-ROM 타이틀, 인쇄자료 등의 여러 도구들을 활용하여 자료를 탐색하여 다양한 정보를 찾아보는 유형이다. 이 유형은 보다 다양한 자료를 필요로 하는 과목에서 기초적인 정보 검색 및 정리를 위해서 또는 문제해결 능력의 배양이나 탐구활동을 통한 적극적인 태도를 기르기 위한 목적에서 활용될 수 있다.

(2) 정보 분석하기

정보 분석하기는 다양한 방법(웹 사이트 검색, 설문조사, 실험, 실습)으로 수집한 원시 자료를 문서 편집기나 데이터베이스, 스프레드시트 등을 이용하여 비교 · 분류 · 조합하는 정보 분석 활동을 통해 결론을 예측하고 추론해 보는 유형이다. 이러한 자료 분석 과정과 추론활동 등은 학습자들의 탐구능력을 증진시키기 위한 목적으로 활용될 수 있다.

(3) 정보 안내하기

정보 안내하기는 교사가 미리 수업을 계획하여 필요한 단계에서 교육용 CD-ROM 타이틀을 제공하거나, 미리 개발한 프레젠테이션 자료를 제시하거나, 홈페이지를 구축하여 학습자들에게 수업내용을 안내하는 유형이다.

(4) 웹 토론하기

웹 토론하기는 채팅이나 게시판, 전자우편 등을 활용하여 특정 주제에 대해 누구나가 자신의 의견을 게시할 수 있는 유형이다. 채팅을 통해 멀리 떨어진 토론 참여자들이 문자를 이용한 실시간 대화를 할 수 있으며, 게시판이나 전자우편을 통해 비실시간으로 토론 주제에 대한 의견을 정리하여 게시할 수 있다. 이 유형은 다른 사람의 의견을 존중하는 태도와 합리적 사고력을 함양하기 위한 목적으로 활용될 수 있으며, 면대면 토론학습에 부담감을 갖고 있는 학습자들을 적극적으로 참여시켜 의사표현 능력을 신장시키고자 하는 목적으로도 활용할 수 있다.

(5) 협력연구하기

협력연구하기는 공동 관심 사항에 대해 각기 자료를 검색하고, 취합하여 결과물을 공유하는 유형이다. 이 유형은 많은 사람들과의 연계를 통해 상호작용을 활성화한다는 점 이외에도 서로 다른 환경과 문화에 대해 통찰할 수 있는 기회를 제공해 준다는 점에서 의의가 있다. 특히 교사에게는 다른 학교와의 협력학습, 그리고 다중 문화를 경험할 수 있도록 하며, 학생에게는 재미있고, 상호작용적인 학습 경험에 참여할 기회를 제공한다는 점에서 수업활동에 적극 활용될 수 있다.

(6) 전문가와 교류하기

전문가와 교류하기는 인터넷을 통해 특정 분야의 전문가를 비롯한 학부모, 선배, 다른 교사 등과 의사소통을 하면서 학생들이 탐구 및 학습 활동을 할 때에 관련 분야의 전문 지식을 활용하도록 지원하기 위한 유형이다. 전자우편을 통한 질의응답 형식으로 전문가와 교류하기도 하며, 원격 대화가 가능한 카메라 설치나 원격 영상 회의 시스템 등의 진보된 기술을 활용하여 전문가와 실시간 화상 대화를 실시하는 것도 가능하다. 이 유형은 특히 심도 있는 정보조사를 목적으로 할 때 유용하게 활용될 수 있다.

(7) 웹에서 펜팔하기

인터넷의 전자우편을 이용하여 여러 지역의 다른 사람들과 개인적인 교류를 하거나 언어 학습 또는 문화에 대한 이해를 위한 목적으로 교류를 하는 유형이다.

(8) 웹 정보 만들기

웹 정보 만들기는 문제해결 과정에서 산출된 각종 결과물들을 다른 사람들이 볼 수 있도록 보고서나 프레젠테이션 자료, 홈페이지로 만드는 유형이다. 이 유형은 만들기 활동 자체가 하나의 목표가 되어 인터넷 신문 만들기, 포스터 만들기, 그림 엽서 만들기 등과 같이 표현하고 싶은 것을 나타내는 창의적인 표현능력 증진을 위해 적용할 수 있다.

3. e-Learning

1) e-Learning의 개념 및 특징

테크놀로지가 발달하고 브라우저를 이용한 웹(web)이 급속히 보급되기 시작하면서 웹기반 수업의 설계, 개발, 활용에 대한 관심과 연구가 활발해졌다(박성익 외 2001). 이와 함께 전자학습(electronic learning)이라는 용어가 출현하게 되었고 교육현장에서는 '이러닝(e-Learning)'으로 알려지게 되었다. 로젠버그(Rosenberg, 2001)는 e-Learning을 인터넷을 통한 학습이라 정의하였고, 포루할(Foroohar, 2001)은 '교실 밖에서 가르치기 위해 테크놀로지를 활용하는 것'이라고 정의하였다. 칸(Khan)은 인터넷 자원과 디지털 테크놀로지를 활용하여 개방성, 융통성 그리고 분산성을 가진 학습환경을 제공하며, 누구나 원하는 시간에 원하는 장소에서 잘 설계된 학습자 중심의 양방향 학습을 가능하게 하는 학습방법으로 정의하였고(강명희 외 공역, 2004), 장과 누나메커(Zhang & Nunamaker, 2003)는 학습내용이 전자적으로 인터넷을 통해 언제 어디서든 필요한 사람에게 전달되는 학습의 모든 유형으로 정의하였다. 해몬드(Hammomd, 2001)는 e-Learning을 모든 종류의 학습에 테크놀로지를 이용하여 학습을 설계, 전달, 선정, 지원, 확장, 코칭하는 것으로 정의하였다. 한편 윤원규(2003)는 네트워크를 중심으로 학습내용을 전달하고 학습자와 상호작용하며 학습을 촉진시키는 일련의 과정으로 정의하였다. 또한 정인성, 최성희(2002)는 학습자 중심의 융통성 있고 상호작용적인 환경 속에서 정보와 교수내용을 전달하고, 다양한 형태의 학습 경험을 지원하는 인터넷 혹은 다른 전자매체 기반의 학습 체제로 정의하였고, 유영만(2002)은 온라인 상의 디지털화된 정보 중에서 학습자의 인식과 관심을 자극하는 특정 정보를 취사 · 선택하여 오프라인과 차별화된 독특한 학습 경험을 통해 자신에게 필요한 지식을 편집 · 가공하고 공유하는 활동으로 e-Learning을 정의하였다. 한정선(2000)은 컴퓨터 기반 교육, 웹기반 교육, 가상학습 등을 포함하는 기술 기반(technology-based) 교육으로 이해하였다. 이러한 것을 통해 볼 때 e-Learning은 '교실 내외에서 이루어지는 인터넷 등 첨단 테크놀로지를 기반으로 한 학습' 이라 할 수 있다. 기존의 수업을 인터넷을 비롯한 여러 테크놀로지의 자원을 받아 보다 다양하고 효과적으로 실시하는 것을 의미하기도 하고, 전통적인 면대면 수업이 아닌 교실 밖에서 테크놀로지와 교육자료에 의존해 학습자 스스로 학습하는 것 모두를 의미한다.

컴퓨터 기반 교육 < 온라인 교육 < e-Learning < 원격교육

[그림 11-1] e-Learning의 개념적 구분

이처럼 e-Learning은 동기적으로 진행될 수도 있고 비동기적으로 진행될 수도 있다. e-Learning은 언제, 어디서나, 누구나, 자기에게 알맞은 학습을 할 수 있게 하는 것을 목적으로 한다. 이러한 e-Learning 학습환경에서는 기존의 교실수업과는 다른, 다음과 같은 교육적 특징을 가지고 있다.

첫째, 최신 정보를 제한된 장소에서 벗어나 어느 장소에서나 효과적, 효율적으로 주고받을 수 있도록 해 준다.

둘째, 컴퓨터와 인터넷을 활용하여 학습자와 학습자, 교수자와 학습자 등이 정보나 의견을 교환하고, 온라인 토론을 통해 고도의 상호작용적 의

사소통을 가능하게 해 준다(김서영, 1997; Romiszowski & Mason, 1996).

셋째, 동시적, 비동시적 상호작용을 통해 협력학습체제를 가능하게 해 준다(Romiszowski & Mason, 1996). 이러한 수업은 기존의 전통적인 교실 수업, 면대면 수업과 같이 동시적 상호작용뿐만 아니라, 시간과 공간을 초월한 비동시적 상호작용을 가능하게 한다.

넷째, 직접적 대면의 단점을 극복하고, 사회심리적 부담 없이 활발하게 상호작용할 수 있는 기회를 제공할 수 있다(정인성, 나일주, 2004).

다섯째, 다른 매체들의 활용보다 교육의 비용효과면에서 보다 경제적이다(윤원규, 2003). 각종 전자도서관, 학습지원센터의 디지털 자료를 공유할 뿐만 아니라, 별도의 시설 구축 비용 없이 방대하고 유익한 정보를 값싸게 활용할 수 있다.

여섯째, 자기주도적 학습을 가능하게 하며 익명으로 접근할 수 있기 때문에 자신의 생각을 적극적으로 표현할 수 있다.

2) e-Learning의 유형

e-Learning의 유형은 오프라인 중심형, 오프라인-온라인 연계형, 온라인 중심형 등 세 가지로 분류할 수 있으며 세부 하위 운영 모형의 개념, 특징, 교수·학습 단계는 다음과 같다(송상호 외, 2005).

〈표 11-1〉 e-Learning의 유형

구 분	오프라인 중심형	오프라인-온라인 연계형	온라인 중심형
수업방법	• 면대면 교실수업 상황하에 주로 컴퓨터실이나 멀티미디어실에서 학습자가 중심이 되어 컴퓨터, 인터넷을 활용하여 자기주도적인 학습을 수행하는 방법	• 오프라인 교실수업과 온라인 사이버 학습 활동이 정규 수업시간이나 재량수업, 특별활동 수업, 주 5일제 수업 등에서 혼합된 형태로 이루어지는 방법	• 오프라인 교실수업과는 구분되어 온라인을 기반으로 이루어지는 방법으로, 가정에서 e-Learning 콘텐츠를 활용하거나 학습상담 활동을 통해 이루어지는 방법
수업형태	• 컴퓨터실이나 멀티미디어실에서 교사의 안내에 기초하여 학습자들이 1인 1 PC를 갖고 자기주도적으로 학습활동을 실시하는 형태	• 교실수업과 온라인 활동을 연계하여 학습공동체를 중심으로 교수-학습활동을 수행하는 형태 • 주 5일제 수업에서 실시하는 유형으로, 오프라인 상에서 학습계획을 수립하고 오프라인 및 온라인 상에서 개별 또는 집단으로 자기계발, 재량활동, 체험학습 활동 등을 수행하는 형태 • 학교에서 중요 내용을 학습하고, 개인별로 부족한 부분을 e-Learning 콘텐츠를 활용해 보충 · 심화 학습하는 형태	• 학생이 개별적으로 자신의 목표에 적합한 자율학습을 위한 웹 콘텐츠를 선정하여 자기주도적으로 학습을 수행하는 형태 • 사이버 가정교사가 학생의 개별적 자율학습을 관리 및 점검하고 학습활동을 촉진시켜 주는 형태 • 사이버 공간에서 학급을 편성하여 각종 학습활동을 진행하는 형태 • 학습자들의 학교학습 활동에서의 질문에 답변하고 학습 관련 상담내용을 온라인으로 제공해 주는 형태
수업모형	• 학습자 주도형 ICT 활용 수업	• 커뮤니티 기반 교수-학습 모형 -문제중심학습 모형 -프로젝트학습 모형 -현장, 가상체험학습 모형 -탐구학습 모형 -주제,상황토론학습 모형 • 보충 · 심화형 연계수업 모형 • 주 5일 수업제 연계 모형	• 사이버 자율학습 모형 • 사이버 교사촉진 모형 • 사이버 학급운영 모형 • 사이버 학습상담 모형

〈표 11-2〉 e-Learning 운영의 세부 하위 유형

<table>
<tr><th colspan="3">유 형</th><th>개 념</th><th>특 징</th><th>교수-학습 단계</th></tr>
<tr><td>오프라인 중심형</td><td colspan="2">학습자 주도형 ICT 활용 수업</td><td>면대면 교실수업 상황에서, 학생이 중심이 되어 컴퓨터나 인터넷을 활용하여 자율적인 학습활동을 수행하는 형태</td><td>학생이 학습의 주도권을 갖고 학습에 요구되는 내용과 방법을 선정, 스스로 학습활동 수행</td><td>수업준비→학습안내→학습활동→결과 정리 및 공유→평가 및 피드백</td></tr>
<tr><td rowspan="7">오프라인 - 온라인 연계형</td><td rowspan="5">커뮤니티 기반 교수-학습</td><td>문제 중심 학습</td><td>실제 상황의 특성을 반영한 문제를 중심으로 수업을 진행하는 형태</td><td>개별적 자기주도학습과 협동적 상호작용 중시, 문제해결 과정의 공유와 학습과정에서의 성찰 중시</td><td>사전 활동→문제 제시→문제해결 계획→자기주도적 학습→협동학습 및 문제해결→결과 정리 및 발표→반추 및 평가</td></tr>
<tr><td>프로젝트 학습</td><td>협력적 공동체 활동에 기반을 둔 프로젝트 수행과정을 강조하는 형태</td><td>공동체적 지식, 문화, 체계를 생성·공유하며 문제를 해결하고, 학습결과물과 프로젝트 성찰활동 중시</td><td>프로젝트 준비→관련 자원 탐색, 공유→협동학습과 과제해결→결과물 작성→성찰 및 평가</td></tr>
<tr><td>체험 학습</td><td>체험을 위한 시간과 공간을 다양하게 확장하여 현장체험과 가상체험 등 다양한 체험활동을 강조하는 형태</td><td>체험학습의 체계화 및 체험학습 평가방식의 다양화 도모</td><td>체험 주제 및 목표 설정→체험활동 준비→체험학습 전개→체험결과 정리 및 평가→체험 경험의 일반화, 적용</td></tr>
<tr><td>탐구 학습</td><td>다양한 정보 접근 및 풍부한 정보를 활용한 탐구활동을 유도하는 형태</td><td>탐구공동체를 통한 다양한 상호작용 및 정보 공유, 동등한 학습주도권 제공과 탐구활동 과정 중시</td><td>탐구문제 제기, 확인→탐구방법, 일정 수립→탐구 및 조사활동→탐구결과 도출, 적용→탐구과정 성찰, 평가</td></tr>
<tr><td>토론 학습</td><td>특정 주제나 상황을 중심으로 실시간, 비실시간으로 토론활동을 전개하는 형태</td><td>풍부한 토론환경의 유지 및 다양한 정보원 활용, 상호작용과 협력의 다양성 유지, 논리적 토론활동 전개</td><td>토론 주제 확인→토론 준비→토론활동 실시→토론 의견 비교, 결과 정리→토론결과 발표, 공유</td></tr>
<tr><td colspan="2">보충·심화형 연계</td><td>학교 정규 수업을 통해 중요 내용을 학습한 후, 부족하거나 추가로 탐구할 내용을 보충·심화 학습하는 형태</td><td>수준별 교육과정을 지원하기 위한 방안으로 활용 가능</td><td>수업 준비→수업 실시→형성평가→결과 정리, 수업 종료/개별 보충·심화 학습방법 안내, 콘텐츠 소개</td></tr>
<tr><td colspan="2">주 5일 수업제 연계</td><td>주 5일 수업제를 실시하는 초·중등학교에서 교실수업과 사이버 학습을 연계하여 학습하는 형태</td><td>토요일, 휴무일 전 교실에서 주말에 진행할 다양한 학습활동 계획을 세우고 주말에 체험·탐구활동 수행 후 결과 온라인 탑재</td><td>활동 소개, 활동방법 안내→활동 실시, 활동 결과물 작성, 제출→평가, 피드백</td></tr>
</table>

온라인 중심형	사이버 자율 학습	개별적으로 자신의 학습능력과 목표에 맞추어 e-Learning 콘텐츠를 선정해 자기주도학습을 하는 형태	학습의 주도권, 학습 관리, 결과 등이 전적으로 학생에게 주어지는 형태	자기학습계획서 작성→수준 진단 평가→콘텐츠 선정→개별 자율학습→자기학습일지 작성
	사이버 교사 촉진	학습 진행 과정에 교사가 개입해 학습활동을 모니터링하면서 다양한 촉진활동을 제공해 주는 형태	교사는 질문에 응답해 주고 학습활동을 원활하게 수행할 수 있도록 안내	자기학습계획서 작성→수준 진단 평가→콘텐츠 선정→학습활동 수행→평가→학습 정리
	사이버 학급 운영	사이버 가정학습을 신청하는 학생들에게 각종 학습활동을 지원하고 도움을 제공하는 형태	학급마다 담임교사를 배정하여 학급배정형으로 운영	과정 신청→진단평가→수준별 학급 편성→평가 및 과제 제출→결과 피드백, 수정·보완→정리학습
	사이버 학습 상담	학습내용과 관련된 질문이 있을 경우, 교사에게 온라인으로 상담 의뢰하고 답변해 주는 형태	특별한 e-Learning 콘텐츠가 필요하지 않으며, 학생들의 학습활동을 지원해 주기 위한 방법으로 온라인 활용	학습상담 준비→상담 사이트 접속→상담교사 선정→상담내용 질의→응답내용 확인→상담결과 정리

출처: 장상현 외(2005). 사이버 가정학습 운영 모델 및 운영 전략 연구. 연구보고 CR 2005-4. 한국교육학술정보원.

4. u-Learning

1) u-Learning의 개념 및 특징

양방향의 의사소통을 기본으로 하는 지식 기반 사회의 교육 패러다임 변화는 교육환경을 여러 형태로 변화시켰다. 컴퓨터 활용 교육에서 인터넷 활용 교육으로, ICT 활용 교육에서 e-Learning으로, e-Learning에서 모바일러닝(m-Learning), 다시 u-Learning으로 변화시켰다.

〈표 11-3〉 e-Campus, m-Campus, u-Campus

구 분	e-Campus	m-Campus	u-Campus
공간	안정된 물리적 공간에 위치하고 사이버 공간을 통해 활동	물리적 공간에서 이동하면서 사이버 공간을 통해 활동	물리적 공간에 내재되어 있는 사이버 공간을 의식하지 않으면서 일상적인 물리적 공간에서 활동
	온라인에서 이루어지는 활동과 오프라인에서 이루어지는 활동이 분리	온라인에서 이루어지는 활동과 오프라인에서 이루어지는 활동이 분리	물리적 생활공간에 존재하는 사물과 활동공간에 존재하는 사물들까지 센서, 칩, 라벨 등을 포함, 지능화, 네트워크화 하는 것으로 정보화 영역이 확대되고 온라인, 오프라인이 모두 통합된 활동
주된 기기	주로 PC단말기 기반, PC들의 네트워크 기반	PDA, 모바일 전화기, 타블릿 PC 등 물리적으로 움직이면서 사용 가능한 모바일 기기	입거나 들고 다니는 컴퓨터와 같은 다양한 차세대 휴대기기, 이들 휴대기기의 네트워크 기반
주요 기술	유선 인터넷, 웹 기술 활용	무선 인터넷, 모바일 통신 활용	무선 인터넷, 모바일 통신, 증강현실(augmented), 웹 현실(web presence) 기술 활용
서비스 발생 지점	접속하고 있을 때	접속하고 있을 때	일상생활하고 있을 때

출처: 서정희 외(2006). 미래교육을 위한 U-러닝 교수-학습모델 개발. 한국교육학술정보원.

u-Learning은 '유비쿼터스 러닝(ubiquitous learning)'의 약자로 학습자가 언제, 어디에서나 어떤 내용이건 어떤 단말기로도 학습할 수 있는 지능화된 학습환경을 의미한다(백영균 외, 2006). 교육인적자원부(2004)는 언제, 어디서나, 누구나, 편리한 방식으로 원하는 학습을 할 수 있는 이상적인 학습체제, 즉 에듀토피아로 정의하고 있다. 이는 학교나 도서관 등 특정 장소에서 학습하거나 인터넷을 통해 학습 정보를 습득하던 기존의 방식과는 구분된다. 학습자가 원하는 정보를 습득하기 위해 특정 시간에 특정 장소에 가는 것이 아니라 학습 정보가 학습자를 찾아다니게 된다는 점에서 기존의 방식과 큰 차이가 있다.

유비쿼터스 교육의 목표는 학습자가 언제, 어디에서나 어떤 내용이건, 어떤 단말기로도 학습할 수 있는 교육환경을 조성함으로써 더욱 창의적이고 학습자 중심적인 교육과정을 실현하는 데 있다. 유비쿼터스 교육환경은 획일적이거나 강제적이지 않다. 학습자가 각자의 욕구에 따라 학습한다. 학습자는 휴대하고 있는 학습 단말기를 통해 각자 자신의 필요와 요구에 따라 다양한 공간에서 다양한 방식으로 학습하게 된다.

2) u-Learning의 유형

서정희 등(2006)은 u-Learning의 교수-학습 모형을 연구하면서 u-Learning 환경에서의 학습활동을 중심으로 일곱 가지 기초활동 유형을 도출하였다.

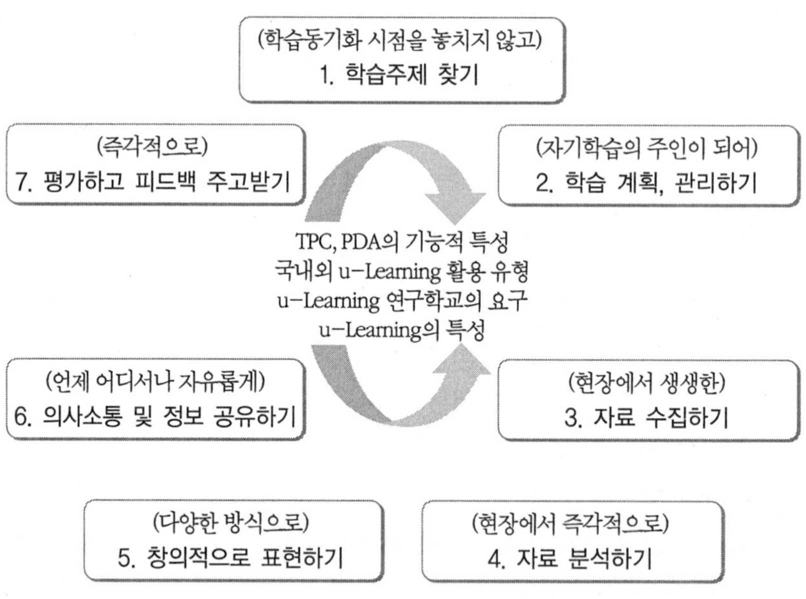

[그림 11-2] **도출된 일곱 가지 u-Learning 기초활동 유형**

(1) 학습동기화 시점을 놓치지 않고 학습주제 찾기

학습 주제 찾기는 유비쿼터스 학습환경에서 학습자가 자신을 둘러싼 교실 안 혹은 교실 밖 환경에서 다양한 설정을 통해 스스로 동기가 유발되어 학습 주제를 찾도록 하는 활동 유형이다.

(2) 자기학습의 주인이 되어 학습 계획 및 관리하기

학습 계획 및 관리하기는 1인 1 PDA/TPC를 통하여 학생 개개인이 개인적인 학습도구를 상시적으로 휴대함으로써 실생활 속에서 학습이 이루어지는 전 과정에서 이들을 학습계획과 학습 관리의 도구로 활용하는 유형을 의미한다.

(3) 현장에서 생생한 자료 수집하기

자료 수집하기 유형은 다양한 u-Learning 기기들(PDA, TPC, 디지털 카메라, 휴대폰 등)을 이용하여 학습에 필요한 각종 아날로그 자료들을 데이터, 사진, 오디오, 동영상과 같이 디지털화하여 수집하는 학습활동 유형이다.

(4) 현장에서 즉각적으로 자료 분석하기

자료 분석하기는 다양한 u-Learning 기기들의 기능이나 특징을 이용해 수집한 자료를 분석하여 가설을 검증하거나 결론을 도출하는 학습활동 유형이다.

(5) 자신에게 맞는 다양한 방식으로 창의적으로 표현하기

창의적으로 표현하기는 자신의 아이디어를 표현하기 위하여 수집한 자료나 분석결과를 가공하여 프레젠테이션, 홍보물, 포스터 등의 창작물을 만드는 학습활동 유형이다.

(6) 언제 어디서나 자유롭게 의사소통 및 정보 공유하기

의사소통 및 정보 공유하기는 유비쿼터스 기술을 기반으로 일상생활 공간에 존재하는 사물과 학습활동 공간에 존재하는 사물들까지 지능화와 네트워크가 이루어진 환경에서 학습자가 사람, 사물, 데이터베이스 등 다양한 매체와 실시간 쌍방향으로 정보를 공유하고, 여러 사람들과 의견을 교환하여 협력하는 학습활동 유형이다.

(7) 즉각적으로 평가하고 피드백 주고받기

평가하고 피드백 주고받기는 유비쿼터스 환경에서 학습자들의 선수 지식과 학습과정 및 학습결과를 퀴즈, 학습일지, 포트폴리오 등의 다양한 방법으로 평가하고, 평가결과를 학습자에게 즉각적이고 지속적으로 피드백하여 주는 교수-학습활동 유형이다.

5. 블렌디드 러닝 기반 수업

1) 블렌디드 러닝의 개념 및 특징

최근 온라인 공간에서 전적으로 교육이 이루어지는 사이버 교육 혹은 e-Learning 체제를 도입·운영하고 있는 학교에서 학습효과를 극대화시키기 위하여 활용하고 있는 대표적인 전략 중 하나가 바로 혼합형 학습, 즉 블렌디드 러닝(Blended-Learning)이다. 블렌디드 러닝은 e-Learning 교육방식에 전통적인 면대면 교육방식이 갖고 있는 교육적 장점을 결합, 적절히 활용함으로써 학습효과를 극대화하기 위한 개념이다. 이처럼 블렌디드 러닝은 현재의 e-Learning 학습과정의 차세대 온·오프라인의 새로운 공간 활용 유형의 하나로 현재 e-Learning의 확장된 개념으로 인식되고

있다. 만틸라(Mantyla, 2001)는 블렌디드 학습을 학습자들의 학습내용과 학습 경험을 강화하기 위하여 두 가지 이상의 전달 및 확산의 방법들을 취하여 조합하는 것으로 정의하였는데, 여기서 전달 및 확산의 방법이란 테크놀로지를 의미할 뿐만 아니라 강의, 사례연구, 토의, 코칭, 멘토링, 개별학습, 협력학습 등과 같은 다양한 학습방법론을 의미한다고 하였다. 드리스콜(Driscoll, 2002)은 블렌디드 러닝에 보다 포괄적으로 접근하면서 네 가지 정의를 들었는데, 그 내용은 첫째, 교육목표 달성을 위해서 웹 기반 테크놀로지(예: 실시간 가상수업, 자기주도학습, 협동학습 등)를 조합하거나 섞는 형태, 둘째, 교수 테크놀로지에 상관없이 최적의 학습성과를 내기 위한 다양한 교육학적 접근들(예: 구성주의, 인지주의, 행동주의)의 조합, 셋째, 각종 교수 테크놀로지(예: 비디오테이프, CD-ROM, 웹 기반)와 교사주도의 면대면 훈련과의 조합, 넷째, 학습과 업무의 조화로운 효과를 내기 위한 실무과제와 교수 테크놀로지의 조합이다. 이러한 정의들을 살펴보면 블렌디드 러닝은 학습의 효율성 및 매력성을 극대화하기 위하여 온라인 및 오프라인, 학습 시간과 공간, 상호작용 방식, 다양한 교수 테크놀로지, 다양한 교수학습이론 등을 적절히 조합하거나 통합하는 과학적 접근이라고 할 수 있다(이옥형, 2008). 즉, 블렌디드 러닝이란 현재 학교의 학급(오프라인)과 똑같은 학급이 사이버(온라인) 상에서 구현되어 이루어지는 학습으로 학습의 접근성, 편리성, 융통성을 높여 주는 학습자 중심의 접근이라고 볼 수 있다.

블렌디드 러닝의 방법으로는 집합교육을 중심으로 온라인 교육을 보완하거나 자율학습 방식에 온라인 협동학습을 접목하는 방식, 다양한 온라인 학습 전략에 오프라인으로 보조하는 방법 등 각 교육 주체마다 다양한 전략이 가능하다. 블렌디드 러닝은 학습효과를 극대화하고, 학습 기회를 확대하며, 교육 시간 및 비용의 최적화를 가능케 하는 장점이 있다. 이처럼 블렌디드 러닝은 온라인 상에서는 강좌 신청, 학습하기, 과제하기, 토론

〈표 11-4〉 블렌디드 러닝의 교수매체 분류

구 분	매체의 특징	매체의 성격	온라인/오프라인	예 시
커뮤니티 자료	게시판, 자료실, 토론방을 활용한 수업 전개	상호작용 매체 (교사와 학생, 학생과 학생)	온라인	카페, 블로그, 학급 홈페이지
웹 콘텐츠 자료	실제 보여 주기 어려운 학습 내용과 관련된 그림, 사진 등 멀티미디어 자료를 이용한 수업 전개	상호작용 매체 (콘텐츠와 학생)	온라인/오프라인	에듀넷
동영상 자료	실제 장면을 시청함으로써 현장감 있는 수업 전개	동적 매체	온라인/오프라인	EBS, UCC
사이버 가정 학습 자료	학교교육과 가정교육이 연계된 수업 전개	상호작용 매체 + 동적 매체	온라인	사이버 가정 학습

하기, 평가하기가 가능하고 오프라인에서는 콘텐츠를 활용하여 수업할 수 있다.

일반적으로 블렌디드 러닝을 활용할 경우 얻을 수 있는 교육적 유용성을 살펴보면 다음과 같다(임정훈, 2004).

첫째, 기존 오프라인 중심의 수업이 갖고 있는 시간적, 공간적 제약에서 벗어나 학습의 장을 확대시켜 주고 다양한 교육 정보를 활용한 교육이 가능하다. 강의실에서만 이루어지는 교육에서는 활용하는 정보나 자료가 제한될 수밖에 없으며, 이는 학습의 장을 특정 공간에만 국한시킴으로써 보다 다양한 학습 경험을 제공하기 어렵게 만든다. 그러나 오프라인 교육에 온라인 교육을 가미시킬 경우 시간적 제약으로 충분히 학습할 수 없었던 내용을 시간적 여유를 갖고 풍부한 관련 자료를 토대로 심층적인 학습이 가능해지며, 이로 인해 학습의 장이 보다 넓어질 수 있게 된다.

둘째, 일방적인 강의 위주의 정보 전달에서 벗어나 개인의 요구에 부응하는 개별화학습을 촉진하고 자기주도학습 능력을 신장시킬 수 있다. 다양한 개인차 특성을 고려한 블렌디드 러닝은 강의 중심의 수업뿐만 아니라 온라인 상에서 자신의 학습 진도나 수준에 맞추어 콘텐츠를 학습할 수 있기 때문에 매우 효과적으로 학습자들은 자기 스스로 학습과정을 통제·조절하는 능력이 향상될 수 있다는 것이다.

셋째, 면대면 강의실 수업과 온라인 사이버 수업의 결합을 통해 다양한 커뮤니케이션 채널을 통한 교수-학습활동이 가능하다. 일반 강의실 수업에서는 교수자와 학습자 간의 대화 채널이 고정되어 있기 때문에 다양한 형태의 상호작용이 일어나는 것이 불가능하다. 반면 블렌디드 러닝은 학습자의 특성에 따라 혹은 학습환경에 따라, 보다 다양한 커뮤니케이션 기회를 제공할 수 있다.

넷째, 지식과 정보 전달 체계의 정확성을 증진시키고 교수-학습 운영체제의 지속성 확보를 통해 수업 결손을 감소시킬 수 있다. 온라인 활동을 수업에 추가하게 되면 부득이하게 수업 결손이 발생하더라도 온라인 활동을 통해 교수-학습활동이 계획한 대로 체계적으로 진행될 수 있다.

2) 블렌디드 러닝의 영역과 요소들

임정훈 등(2003)은 학교교육을 위한 블렌디드 러닝의 주요 영역을 학습환경, 학습목표, 학습내용, 학습시간, 학습장소, 학습형태, 학습매체, 상호작용 유형 등으로 구분하여 제시하고 있다. 여덟 가지 블렌디드 러닝 설계를 위한 영역과 주요 하위 요소들을 종합하여 살펴보면 다음과 같다.

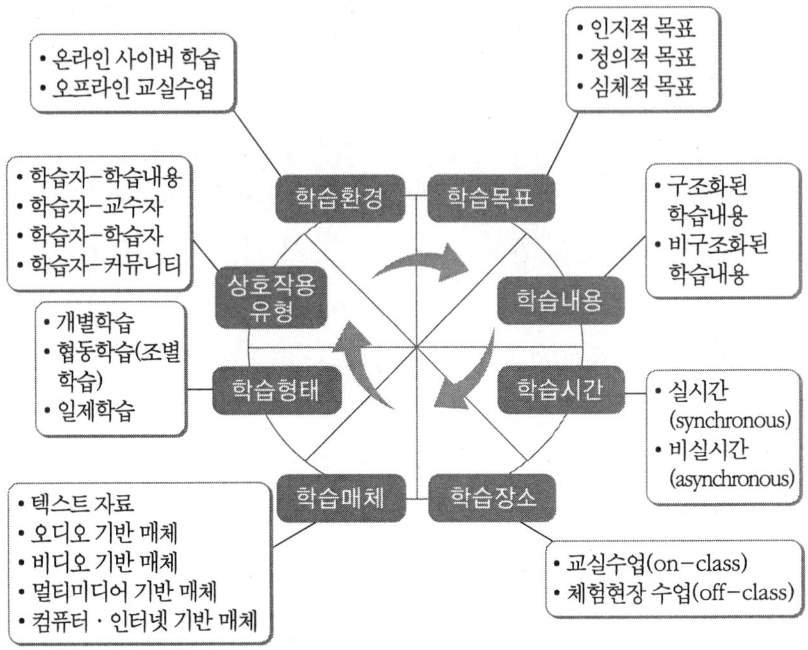

[그림 11-3] **학교교육을 위한 블렌디드 러닝의 주요 영역과 요소들**(임정훈 등, 2003)

(1) 학습환경

일반적인 블렌디드 러닝의 대표적인 설계 전략이라 할 수 있는 오프라인 교실수업과 온라인 사이버 학습을 혼합하는 것을 의미한다. 이는 기존의 ICT 활용 수업에서 온라인 활동과 오프라인 활동이 서로 보조해 주는 수단에서 벗어나, 주어진 학습목표 달성을 위해 반드시 필요한 필수적인 교수-학습활동으로 적극적으로 활용해야 할 필요가 있다.

(2) 학습목표

전통적인 오프라인 수업의 목표인 인지적, 정의적, 심체적 영역에 온라인 활동을 추가함으로써 정보 수집, 분석, 공유, 종합, 활용과 같은 정보 활용 능력이나 상대방에 대한 존중감, 대인관계 기술, 커뮤니케이션 기능 등과 같은 목표를 습득할 수 있게 된다.

(3) 학습내용

오프라인 수업에서 구조화된 학습내용뿐만 아니라 웹을 통해 새로운 정보를 얻을 수 있기 때문에 상황에 따라 구조화된 자료보다는 비구조화된 자료들로부터 새로운 아이디어를 얻을 수도 있고, 학습목표 달성에 더욱 효과적인 내용을 획득할 수도 있다.

(4) 학습시간

일반적으로 교실에서 교사와 함께 수행하는 수업활동은 실시간으로, 교실 밖에서 인터넷을 이용해 관련 활동을 수행하는 것은 비실시간으로 이루어진다. 최근에는 인터넷의 웹채팅 기능이나 메신저의 활용을 통해 가상공간에서도 실시간으로 커뮤니케이션 활동이 가능하게 되었다.

(5) 학습장소

교실 내에서 이루어지는 학습(on-class)과 교실 밖에서 이루어지는 학습(off-class)으로 해석할 수 있다. 특히 탐구학습이나 문제해결학습, 프로젝트 학습처럼 비교적 긴 시간이 필요하고 다양한 자료를 수집해야 하며, 또래 학습자와 현장체험 장소에서 견학이 필요한 학습 유형에는 이 같은 'on-class'와 'off-class'를 병행할 수 있다.

(6) 학습형태

오프라인 환경이나 온라인 환경 어느 환경에서든지 활용이 가능하다고 볼 수 있다. 개별학습, 조별 또는 집단별 협동학습, 모든 학습자를 대상으로 하는 일제학습 등이 있다.

(7) 학습매체

다양한 교수-학습 매체 중 특정 학습목표 달성을 위한 특정 학습조건에 가장 적합한 매체로서 어떤 것을 사용하느냐와 관련된 요소를 뜻하며, 텍스트, 오디오, 비디오, 멀티미디어, 컴퓨터·인터넷 매체 등이 교수-학습 상황에 활용되고 있다.

(8) 상호작용 유형

학습자가 무엇 혹은 누구와의 상호작용을 중요시하는가에 따라 여러 가지 유형이 혼합된 설계 전략을 구성할 수 있다는 것이다. 학습자-학습내용, 학습자-교수자, 학습자-학습자, 학습자-커뮤니티 간의 다양한 상호작용 유형이 여기에 해당된다.

형성평가

1. ICT 활용 교육의 유형을 설명하시오.
2. 유비쿼터스의 개념에 대해 설명하시오.
3. u-Learning의 적용 사례를 예를 들어 설명하시오.

참/고/문/헌

강명희, 이미화, 송상호 편역(2004). E-Learning Strategies(Khan, E. H. 저). 서현사.

강인애(1997). 왜 구성주의인가?-정보화시대와 학습자중심의 교육환경. 문음사.

교육부(1999). 새 학교문화 창조.

교육인적자원부(2004). 인적자원개발 혁신을 위한 유비쿼터스 학습체제 구축방안.

권건일, 이경화, 주영림, 김현숙, 박숙희(1998). 교과교육과 실기교육방법의 이해. 문음사.

권성호(1995). 교육공학원론. 양서원.

권성호(1998). 교육공학의 탐구. 양서원.

김대현, 왕경순, 이경화, 이은화(1999). 프로젝트 학습의 운영. 학지사.

김도수(1994). 교육학개론. 교육과학사.

김서영(1997). 원격영상강의에서 발생하는 상호작용의 빈도 유형이 학습자의 동기유발에 미치는 영향. 이화여자대학교 석사학위 논문.

김순택(1983). 좋은 수업의 개념화. 한국교육학회(편). 교육과 사색. 정민사.

김신자, 이인숙, 양영선(1999). 교육공학의 이론과 실제. 문음사.

김실광(1995). 자주적인 학습능력 신장 방안. 교육경북, 110.

김아영, 백화정, 설인자, 이선자, 정명숙 공역(1998). 교육심리학. 학문사.

김아영, 박인영(2001). 학업적 자아효능감 척도개발 및 타당화 연구. 교육학연구, 39(1), 95-123.

김애리(1984). 지능의 인지과정적 접근에 관한 일 연구. 전남대학교 석사학위 논문.

김영수, 한정선, 강명희, 정재삼 공역(1995). 교수공학: 정의와 영역. 교육과학사.

김영채 역(1980). 학습심리학. 중앙적성연구소.

김영채(1985). 인간학습 및 기억. 중앙적성출판사.

김정규, 김영채(1988). 교육방법 및 교육공학. 배영사.

김정섭, 강승희, 강영심, 신경숙, 이영만, 정명화, 황희숙, 허승희(2004). 교사를 위한 교육심리학. 서현사.

김종량(1995). 교육공학. 문음사.

김진호, 최철용, 박혜경, 강병재(2001). 교육방법의 기초. 문음사.

김철주(1999). 효과적인 교수방법의 탐구. 강남대학교 출판부.

김학수(1981). 현대교수학습론. 교육과학사.

김호권(1970). 완전학습의 원리. 배영사.

김호권, 임인재, 변창진, 김영채(1984). 현대교육평가론. 교육출판사.

나일주(2007). 교육공학 관련이론. 교육과학사.

나일주, 정인성(1996). 교육공학의 이해. 학지사.

남병필(1994). 영상에서 발전 학습. 형설출판사.

멀티미디어교육지원센터(1998). Web-based instruction의 특성과 평가 준거.

문선모(2007). 학습이론. 양서원.

민병산, 박상규 공역(1991). 인간불평등기원론/사회계약론/에밀. 양우당.

박석규(1994). 방송활용수업모형 연구. 영남대학교 박사학위 논문.

박선호(1994). 학습지도. 학문사.

박성익(1997). 교수-학습방법의 이론과 실제. 교육과학사.

박성익, 임철일, 이재경, 최정임(2001). 교육방법의 교육공학적 이해. 교육과학사.

박숙희, 염명숙(2001). 교수-학습과 교육공학. 학지사.

박숙희, 염명숙(2007). 교수-학습과 교육공학(2판). 학지사.

박숙희, 염명숙, 이경희(1997). 교육방법 및 교육공학. 학지사.

박영태(2004). 사랑의 학습지도법(개정판). 학지사.

박재환, 정명화, 차춘희, 김민한, 박경묵, 천정미(1997). 실기교육방법론. 형설출판사.

백영균, 박주성, 한승록, 김정겸, 최명숙, 변호승, 박정환, 강신천(2006). 유비쿼터스 시대의 교육방법 및 교육공학(2판). 학지사.

백영균, 설양환(1997). 인터넷과 교육. 양서원.

변영계(1979). 수업설계. 배영사.

변영계(2005). 교수 · 학습이론의 이해(개정판). 학지사.

변영계, 김영환, 손미(2007). 교육방법 및 교육공학(3판). 학지사.

변영계, 김영환(1996). 교육방법 및 교육공학. 학지사.

변창진(1980). 현대교육원론. 교육과학사.

서울대학교육연구소(1981). 교육학 용어사전. 배영사.

서정희, 정기오, 김용, 김경미, 이지현, 윤세진, 이준규, 정미순, 김종헌, 박준홍, 김기수, 양명옥, 임재강(2006). 미래교육을 위한 U-러닝 교수-학습모델 개발. 한국교육학술정보원.

설양환, 권혁일, 박인우, 손미, 송상호, 이미자, 최욱, 홍기칠 공역(2003). 교육공학과 교수매체(7판). 피어슨에듀케이션코리아.

송명자, 최진승, 황혜자(1983). 교육심리. 동아대학교 출판부.

송상호, 이준, 임정훈, 최정임(2005). 초 · 중등학교에서의 e-러닝 지원 전략 연구. 경상북도 교육청.

송진홍(1990). 탐구훈련 교수-학습모델이 과학적 문제해결 전략 변화에 미치는 효과. 충남대학교 석사학위 논문.

신해우, 정숙경, 박영태(1994). 교육방법 및 교육공학. 동아대학교 출판부.

심성경, 김경의, 변길희, 김나림, 최대훈, 박주희(2007). 영유아를 위한 교수매체의 이론과 실제. 학지사.

양용칠(2000). 교육공학의 발전과 심리학: 영향과 전망. 교육공학연구, 16(3), 27-50.

오성삼, 구병두, 이풍길, 박성열(1998). 실기교육방법론. 교육과학사.

원호택, 박현순(2003). 인간관계와 적응. 서울대학교 출판부.

유영만(2002). e세상 e러닝: e모양 e꼴의 e러닝. 한언.

유영만(2006). 교육공학에 대한 학문적 탐구 행위와 자세. www.010000.pe.kr/samtuchanmul_01.htm.

유태영(1993). 교육공학. 교육과학사.

윤광보, 김용욱, 최병옥(2008). 교육방법과 교육공학의 이해. 양서원.

윤원규(2003). 초등학교에서의 e-Learning의 현황과 학습 효과 및 학습 흥미도와의 관련성 연구. 경희대학교 석사학위 논문.
윤정일, 신득렬, 이성호, 이용남, 허형(1995). 교육의 이해. 학지사.
윤정일, 허형, 이성호, 이용남, 박철홍, 박인우(2002). 신교육의 이해. 학지사.
이경화, 최병연, 김정희 공역(2006). 교수-학습이론과 실제. 아카데미프레스.
이광균(2003). 초등학교 교사의 교수매체 제작 및 활용 효과 인식에 관한 연구. 공주대학교 석사학위 논문.
이대식, 이창남 공역(2005). 수업설계 및 교재개발의 원리. 시그마프레스.
이무근, 김판욱, 김재식(1994). 실기교육방법론. 배영사.
이무근(1983). 실기교육방법론. 상조사.
이무근(1993). 직업교육학원론. 배영사.
이성호(1986). 교수방법의 탐구. 양서원.
이승익(1991). 교육방법. 선명문화사.
이영애 역(1998). 학습심리학. 을유문화사.
이옥형(2008). 블렌디드 러닝과 면대면 수업의 학업성취도에 관한 연구. 청소년학연구, 15(1).
이용환, 곽기상(2005). 교육방법과 교육공학. 형설출판사.
이형행(1988). 교육학개론. 양서원.
이홍우 역(1987). 민주주의와 교육. 교육과학사.
이화여자대학교 교육공학과 편(2001). 21세기 교육방법 및 교육공학. 교육과학사.
이희도, 한상철, 곽형식, 이동원, 양병한(1996). 수업의 이론과 실제. 중앙적성출판사.
임규혁(1996). 교육심리학. 학지사.
임규혁, 임웅(2007). 교육심리학(2판). 학지사.
임선빈(1996). 문제해결학습을 위한 수업설계의 기본 방향. 교육문제연구, 8. 고려대학교 교육문제연구소.
임정훈(2004). 혼합형 학습(blended learning) 전략의 초·중등학교 현장 적용 가능성 탐색. 교육학연구, 42(2), 399-431.
임정훈, 임병노, 최성희, 김세리(2003). 초·중등학교에서 교실수업과 웹기반 학습을 연계한 커뮤니티 기반 프로젝트 학습모형 개발 연구. 교육공학연구, 20(3), 112.

임창재(2005). 수업심리학(2판). 학지사.

임청환, 권성기 공역(2006). 교사를 위한 수업전략. 시그마프레스.

장병림(1980). 학습심리학. 박영사.

장상현, 송상호, 채보영, 이규상(2005). 사이버 가정학습 운영 모델 및 운영 전략 연구. 연구보고 CR 2005-4. 한국교육학술정보원.

장상호 역(1990). 교수, 학습 그리고 의사소통. 교육과학사.

전윤식, 강영심 공역(1998). 복합지능과 교육. 중앙적성출판사.

전윤식, 허승희, 정명화, 황희숙, 강영심, 유순화, 신경숙, 강승희, 김정섭 편역(2003). 교육심리학. 시그마프레스.

전정태(1995). 현대실기교육의 이해. 삼경사.

정명화(1994). 또래협력에 의한 고찰-Piaget와 Vygotsky의 이론을 중심으로. 동의공업대학 논문집, 제20집.

정숙경(2003). 수업의 기초와 실제 탐구. 동아대학교 출판부.

정인성, 나일주(2004). 원격교육의 이해(2판). 교육과학사.

정인성, 최성희(2002). 효과적인 학습전략. 교육과학사.

정한택(1985). 최신 심리학. 법경출판사.

제주도 교육청(1995). 교육방송과 발전학습. 신진인쇄사.

조규락, 김선연(2006). 교육방법 및 교육공학-교육공학의 3차원적 이해. 학지사.

조영일(2000). 교육방법 및 교육공학. 형설출판사.

주영주, 곽은순(2000). 유아교육과 교수매체. 남두도서.

중앙일보(2008). 12. 12일자 기사. 일본 연구팀, 꿈 · 생각 그려 내는 데 성공.

지옥정 역(1995). 프로젝트 접근법-교사를 위한 실행지침서. 창지사.

진위교, 장언효, 이종승, 김순택(1998). 현대 수업의 원리. 정민사

차경수(1990). 교육학개론. 학연사.

천병기(1992). 방송에 의한 학습의 지도 실제. 영대출판사.

최정임(1997). 상황학습이론에 따른 학습내용의 구성, 교사의 역할, 평가원리에 대한 고찰. 교육학연구, 35(3).

최종윤(1986). 지능검사의 문항 및 요인구조에 관한 추수연구. 인하대학교 석사학위

논문.

추정선(1988). 아동기 이후의 결정적 지능발달 양상 분석. 교육학연구, 26(1), 63.

하대현(1996). 인간지능이론과 연구의 최근 동향과 과제. 교육심리연구, 10(1), 129.

한국교육개발원(1973). 새 수업체제를 위한 1차 소규모시범: 요약보고서. 연구보고 제1집.

한국교육개발원(1974). 새 수업체제를 위한 2차 소규모시범: 요약보고서. 연구보고 제2집.

한국교육방송원(1997). 교육방송연구 시범학교 연수교재.

한국교육학술정보원(2005). 미래교육을 위한 u-러닝 교수-학습 모델 개발. 연구보고 CR 2005-12.

한방교, 윤길근(1995). 실기교육방법론. 동문사.

한범숙(1996). 교육심리학. 교육과학사.

한정선(2000). e-learning 시대의 매체와 방법의 의미 제고. 교육공학연구, 16(4), 201-224.

한정선(2005). 엑셀런트 티칭. 랜덤하우스 중앙.

함종규(1986). 학습지도. 문음사.

홍사혁(2001). 유치원 교사의 교수매체 활동실태에 관한 연구. 경기대학교 석사학위 논문.

황정규(1984). 인간의 지능. 민음사.

AECT (1977). *The definition of educational technology*. Washington, D.C.: Association for Educational Communications and Technology.

AECT(1994). *Instructional technology: the definition and domains of the field.* Washington, D.C.: AECT.

Alessi, S. M., & Trollip, S. R. (1985). *Computer-based instruction: Method & development. Englewood Cliffs.* NJ: Prentice Hall Inc.

Andrews, D. H., & Goodson, L. A. (1980). A comparative analysis of models of instructional design. *Journal of Instructional Development, 3*(4), 2-16.

Aronson, E., Blaney, N., Stephan, C., Sikes, J., & Snapp, M. (1978). *The Jigsaw Classroom*. Bevery Hills: Sage Publixations, Inc.

Atkinson, J. W. (1980). Motivational effects in so-called test of ability and educational achievement. In L. Fyans (Ed.), *Achievement motivation: Recent trends in theory and research*. NY: Plenum Press.

Atkinson, J. W. (1983). *Personality, motivation and action*. NY: Pareger.

Atkinson, R. C., & Shiffrin, R. N. (1968). Human memory: A proposed system and its control processes. In K. Spence, & J. Spence (Eds.), *The psychology of learning and motivation* (Vol. 2). NY: Academic Press.

Ausubel, D. P. (1972). Advance Organizer Model. In B. Joyce, & M. Weil (Eds.), *Models of Teaching*. Englewood Cliffs: Prentice-Hall.

Bandura, A. (1977). A self-efficacy: Toward a unifying theory of behavioral change. *Psychological Review, 84*(2), 191-215.

Bandura, A. (1981). Analysis of modeling process. In H. F. Calrizio, R. C. Craig, & W. A. Mehorens (Eds.), *Contemporary issues in educational psychology*. Boston: Allyn and Bacon, Inc.

Bandura, A. (1986). Social foundations of thought and action. *A social cognitive theory*. Englewood Ciffs, NJ: Prentice-Hall.

Bandura, A. (1995). *Self-efficacy in changing societies*. NY: Cambridge University Press.

Bandura, A. (1997). *Self-efficacy: The exercise of control*. NY: W. H. Freeman Co.

Bandura, A., & Schunk, D. H. (1981). Cultivating competence, self-efficacy and intrinsic interest through proximal self-motivation. *Journal of Personality and Social Psychology, 41*, 586-598.

Bates, A. W. (1995). *Technology, open learning and distance education*. London: Routledge.

Bates. A. W. (2000). *Managing technological change: Strategies for College and University Leaders*. San Francisco, CA: Jossey-Bass Publishers.

Beauchamp, G. (1981). Basic components of a curriculum theory. In H. A. Giroux, A. N. Penna, & W. F. Pinar (Eds.), *Curriculum and Instruction: Alternatives in Education*. Berkeley: McCutchan Publishing Co.

Bednar, A. K., Cunninghan, D., Duffy, T. M., & Perry J. D. (1991). Theory into practice: How do we link? In G. J. Anglin (Ed.), *Instructional technology: Past, present, and future* (pp. 35-38). Englewood, Co: Libraries Unlimited, Inc.

Berliner, D. C., & Cahen, L. S. (1973). Trait-Treatment Interaction and Learning. In F. N. Kerlinger (Ed.), *Review of Research in Education*. Itasca: Peacock.

Berlo, D. K. (1960). *The process of communication: An introduction to theory and practice*. NY: Holt, Reinhart and Winston.

Binet, A., & Simon, T. (1916). *The development of intelligence in children* (E. S. Kite.). Baltimore: Williams & Wilkins.

Bloom, B. S. (Ed.), (1956). *Taxonomy of Educational Objectives, Handbook 1: Cognitive domain*. NY: Mckay.

Bloom, B. S. (Ed.), (1956). *Taxonomy of educational objectives: Cognitive domain*. NY: Longma.

Bobbit, J. F. (1918). *The curriculum*. Boston: Honghton-Mifflin.

Bransford, J., & Steen, B. (1984). *The ideal problem solver*. NY: Freeman.

Branson, R. K. (1990). Issues in the design of schooling: Changing the paradigm. *Educational Technology, 30*(4), 7-10.

Branson, R. K. (1991). Instructional systems development in the military and industry. In L. J. Briggs, K. L. Gustafson, & M. H. Tillman (Eds.), *Instructional design principles and applications*. Englewood Cliffs, NJ: Educational Technology. Publications.

Brody, N. (2000). History of theories and measurement of intelligence. In R. J. Sternberg (Ed.), *Handbook of intelligence* (pp. 16-33). NY: Cambridge

University Press.

Brown, J. W., Kenneth, D. N., & Sara, K. S. (1972). *Administering Educational Media*. NY: McGraw-Hill Book Co.

Bruner, J. S. (1961). *The Process of Education*. Cambridge: Harvard University Press.

Bruner, J. S. (1966). *Toward a theory of instruction*. Massachusetts: Harvard University Press.

Bruner, J. S. (1986). *Actual Minds, Possible Worlds*. Cambridge, MA: Harvard University Press.

Carroll, J. B. (1963). A Model of School Learning. *Teachers College Record, 64*, 723-733.

Chard, S. C. (1992). How do I integrate the curriculum using the project approach? In D. G. Murphy, & S. G. Goffin (Eds.), *Project construct: A curriculum guide* (pp. 83-91). Jefferson City, MI: Department of Elementary and Secondary Education.

Chard, S. C. (1994). *The project approach: A practical guide, I and II*. Edmonton, Canada: University of Alberta, Instructional Center.

Cohen, E. G. (1994). Restructuring the classroom: Conditions for productive small groups. *Review of Educational Research, 64*(1), 1-35.

Collins, A. (1994). Goal-based scenarios and the problem of situated learning: A count on Anderson Consulting's design of goal-based scenarios. *Educational Technology, 34*, 30-32.

Cooper, P. A. (1993). Paradigm shifts in designed instruction: from behaviorism to cognitivism to constructivism. *Educational Technology*, May, 12-19.

Corey, S. M. (1971). The nature of instruction, In M. D. Merrill (Ed.), *Instructional Design: Readings*. Edglewood Cliff, NJ: Prentice-Hall.

Cronbach, L. J., & Snow, R. E. (1969). *Individual Differences in Learning Ability as Function of Instructional Variables*. Stanford University.

Cronbach, L. J., & Snow, R. E. (1977). *Aptitudes and Instructional Methods.* NY: Irvington Publishers.

Crowder, R. C., & Surprenant, A. M. (2000). Sensory stores. In A. E. Kazdin (Ed.), *Encyclopedia of psychology* (Vol. 7, pp. 227-229). NY: Oxford University Press.

Dale, E. (1969). *Audio-visual methods in teaching* (3rd ed.). NY: Holt Rinehart & Winston.

De Charms, R. (1976). *Enhancing motivation.* NY: Irvington.

DeVries, D. L., & Edwards, K. J. (1978). Biracial learning teams and race realation in the classroom. *Journal of Educational Psychology, 70*, 356-362.

Dick, W., Carey, L., & Carey, J. (2001). *The systematic design of instruction* (5th ed.). NY: Longman.

Driscoll, M. (2002). Blended learning. *e-Learning, 3*(3), 54-56.

Dweck, C. S. (1986). Motivational processes affecting learning. *American Psychologist, 41,* 1040-1047.

Dweck, C. S. (1999). *Self-theories: Their role in motivation, personality, and development.* Philadelphia, PA: Psychology Press.

Edward, D. M., & Hardman, L. (1989). Lost in hyperspace: Cognitive mapping and navigation in a hypertext environment. In Mcaleese (Ed.), *Hypertext: Theory into practice.* NJ: Ablex Pub. Co.

Ely, D. P. (1963). The changing role of the audiovisual process in education: A definition and a glossary of related terms. *Audiovisual Communication Review*, Vol. II, No. 1, 21-31.

Finn, J. D. (1965). Instructional technology. *Audiovisual Instruction, 10*(3), 192-194.

Finn, J. D. (1961). New teaching techniques for the sixties. *Teacher education: Direction for the sixties* (pp. 209-220). Washington, D.C.: AACTE.

Finn, J. D. (1964). *The revolution in the school: Technology and the instructional process*. NY: Holt, Reinhart and Winston.

Foroohar, R. (2001). Cyberscope. The e-learning boom, *Newsweek*, May 14, 8.

Gagné, R. M. (1965). *The conditions of loarning and the theory of instruction* (1st ed.). NY: Holt, Rinehart and Winston.

Gagné, R. M. (1968). Educational technology as technique. *Educational Technolgy, 8*(1).

Gagné, R. M. (1970). *The Conditions of Learning*. NT: Rinehart & Winston, Inc.

Gagné, R. M. (1972). Domain of Learning. *Interchange, 3*(1).

Gagné, R. M. (1985). *The conditions of learning and theory of instruction* (4th ed.). NY: Holt Rinehart & Winston.

Gagné, R. M. (Ed.), (1962). *Psychological principles in systems development*. NY: Holt Rinehart, and Winston.

Gagné, R. M., & Briggs, L. J. (1974). *Principles of instructional design*. NY: Holt Winston.

Gagné, R. M., & Briggs, L. J. (1979). *Principle of Instructional Design* (2nd ed.). NY: Holt, Rinehart and Winston.

Galbraith, J. M. (1967). *The new industrial state*. Boston: Houghton Mifflin Co.

Gardner, H. (1993). *Multiple intelligence: The theory in practice*. NY: Basic Books.

Gardner, H. (1999). Are there additional intelligence? The case for naturalist, spiritual, and existential intelligences. In. J. Kane (Ed.), *Education, information, and transformation* (pp. 111-131). Upper Saddle River, NJ: Prentice-Hall.

Gardner, H., & Hatch, T. (1989). Multiple intelligences go to school. *Educational Researcher, 18*(8), 4-10.

Gayles, A. R. (1973). More Effective Teaching Through Better Planning. In A. R. Gayles (Ed.), *Instructional Planning in the Secondary Schools*. NY: David Mckay Co., Inc.

Gerlach, V. S., & Ely, D. P. (1971). *Teaching and Media: A systematic Approach.* Englewood Cliffs, NJ: Prentice-Hall, Inc.

Glaser, R. (1962). Psychology and Instructional Technology. In R. Glaser (Ed.), *Training Research and Education.* Pittsburgh: University of Pittsburgh Press.

Glaser, R. (1977). Components of psychology of instruction: Toward a science of design. *Review of Educational Research, 46*(1), 1-24.

Goleman, D. (1995). *Emotional intelligence.* NY: Bantam Books.

Gronlund, N. E. (1985). *Stating behavioral obejectives for classroom instruction.* NY: Macmillan.

Gronlund, N. E. (1995). *How to write and use instructional objectives* (5th ed.). NY: Prentice-Hall.

Gustafson, K. L. (1981). *A survey of instructional development models.* Sycracuse, NY: ERIC Clearinhouse on information Resources, Syracuse University. ERIC: No. ED 211097.

Hammond, D. (2001). Reality bytes. e-learning at high-tech companies, cover story. *People Management, 7*(2), 26-31.

Heider, F. (1967). On Social cognition. *American Psychologist, 22*(1), 25-31.

Heinich. R. (1970). *Technology and the management of instruction*(Momograph no. 4). Wasington, D.C.: AECT.

Heinich, R., Molenda, M., & Russell, J. (1982). *Instructional media and the technologies of instruction.* NY: Macmillan.

Heinich, R., Molenda, M., & Russell, J. (1988). *Instructional Media.* NY: Macmillan Publishing Co.

Heinich, R., Molenda, M., & Russell, J. D. (1989). *Instructional media and the new technologies of instruction.* NY: Macmillan Publishing company.

Heinich, R., Molenda, M., Russell, J. D., & Samldino, S. E. (2002). *Instructional Media and Technologies for Learning* (7th ed.). NJ: Prentice-Hall.

Hilgard, E. R., & Bower, G. H. (1981). The direct applicability of learning principles. In H. K. Clarizio, R. C. Craig, & W. A. Mehrens (Eds.), *Contemporary issues in educational psychology*. Boston: Allyn and Bacon, Inc., 88-90.

Hoban, C. F. (1960). The usable resicue of educational film research. *New teaching aids for the American classroom*. California: Stanford University.

Hoban, C. F. (1965). From theory to policy decision. *AV Communication Review, 13*, 121-139.

Hoban, C. F., Hoban, F. H., & Zisman, S. B. (1937). *Visualizing the Curriculum*. NY: The Gordon.

Jensen, E. (1997). *Completing the puzzle: The brain-compatible approach to learning* (2nd ed.). Del Mar, CA: The Brain Store Inc.

Johnson, D. W., & Johnson, R. T. (1975). *Building Effective Groups: Theory and Skill Development*. Englewood Cliffs, NJ: Prentice-Hall.

Johnson, D. W., & Johnson, R. T. (1991). *Learning together and alone: cooperation, competition, an individualization* (3rd ed.). Englewood Cliffs, NJ: Prentice-Hall.

Jonassen, D. H. (1991). Objectivism versus constructivism: Do we need a new philosophical paradigm? *Educational Technology and Development, 39*(3).

Joyce, B., Weil, M., & Showers, B. (1992). *Models of Teaching* (4th ed.). Allyn & Bacon.

Katz, L. G., & Chard, S. C. (1989). *Engaging children's mind*. Norwood, NJ: Ablex.

Keller, F. S. (1968). Goodbye Teacher. *Journal of applied behavior analysis, I*, 79-89.

Keller, J. M. (1999). *Motivation in cyber learning environments*. Paper presented at the Korean Society for Educational Technology, Seoul, Korea.

Kemp, J. E., & Smellie, D. C. (1989). *Planning, Producing and Using Instructional Media*. NY: Harper & Row, Publishers, Inc.

Kemp, J. P. (1985). *The instructional design process*. NY: Harper & Row.

Kilpatrick, W. H. (1919). *The Project Method*. NY: McGraw-Hill.

Kimble, G. A. (1961). *Hilgard and Marquis conditioning and learning*. NJ: Prentice Hall, Inc.

Kinder, J. S. (1959). *Audio-visual materials and techniques* (2nd ed.). NY: American Book. Co.

Koffka, K. (1935). *Principles of gestalt psychology*. NY: Harcourt.

Krathwohl, D. R., Bloom, B. S., & Masia, B. B. (1964). *Taxonomy of educational objectives: Affective domain*. NY: Longman.

Leith, S. (1982). Project work: An enigma. In B. Simon, & J. Willcocks (Eds.), *Research and practice in the primary classroom*. London: Routledge & Kegan Paul, 55-64.

Lepper, M. R., & Greene, D. (1975). Turning play into work: Effects of adult surveillance and extrinsic rewards on children's intrinsic motivation. *Journal of Personality and Social Psychology*, *31*, 479-486.

Leshin, C. B., Pollock, J., & Reigeluth, C. M. (1992). *Instructional design strategies and tactics*. Englewood Cliffs, NJ: Educational Technology Publications.

Mager, R. F. (1961). *Preparing objectives for programed instruction*. SF: Fearon Publishers.

Mager, R. F. (1962). *Preparing instructional objectives*. Belmont, CA: Fearon.

Mantyla, K. (2001). *Blending e-learning: The power is in the mix*. Alexandria, VA: ASTD.

Marchionini, G. (1988). Hypermedia and Learning: Freedom and Chaos. *Educational Technology, 18*(11).

Masie, E. (2002). Blended learning: The magic is in the mix. In A, Rossett

(Ed.), *The ASTD e-Learning handdbook: best practices, strategies, and case studies for an emerging field* (pp. 58-63). NY: McGraw-Hill.

Mayer, J., & Salovey, P. (1997). What is emotional intelligence? In P. Salovey, & D. Sluyter (Eds.), *Emotional development and emotional intelligence.* NY: Basic Books.

McClelland, D. C. (1969). *The achieving society.* NY: Free Press.

McClelland, D. C. (1985). How motives, skills, and values determine what people do. *American Psychologist, 40*(7), 812-825.

Meister, R. W. (1973). What about 'unified arts' in the middle school? *Educational Technology, 31*(5), 45-53.

Molenda, M., Pershing, J., & Reigeluth, C. (1996). Designing instructional systems. In R. Craig (Ed.), *Training and development handbook* (4th ed.). NY: McGraw-Hill.

Morris, B. J., Gillespie, J. T., & Sprit, D. L. (1992). *Administering the School Library Media Centers* (3rd ed.). NJ: R. R. Bowker.

Noddings, N. (1990). Constructivism in Mathmatics Education. *JRME Monograph, 4.*

Osguthorpe, R. T., & Graham, C. R. (2003). Blended learning environments: Definition and directions. *Quarterly Review of Distance Education, 4*(3), 227-233.

Perkins, D. N. (1991), Technology Meets Constructivism: Do They Make a Marriage? *Educational Technology, 31*(5), 18-23.

Pintrich, P. R., & De Groot, E. V. (1990). Motivational and self-regulated learning components of classroom academic performance. *Journal of Educational Psychology, 82*(1), 33-40.

Reigeluth, C. M., & Merrill, M. D. (1979). Classes of Instrustional Variables. *Educationl Technology*, March, 5-24.

Reigeluth, C. M. (1983). Current trends in task analysis. *Journal of Instructional*

Design, 6(4), 24-30.

Reigeluth, C. M. (1983). *Instruction Design Theories and Models: An Overview of Their Current Status.* NJ: Hillsdale, Lawrence Erlbaum Associates.

Reiser, F., & Dick, W. (1996). *Instructional planning* (2nd ed.). Boston: Allyn and Bacon.

Reiser, R. A., & Gagné, R. M. (1983). *Selecting Media of Instruction.* NJ: Educational Technology Publications.

Romiszowski, A. J. (1981). *Designing instructional systems: Decision making in course planning & curriculum design.* London: Kogan Page.

Romiszowski, A. J. (1984). *Producing Instructional systems: Lesson Planning for Individualized and Group Leaning Activities.* London: Kogan Page.

Romiszowski, A. J., & Mason, R. (1996). Computer-mediated communication. In D. Jonassen (Ed.), *Handbook of research for educational communications and technology* (pp. 438-456). NY: Macmillan.

Rosenberg, M. (2001). *e-Learning: Strategies for delivering knowledge in the digital age.* NY: McGraw-Hill.

Rosenberg, M., Coscarelli, W., & Hutchison, C. (1992). In H. Stolovitch, & E. Keeps (Eds.), *Handbook of human performance technology.* SF: Jossey-Bass.

Rotter (1979). Maternal deprivation, 1972-1978: New finding, new concepts, new approaches. *Child Development, 50*, 283-305.

Rumelhart, D. E., & Norman, D. A. (1981). Analogical processes in learning. In J. R. Anderson (Ed.), *Cognitive skills and their acquisition.* NJ: Hillsdale, Lawrence Erlbaum Associates.

Saettler, P. (1968). *A history of instructional technology*, NY: McGraw-Hill Book, Co.

Schramm, W. (1954). How communication works. In W. Schramm, & D. F. Roberts (Eds.), *The Process and Effects of Mass Communication.* Urabna,

ILL: Univ. of Illinois Pross.

Schunk, D. H. (1990). Goal setting and self-efficacy during self-regulated learning. *Educational Psychologist, 25*, 71-86.

Schwab, J. J. (1983). The practical 4: Something for curriculum professors to do. *Curriculum Inquiry, 13*(3), 239-265.

Seels, B. B., & Richey, R. C. (1994). *Instructional technology: The definition and domains of the field*. Washington, D.C.: AECT.

Seligaman, M. E. P. (1975). *Helplessness: on depression, development and death*. SF: Freeman.

Shannon, C., & Weaver, W. (1949). *The mathematical theory of communication*. Urbana: University of Illinois Press.

Shepard, L. A., & Smith, M. C. (1989). Academic and emotional effects of kindergarten retention. In. L. Shepard, & M. Smith (Eds.), *Flunking grades: Research and policies on retention* (pp. 79-107). Philadelphia: Falmer Press.

Sherer, M., & Adams, C. H. (1983). Construct validation of the self-efficacy scale. *Psychological Reports, 53*, 899-902.

Slavin, R. E. (1980). Cooperative learning. *Review of Educational Research, 50*, 315-342.

Slavin, R. E. (1990). *Cooperative Leaning: Theory, Research and Practice*. Englewood Cliffs, NJ: Prentice-Hall.

Spearman, C. (1904). General intelligence, objectively determined and measured. *American Journal of Psychology, 15*, 201-293.

Spearman, C. (1927). *The abilities of man*. NY: Macmillan.

Sternberg, R. J. (1985). *Beyond IQ: A triarchic theory of human intelligence*. NY: Cambridge University Press.

Sternberg, R. J. (1987). Teaching intelligence: The application of cognitive psychology to the improvement of intellectual skills. In J. B. Baron, & R. J. Sternberg (Eds.), *Teaching thinking skills*. NY: Freeman.

Sternberg, R. J. (1995). Styles of thinking in the school. *European Journal for High Ability, 6*(2), 201-219.

Sternberg, R. J., & Williams, W. M. (2002). *Educational Psychology.* Boston: Allyn & Bacon.

Tava, H. (1962). *Curriculum Development: Theory and Practice.* NY: Harcourt Brace Jovanovich Inc.

Thorndike, E. L. (1898). Animal intelligence: An experimental study of the associative process in animals. *Psychological Review, Monograph Supplement, 2*(8).

Tobias, S. (1987). Learner characteristics. In R. M. Gagn (Ed.), *Instructional Technology: Foundations.* NJ: Hillsdale, Lawrence Erlbaum Associates.

Tofler, A. (1980). *The Third Wave.* NY: William Morrow and Co.

Trepanier-Street, M. (1993). What is so new about project approach? *Childhood Education, 70*(1), 25-28.

Tyler, R. W. (1949). *Basic Principle of Curriculum and Instruction.* Chicago: The University of Chicago Press.

Vygotsky, L. S. (1978). Interaction between learning and development, In V. Steiner (Ed.), *Mind in Society* (pp. 79-91). Cambridge: Harvard University Press.

Vygotsky, L. S. (1987). *Mind in Society: The Development of higher Psychological Process.* NY: Harvard University Press.

Weiner, B. (1980). *Human motivation.* NY: Holt, Rinehart & winston.

Weiner, B. (1986). *An attributional theory of motivation and emotion.* NY: Springer.

Wilson, B., & Cole, P. (1991). A review of cognitive teaching model. *Educational Technology Research and Development, 39*(4), 47-64.

Winn, W., & Holliday, W. (1982). Design Principles for Diagrams and Charts. In D. Jonassen (Ed.), *The Technology of Text: Principles for Structuring,*

Designing, and Displaying Text (pp. 277-299). Englewood Cliffs, NJ: Educational Technology Publications Inc.

World Bank (2003). *Lifelong Learning in the Global Knowledge Economy,* 58.

Zang, D., & Nunamaker, J. F. (2003). Powering e-learning in the new millennium: An overview of e-learning and enabling technology. *Information Systems Frontiers, 5* (2), 207.

찾/아/보/기

인명

내용

저자 소개

■ 정명화

- 부산대학교 대학원 교육학과(교육학 박사)
- 동의과학대학 유아교육과 교수

■ 김신곤

- 동아대학교 대학원 교육학과(교육학 박사)
- 진주산업대학교 아동교육연구소 전임연구원

■ 권 기

- 동아대학교 대학원 교육학과(교육학 박사)
- 동아대, 창원대, 신라대, 창신대 강사

■ 김준규

- 동아대학교 대학원 교육학과(교육학 박사)
- 대동대학 사회복지과 교수

■ 신경숙

- 부산대학교 대학원 교육학과(교육학 박사)
- 백석대학교 사회복지학부 아동복지전공 교수

교육방법 및 교육공학

2009년 3월 10일 1판 1쇄 발행
2020년 2월 20일 1판 6쇄 발행

지은이 • 정명화 · 김신곤 · 권기 · 김준규 · 신경숙

펴낸이 • 김 진 환

펴낸곳 • (주) 학지사

04031 서울특별시 마포구 양화로 15길 20 마인드월드빌딩 5층

대표전화 • 02) 330-5114 팩스 • 02) 324-2345

등록번호 • 제313-2006-000265호

홈페이지 • http://www.hakjisa.co.kr
페이스북 • https://www.facebook.com/hakjisabook

ISBN 978-89-6330-006-1 93370

정가 14,000원